U0895534

生命如花，但是每个人的花期不同，

相信自己，花开有时！

花开有时

吕信恩 著

Flowers will bloom

浙江工商大学出版社
ZHEJIANG GONGSHANG UNIVERSITY PRESS

图书在版编目(CIP)数据

花开有时 / 吕信恩著. —杭州：浙江工商大学出版社，2014.8(2019.11 重印)

ISBN 978-7-5178-0586-1

Ⅰ. ①花… Ⅱ. ①吕… Ⅲ. ①大学生—学生工作—研究 Ⅳ. ①G645.5

中国版本图书馆 CIP 数据核字(2014)第 166763 号

花开有时

吕信恩 著

责任编辑 王黎明
责任校对 何小玲
封面设计 王好驰
责任印制 包建辉
出版发行 浙江工商大学出版社
(杭州市教工路 198 号 邮政编码 310012)
(E-mail:zjgsupress@163.com)
(网址:http://www.zjgsupress.com)
电话:0571-88904980,88831806(传真)
排　　版 杭州朝曦图文设计有限公司
印　　刷 浙江全能工艺美术印刷有限公司
开　　本 880mm×1230mm 1/32
印　　张 10
字　　数 216 千
版 印 次 2014 年 8 月第 1 版 2019 年 11 月第 4 次印刷
书　　号 ISBN 978-7-5178-0586-1
定　　价 35.00 元

浙江工商大学出版社营销部邮购电话 0571-88904970

自序

花开有时

孔子说:“三十而立。”而今,一些大学生却“二十而卧”,甚至“二十而倒”。他们被成长的困惑、人生的挫折以及对未来生活的迷茫击倒。其实,在成长的道路上,每个人的经历都那么相似,又那么不同。许多人关心的是“你飞得高不高”,《花开有时》关心的是“你飞得累不累”。

《花开有时》以杨伟乐和李欣然的恋爱为主线,用幽默诙谐、精致细腻的语言,讲述了大学生在生活、学业、人际、恋爱、心理、生涯发展等方方面面发生的故事,展现了大学生活的虚与实、得与失、苦与乐,探讨了生与死、爱与恨、聚与散等人生主题。经历了大学生活的洗礼后,大学生们成长、成熟了,他们在心理和人格上逐渐成长,最终完成了人生的蜕变。真心期待,本书能让读过大学的人重温美丽的大学时光;为正在读大学的莘莘学子指引方向;激起即将步入大学的青少年们对象牙塔的无限憧憬和向往。

写作本书的另一个精神动力，是想用这样一种方式去致青春，或者说去祭奠青春。因为前有古人，后有来者，青春都是我们必经的路。美籍华人艾米为我们留下了《山楂树之恋》，台湾作家九把刀给我们带来了《那些年，我们一起追的女孩》。这些感人至深的作品，让我们记住了那一个时代。我希望，《花开有时》可以成为“80 后”“90 后”这两代人对大学生活的集体回忆。

身为作者，我很难去评价这部作品。但是，创作的时候我很用心，希望能得到广大读者的宽容。

吕信恩

2014 年 5 月 4 日

目录

花 开 有 时

楔子

花开有时

电影《那些年，我们一起追的女孩》公映后，很多人被戳中了泪点，一时间，面巾纸供不应求。为此，《中国大学生周刊》的记者柯一南约我到星巴克采访。他问：

“吕老师，我知道您是资深的心理咨询专家，您走遍中国，阅人无数，对问题的看法比较精准。看完这部电影后，您有什么感受？”

我说：“做人，退一步海阔天空；示爱，退一步人去楼空。”

“您的概括倒挺独特的。不过，影片中的柯景腾似乎真如您所说的，如果他早一些跟沈佳宜表白的话，如果沈佳宜早一些接受他，而不是让他等那么久的话，也许他们就走到一起了。这部电影能这样引起观众的共鸣，您觉得其中的原因是什么呢？”

“其实，这部电影所讲的就是你、我、他的故事。我们曾经也遇到过类似的人、类似的事，如今回想起来，觉得自己错过了很多东西。要知道，过错是一时的遗憾，错过是一生的遗憾。也许，我们每个人都曾经错过沈佳宜或柯景腾。这部电影展现的正是这种凄凉的缺憾美。”

“嗯，有道理，您的分析真是入木三分。我知道，您与大学生有着十多年的深度交流。我们杂志社准备从这部电影入手，写一篇关于大学生活的文章。您如何评价当代的大学生呢？”

“我想说，每个大学生都像一朵花，要相信他们必会绽放，但花开有时，每个人的花期不同。我认识一些大学生，他们早上醒来时，不是被闹钟叫醒，而是被梦想叫醒。我相信他们的未来定能花香扑鼻。”

“嗯！讲得很有哲理。我看过您写的很多文章，您是个有故事的人。您手头一定还有很多关于大学生的私密、离奇、感人的故事，可否跟我聊聊呢？”

“过奖了，不过我确实熟知很多大学生的故事。特别是一位叫杨伟乐的人，他现在是心理作家，我想他曾经的大学生活会让人感兴趣的。他的故事很长，你愿意听吗？”

“嗯！我很期待。您不介意我录音吧？这样我回去后好整理材料。”

“可以，如果你把这个故事写下来，我想一定能吸引大学生的。三年前，我在四川省汶川县‘5·12’地震后的心理援助工作中认识了杨伟乐，当时他到汶川做心理义工。我们相处了两个星期，他很信任我，跟我讲述了很多他的故事。要不，我就从他高考后聊起吧。”

第一章 / 离巢逐梦

高考结束后,杨伟乐去书店买了本郁秀写的小说《花季·雨季》。那一年,他十八岁,刚过了“雨季”的年龄。他的高中过得有些压抑:一年三百六十五天,他感觉自己只过了一天,然后重复剩下的三百六十四天。因此,他渴望自己的人生从此以后能雨过天晴!

杨伟乐生在农村,长在农村。他的名字是他爸起的。要说这名字吧,容易犯忌讳。他们村子里有个叫“金福贵”的,家里却穷得不用锁门。还有个叫“甄美丽”的,字面意思是美好的,长相却往相反的方向发展。他爸爸思来想去,想起邻村有个青年也姓杨,叫杨伟乐。那个人运气不错,靠做酱油发了财,娶的媳妇也贤淑,家里人丁兴旺、生活富足。看来这是个好名字,对得起列祖列宗!于是,他爸一拍大腿,给他起了“杨伟乐”这个名字。

杨伟乐曾经差点有一个哥哥或姐姐，妈妈在怀孕三个月的时候，因为天上打了一个响雷，她受到惊吓后流产了。在这个男变女、女变男可以变来变去的年代，目前能确定的是，他还有一个妹妹，小他三岁。妹妹属于计划外生育，因此，仅有的一千元存款都交了罚款后，家里返贫了。他常说，妹妹这位“千金”是“千元”等价换来的。

他第一次当班长，是在小学二年级的时候。他在作文《我的理想》中提到“我的理想是当班长”。由于这篇作文构思精巧、文笔出众，班主任把他从小组长破格提拔为班长，他人生的第一个理想就这样变成了现实。他第一次上台演讲是在初中。那时候为庆祝香港回归，学校举办演讲比赛。结果演讲时他忘词了，在台上沉默了半分钟，最后获得了“最具勇气奖”。他第一次收到情书是在高中的时候。那时他是学校文学社编辑、学生会副主席。这是一封匿名情书，看笔迹，雌雄莫辨，伟乐始终猜不出这个人是谁。

总的来说，杨伟乐在上大学前算是一位好学生，听话、好学、心地善良，但他的脸上“痘你玩”，时不时冒出几颗青春痘，显示出他脸上那块土地的肥沃。他曾做梦梦到女朋友死了，哭得一塌糊涂，醒来发现自己根本没有女朋友，他哭得更伤心了。只有他自己知道，他是寂寞的。

获知高考成绩后，他将“东州大学”填在了第一志愿，因为自己的成绩离北大、清华还有点距离。据说，东州大学的校门很大，比北大、清华的校门都要大很多，因此，进东州大学比进北大、清华要容易一些。而且，他还有选择东州大学的另外四个理由：一来，这所学校地处南方沿海城市东州市，东州因经济发达，在国际上小有名气；二来，东州大学在国内大有名气，尤其是商科类专业具备全国一流水平；三来，自己家离东州大学也就九百多里，在“千里之内”，不在“千里之外”；四来，自己的高考成绩还算不错，被这所学校录取的概率就跟抽奖抽到“谢谢惠顾”四个字一样大。

半个月后，当邮递员将录取通知书送到家门口的时候，伟乐正在卫生间里便秘着，额头满是汗。妈妈乐疯了，在楼下大喊：

“阿乐！录取通知书来啦！阿乐！”

伟乐使劲答应道：

“哎！马上来啦！”

这一喊，全身经络畅通，血液循环加速，便秘通了，那种畅快淋漓的感觉就像堵车时突然通车了一样。要知道，伟乐可是村里近五年来第一位大学生，也是自高考制度恢复后，村里考的学校层次最高的大学生。

可是，打开邮件后，他的这股喜庆劲头萎了不少。录取通知书上说，由于东州大学与东州医学院、东州师范学院三校合并，三所学校的本科专业要全部迁入东州高教园区，而高教园区里新造的宿舍到九月底才能投入使用，因此，学校决定将2001级新生的入学时间改到十月八日。这就像结婚后入洞房，别人是结束了婚礼后就迫不及待地入洞房，享受良辰美景、一刻千金，而伟乐是结束了婚礼，却还要眼巴巴地再等一个月才能入洞房。用“郁闷”两个字也只能形容出他糟糕心情的百分之一。为了宣泄自己的情绪，他在诗集里写下了一首《风筝》：

一出生便要被挂在墙角
等待风的来临

注定了要在风里搏斗
只有风来时，才能被放飞

总以为飞上天后该自由了
可是脖子上仍被套着丝线
风筝啊，有时我真觉得
我真觉得，我很像你

去大学前的那个晚上，伟乐带着妹妹去县城吃了一顿肯德基，用的钱是村里奖励给他的五百元。这是妹妹第一次吃肯德基，都读高一了才吃上肯德基，说出去都怕以后找不到婆家。

出行那天，村主任、村支书都到他家来送行。伟乐考上东州大学，这让整个村子的人都脸上有光。村主任到镇上开会时，嗓门都大了不少。妈妈的情绪明显不对，时不时地转过脸去擦眼泪。伟乐心里也突然被什么东西触动了，两滴眼泪不由得从心底往外狂飙，飙到眼眶的时候停了一会儿，然后从眼眶里爬了出来，摔在地上，碎了。

一路上，妈妈与天下所有的妈妈一样，叮嘱又叮嘱。妹妹实在听不下去了，说：

"妈，哥已经长大啦，他知道怎么照顾自己。"

在父亲的陪同下，伟乐踏上了开往东州的列车。录取通知书上说，东州大学的本科生都在高教园区，硕士生和博士生在老校区。据说，离老校区不远的地方是东州烈士纪念馆。伟乐想起了在杂志上看到的一句话："读完学士读硕士，读完硕士读博士，读完博士成烈士。”从中可以看出，读书是一件多么壮烈的事！

这是伟乐第一次出这么远的门，对他而言，火车经过的地方，以前只能在地图上看到，现在却能真切地感触到。就这样，他从内陆走向沿海，从农村走向城市，从高中走向大学，从被挂在墙角到开始放飞。

列车终于到达了终点站。双脚落地的一刹那，伟乐闻到了一股与家乡不一样的气息：家乡的空气充满泥巴味，这里的空气充满汽油味。刚出火车站，一伙人争着拥上来，非常热情地问：

“二位去哪儿？要坐车吗？上我的车，马上走，马上走！”

伟乐有点招架不住，这个城市的人怎么这么好客呢？于是回答说：

“我们去东州大学。”

这下可好，几个人开始上来连拉带扯了，其中一个中年人嚷嚷着：

“去坐我那个车，五十元，马上走。”

顺着那个人指的方向望去，伟乐看到广场边上横七竖八地趴着好几辆出租车。

“对不起，我们坐公交车，我们坐公交车……”他的父亲费了九牛二虎之力，用他蹩脚的普通话摆脱了他们。伟乐对这座城市的印象定格了：这果然是一座商业化的城市。

车站旁边高楼林立，都市的繁华气息扑面而来。伟乐和父亲提着行李，找到了开往高教园区的三十八路公交车。公交车外表看起来很气派，车身喷着一个巨大的广告，广告里有一位美女穿着暴露，简直就没有穿什么。这是一则女性内衣广告，伟乐忍不住偷偷多看了两眼，心里不停地嘀咕：唉，东州就是不一样，这玩意儿也能这样明目张胆地拿出来做广告。

十月的东州，太阳还很毒辣，仿佛童话故事中的后妈。不过，公交车上开着空调，车内与车外冰火两重天。伟乐选择靠窗的位置坐下来，这样可以看沿途的风景。

车子开出去约十来分钟，也许是坐火车坐太久，累了，也许是公交车太密闭了，伟乐有点想呕吐的感觉。在一个路口等红灯的时候，他实在忍不住了，打开窗户吐了出来，刚好吐到了公交车边上一辆轿车的车背上。他一下子手脚麻木、后背发凉，内心一个劲地自责："闯祸了，闯祸了……"

他惴惴不安地等着轿车司机找他理论，可是，直到绿灯亮起，司机也没有出来。轿车嗖的一声飞驰而去，车屁股上的车标是外面一个圈，里面三片叶子，像一台电风扇。伟乐见过这个车标，这是一辆奔驰轿车！车牌号码很有特色，后面五个数字是"22222"。他心有愧疚，朝着奔驰车驶去的方向默默说了声：

"对不起！"

公交车继续奔驰，穿过林立的高楼后，路边的景色变得富有乡村气息，有树、有田、有河、有桥。突然间，伟乐满眼都是橘树，成片成片的橘树！橘子红的时候，这个地方一定很美！橘林过后，在群山环抱中，一片现代化的建筑群出现在前方。边上有人说，那就是大学城。

离大学城越来越近，伟乐的心情也越来越激动，在他心里，入"洞房"的时刻即将来临。不一会儿，公交车上传来了报站的声音：

"您好！终点站东州大学到了，请下车。开门请当心。"

伟乐看了一下表，从火车站到东州大学才花了二十五分钟，一个人才两元钱的公交车费。他心里开始有些愤愤不平了，心想："黑，真黑！东州的出租车真黑！这么一点路要收五十元。"

站在大学门口，伟乐感慨万千。大学到底是一个来了就不想走的地方，还是走了就不想来的地方？

第二章 / 大学之大

东州大学的校门果然很大，校门口的绿化也很好，花草树木错落有致，浓淡相宜，充满了南国风情。只是，有的草木还处在它们的童年期。学校迎接新生的工作安排在十月八日，而伟乐提早一天到了学校，因此校园里还没那么喧闹。在门卫的热情指引下，他们往东州大学商学院的教学楼走去。

学校的确很新，一路上，一些地方都还没有竣工，不知是学校在迎新生，还是新生在迎学校。理想中的大学，应该像北大那样：有未名湖，有博雅塔，有诗意的青石板小路，有三角地，最重要的，要有北大西门那样古老的门。可是，眼前的东州大学一切全是新的：新的教学楼，新的路……满目的现代感和科技感，路边停着一排汽车，远处一座庞大的建筑楼顶还立有一座铁塔。这现实也太骨感了，跟理想比起来一点都不丰满。掀开大学的红盖头后，伟乐心中不免有些失落。

父子俩在路上走着走着，一辆奔驰轿车从他们身边开过，伟乐看着有点眼熟，再一看车牌，后面五个数字是“22222”，他确信，这就是他之前吐在上面的那辆车！他的心情变得异常复杂，真是人生何处不相逢啊！

学校的自然景观不理想，但是“人文”景观倒让人有些安慰。国庆假期的头几天都在下雨，难得最后这两天天气放晴。一路上，不时能看见一些男生牵着女生，两人窃窃私语。原来，大学真的是一个可以拿着书本与老教授探讨人生，捧着鲜花与女朋友设计未来的地方。

想当年在高中时，班主任常常凑在教室的窗户上偷看。要是谁谈恋爱被逮到，少不了挨一顿批评。伟乐的班里就曾有一对恋人，有一次上数学课，那对小情侣只小声说了一句话，数学老师当场对着那位男生咆哮：

“贾勤奋，课堂上不要谈恋爱！”

教室里顿时安静下来，全班同学都在内心对数学老师做了强烈抗议。由于恋爱环境实在太恶劣，他们的爱情之花立即枯萎了。从那以后，贾勤奋开始讨厌数学课。高考的时候，他的数学只考了十八分，他的大学梦被打入了十八层地狱。

就在伟乐回忆完贾勤奋的遭遇后，父子俩已经走到了学校的人工湖畔，一辆自行车从他们身边呼啸而过，一个女生的声音传来：

“驾！驾！……”

循声望去，一位女生站在自行车的后座上，双手搭在骑车的男生肩上，像在骑一匹马，难度系数极高。伟乐还真替他们捏了一把汗。

人工湖过后，是一片小树林。树林边上立着一块大石头，上面写着“圣贤林”三个红色的大字。树林里有很多木制椅子，不少人坐在椅子上看书。穿过树林，在一座人物雕塑边上，伟乐看到了商学院的教学楼。这座雕塑上有三个人物，一个留着辫子，一个戴着帽子，一个光着头。伟乐不知道他们是谁，但是他们的头发越来越短，显示出历史的层次感。教学楼门口放着一块牌子，上面写着“请 2001 级新生到 202 室辅导员办公室报到”。

办公室里有两个人，一男一女。男的看起来微胖，容貌俊朗，中等身材，戴着一副金丝边眼镜，看着既像学生，又像老师。女的看起来倒是学生味十足。伟乐问道：

“您好，我是新生，请问是来这里报到吗？”

“你好，是这里。你是哪个专业的啊？”那个男的边说边示意那位女的倒茶。

“我是国际经济与贸易专业的，请问您是老师吗？”

“嗯，我叫高星，是你的辅导员。”

伟乐感觉有点意外。想象中，大学老师都是老教授，戴着深度近视眼镜，白发苍苍。而这位老师的眼镜度数明显不达标，而且头发乌黑，一看就知道还没经过岁月的漂白。

“你们从哪里过来的啊？一路辛苦了吧？”高老师亲切地问。

伟乐说：“我们是从安徽过来的，一路上坐火车，不辛苦。”

父亲不太会讲普通话，只在一旁客气地跟高老师笑笑。

“今天你们先去宿舍住着，明天到学校门口的新生接待处报到。这是你在学校的一卡通，去食堂吃饭得用这个。”说着，高老师递给伟乐一张卡，然后指了指边上那位女的说：

“她是你的学姐，今年大二，一会儿由她带你去宿舍。在学校遇到什么困难，你可以咨询她，也可以来找我，这是我的名片。”说着，高老师又递过来一张名片。伟乐双手接了过来，这点礼仪他还是懂的。

女生带着父子俩往宿舍区走去。她穿着淡绿色的连衣裙，身高一米六左右，长得挺清秀，皮肤白皙，扎着马尾辫，眼睛很水灵，没有戴眼镜，笑起来很迷人。她说：

“你好！我和你一个专业，我叫李欣然，木子李，欣赏的欣，自然的然。你叫什么名字？”

“哦，请多多指教。我叫杨伟乐，白杨树的杨，伟大的伟，快乐的乐。”他有点意外，《花季·雨季》中的主人公叫谢欣然，她们俩同名，这也太巧合了。

往日里，伟乐跟女生交流的时候都会有些紧张。问题的根源也许是初中时发生的一件事：初二那年的一次课间，班上几个同学跟他打闹。一位调皮的男同学突然把伟乐的裤子拉了下来，他春光乍泄。刚好，一位女同学路过，看见了他最隐私的部位。女同学“啊——”一声惊叫，捂着脸迅速逃离了。从此以后，见到女生，伟乐心里总有那么一丝不安。

一路上，欣然热情地向他介绍了大学生活，伟乐都一一记在心里。同时，他把欣然也记在了心里。

伟乐的宿舍在“学一楼”501室。宿舍靠东边，是东面的第一个房间。宿舍的阳台朝北开，在阳台上可以看见“学二楼”“学三楼”，还可以看见一个大操场，操场主席台上方贴着一行很大的字：“每天锻炼一小时，健康工作五十年，幸福生活一辈子。”远远望去，操场上有许多运动设施，很多人在锻炼身体。操场边上，一条河流从学校穿过，对岸是成片成片的橘子林。

宿舍里有独立的卫生间，还有一个小浴室。这与伟乐想象的有些不一样，他曾读过一篇描写北方大学生活的文章，文章里写道："学生宿舍没有独立浴室，整栋楼共用一个公共浴室。洗澡的时候大家脱光了身子，白花花一片全是肉。"可以想象，那是何等尴尬！

宿舍里没有空调，但有电风扇。房内有六张床铺，上面是睡觉的，下面是书桌及柜子。总体而言，宿舍很整洁，美中不足的是，房内还有油漆的味道，似乎在提醒着伟乐父子，自己还是"黄花闺房"。

伟乐是寝室里第一个报到的。不过，学校早已把床位随机编排好。他的床铺靠近门，宿舍里的电话机就在他的书桌旁边，饮水机在电话机旁边。真没想到，床铺沾上了门、电话机、饮水机这"吉祥三宝"，此后四年里，不管多晚，敲门声一响，基本都是他去开门；电话铃一响，第一个拿起听筒的基本上都是他；室友泡方便面、冲咖啡、泡茶、喝水时，也总是习惯在他的书桌上留下莫名其妙的污渍。当然，这些都是后话。

总的来说，宿舍还好，比理想中的要好多了。这三个月的等待，总算见到了点回报。

晚上八点多的时候，伟乐刚洗了澡，光着膀子，只穿着一条大裤衩在房里整理物品。突然，李欣然出现在门口，她带着第二位同学过来。同时进来的，还有那位同学的父亲。看到伟乐身上就穿那么一点布，欣然有些尴尬，赶紧把头偏了过去。伟乐也有些尴尬，瞬间面红耳赤，初中时的那一幕又浮现眼前。他赶紧拿了衣服躲到浴室里。

等他从浴室出来的时候，欣然已经走了。刚来的这位同学胖乎乎的，身高一米七左右，头大，脸圆，戴着眼镜，络腮胡。他友好地跟伟乐打招呼：

“你好！我叫王东升，你来这么早的啊？”

“你好！我也是下午刚来的。我叫杨伟乐，安徽人。你是哪里的啊？”

“我是湖北的。”

不多久，两对父子相互就熟悉了起来。很明显，晚上得四个人睡一个房间。所幸，床上的席子、枕头都已经各就各位。

伟乐几乎没有离开家住过，初中、高中都住家里。其实，他的心中一直藏着一个秘密，这个秘密源于高二：不知从哪天开始，他睡觉的时候不敢开着窗户。睡觉前都要检查一遍房间的柜子里、床底下有没有藏着什么坏人。之后，他要双手合十，祈求上天保佑他身体健康，保佑家人平平安安。等这些仪式完成后，他才能安然入睡。否则，就无法入睡。他明知不需要这样做，可不这样做就很不舒服。这个秘密可能和高二时家里遭窃有关。当时，小偷是从窗户里爬进来的。他不仅煮了几个鸡蛋吃，还把伟乐的八宝粥全喝了。从此，伟乐心里就留下了这个阴影。如今，寝室里人多，他心中有了一份安全感，不再去检查柜子。

熄灯后，伟乐躺在床上，嘴里念念有词。他的仪式刚结束，一声呼噜划破宁静的夜空。他确定那是王东升的呼噜声。伟乐疑惑不已，难道这就是传说中的“呼噜娃”？他还曾听说过“起夜家”——就是夜里经常起来尿尿的人。

不一会儿，另一个呼噜声冒了出来，跟东升的那个声调不一样。循声找去，这个声音是伟乐的父亲发出的。父亲打呼噜，那是以前就知道的。不过，七岁后，他没再跟父亲一个房间睡过。

听到呼噜声后，伟乐仅有的一点睡意跑了，脑子里一片空白。突然，另一个小呼噜声也出现了，慢慢地，这个声音逐渐变大，像是有人在调节扩音器上的音量一样。没错，这是东升他爸的。伟乐不仅睡意全无，而且比睡前更清醒了。四个人睡觉，三个人打呼噜，这是何等壮观啊！

听着呼噜声，他想象着今后的大学生活：读书、加入学生会、出去旅游，可能还有一段恋情，像白天路上见到的那样……之后，伟乐又回想起了晚上欣然推门进来时的尴尬一幕，他为自己的失礼而自责。渐渐地，他进入了清醒与迷糊的边缘，脑子昏沉沉的。

伟乐不知自己是何时睡过去的，猛然惊醒时，窗外还是漆黑一片。只听见耳边传来嗡嗡的声音，脖子上奇痒，想必是被蚊子狠狠地咬了一口。昨晚睡前，他以为蚊子飞不上五楼，因此没挂蚊帐。这是什么蚊子啊，咬起来怎么这样带劲！伟乐心想，难不成这蚊子都受过高等教育，素质比家乡的蚊子要高？呼噜声还是那么此起彼伏。在迷迷糊糊中，他又睡过去了。

再次醒来的时候，宿舍区的广播正播放着校园歌曲《同桌的你》。伟乐也不清楚自己到底睡了多久。总之，在大学里睡的第一个晚上是那样让人崩溃。

吃过早饭，伟乐、东升他们两对父子在校园里闲逛。学校很大，逛一圈下来，已经过了一个多小时。他们的父亲都早早买好了回程票，各自赶火车去了。

伟乐和东升两个人在这茫茫大学之中举目无亲。他俩去报到后，就返回宿舍区了。伟乐说：

“学校好大，比我们高中大多了。”

“比我们高中也不知大了多少，我们高中很小的，鸟笼一样。”说着，东升用手比画了一下。

“我感觉，高中是‘三点一线’，大学是‘三点一曲线’，大学比高中大，得绕道走。”

“真看不出来，你还是挺幽默的。”

“呵呵！哪里！哪里！”

宿舍楼下有一个超市，他俩决定先买些生活用品。在收银台前排队付款时，伟乐的目光无意中扫到了边上的一个小柜子。柜子里面整整齐齐摆了一些小盒子，有些盒子上面写着“杜蕾丝”，有些写着“第六感”等字样。再一看下面的文字，赫然写着“避孕套专区”。伟乐的目光触电般缩回。接着，他又偷偷地瞄了一眼，千真万确是避孕套！

这是伟乐第一次活生生地目击避孕套，而且这是在校园里！他心里很纳闷，学校怎么把这种东西摆出来卖呢？他展开了无限的猜想，看来这大学还真是博大精深。他没好意思跟东升讲这个事，付了钱之后，就跟东升一起上楼了。

宿舍里已经来了另外两位同学。一位个子不高，偏瘦，皮肤白皙，头发有点卷，笑眯眯的，总的来说，很婉约。他叫李海强，是江西人。另一位个子很高，约有一米八，长势良好，属于肌肉男，浓眉大眼，只是皮肤有点暗，跟古天乐似的，讲话带有地方口音。他是本地的学生，叫林维善。

四个人的高考成绩都差不多，思想境界也差不多。不过，伟乐和海强都有短板：伟乐语文考得最好，考了一百四十分，而数学只考了九十四分。海强数学最好，考了一百四十五分，但英语只考了九十分。按海强父母的说法，如果海强的英语能考到一百三十分，他现在就该在北大了。只是这世上没有“如果”。伟乐数学考得不好，如果他的数学能考到一百三十分，他也能去北大了。如果他和海强的“如果”都实现了，那他俩现在或许在北大一起读书呢，也就不用这样每天吃后悔药，一日三次，一次五分钟了。

四个人正聊着，第五位同学也来了。新来的同学跟东升差不多高，长得很本土，看起来很灵活，很商业化。他脚上穿着皮鞋，身上穿着背带，头发梳得油亮，一副小老板的派头。他的牙齿不太平整，门牙比较突出。他叫陈建邦，他一来，寝室气氛可热闹多了。他特能掰，天生经商的料。他的表哥也在商学院，读大三。他和他表哥的家离学校都不远。

六人的宿舍来了五个人，最后一位同学迟迟没有来。他的床头卡上写着“刘洋”。

夜幕降临，五个人一起去食堂吃晚饭。学校共有四个食堂：一个是西餐厅“Go Here”，去就餐的主要是外国留学生，什么肤色的都有；两个是中餐厅，一个叫“大学食代”，一个叫“怡口乐”；还有一个是教工餐厅。

他们选择了“大学食代”，不因为别的，就因为名字有特色。伟乐想尝尝东州特有的炖品。菜单上，有的炖品后面写着“补气健脾”，有的写着“清凉去火”。再往下一看，有一幅图，看起来像是贝壳类的食物，旁边写着“清炖淡菜”，后面带了个括号，里面写着“补肾壮阳”。伟乐觉着喉咙有点干，吞了口口水，食堂居然还卖这种菜！

海强很怪，他不敢吃绿颜色的蔬菜，只吃地瓜、芋头这些非绿色的食物。还有，他不吃蘑菇这一类的东西。吃了这些东西后，浑身不仅有化学反应，而且有物理反应——皮肤会变红，会长疹子。伟乐第一次遇到这样奇怪的人。

吃到一半的时候，维善用手指了指右前方，压低了声音说：

“你们看那儿，有好戏。”

大家顺着他所指的方向望去，只见一位女生张着嘴，露出了两排戴着钢套的牙齿。一个男生正用筷子往她嘴里送菜。女生含情脉脉地看着那个男生，当她把菜咽下去的时候，伟乐也跟着咽了一口口水。接着，女生拿起桌上的一个瓶子，瓶口是一个奶嘴。她喝了一口水，然后把瓶子递给了男生。

“这也太激情了吧！”伟乐觉得很不可思议。他第一次见到了传说中的大学生喂饭，第一次见到了大学生还用奶嘴喝水。女生似乎发觉伟乐他们在偷看，于是瞪了他们一眼。五个人立即都埋下了头，仿佛鸵鸟。

吃完饭后，建邦给每个人发了一张纸巾擦嘴。看不出，“小老板”还是蛮有修养的。发到东升时，东升说：

“我不用。”说着，他伸出舌头，在上嘴唇和下嘴唇附近舔了一圈，说：

“这样比较不浪费，而且低碳环保。”

室友们一个个笑趴下了，维善说：

“你胡子这么茂盛，小心割破舌头。”

东升笑着说：“这个你放心，我舌头皮厚，都练了多少年了。”

收起餐具到残食台的时候，伟乐瞄到昨天送他到寝室的那位学姐李欣然。她坐在一个角落里，餐桌上只有一碗饭，一碗免费汤，边上什么菜也没有。他很纳闷，但没有过去打招呼。

早上正式报到的时候，高星老师曾特别交代，晚上要待在宿舍里，因为学院、学校的领导会到宿舍慰问新生。

七点十分左右，几个学生模样的人推门进来。走在前面的一位男生说：

“新同学好！我们是学院学生会的，过来看望大家。”

伟乐他们立即聚拢到一起，迎接他们的到来。看到学生会的人，伟乐更觉有亲切感，因为他高中时就在学生会待过，而且还当过副主席。不过，这只是虚有的头衔。

这时，一位学姐递过来一份材料说：

“这是我们学生会的招新材料，如果你们想加入学生会，可以看看。”

伟乐一眼认出那是李欣然，于是激动地说：

“学姐好！咱们又见面了。”不过，他仍为昨晚的窘境而有些不安。

“不好意思，我们见过面？”欣然有些诧异地说。

“是啊，我昨天来学校的时候，是你把我带到寝室来的。”

“哦，呵呵！我想起来了，这两天见的新同学太多了，没记住你。你在学校还习惯吧？”

“还行吧，挺习惯的。”

随行的几位同学嘱咐了一些新生需要注意的事项，比如：高教园区里面施工、装修的人员很复杂，晚上不安全，少出去；国庆节前，一对情侣在河边谈恋爱，结果遇上了打劫，男生的屁股被捅了一刀；学校发的银行卡密码得改掉，因为初始密码都是一样的；等等。

他们走后，伟乐迫不及待地坐在书桌前，仔细阅读起欣然留下的资料。维善、建邦他们也围过来一起看。不过，东升和海强对这些材料不感兴趣。正当他们几个一起讨论是否参加学生会竞选的时候，高星老师带着两位年长的老师来到了宿舍。

"同学们，我们学院的领导看望大家来了。"高老师边说边指了指一位五十来岁、和蔼可亲的女老师，说：

"这位是学院的许正英院长，她是著名的经济学教授。"

伟乐他们感动坏了，"许正英"这个名字可是经常在媒体上出现的，没想到她亲自来寝室看望他们，于是大家异口同声地说：

"院长好！"

许院长的眼镜度数很高，头上隐约可见白发。她很符合伟乐心目中大学教授的标准。伟乐赶紧搬了几张椅子过来，嘴里忙说：

"老师们请坐！请坐！"

许院长说："谢谢！"但是，她并没有坐下来。

高老师接着介绍：

"这位是你们的班主任马浩老师，他是经济学副教授。"

马浩老师四十来岁，个子不高，长得有点富态，头发微卷，戴着眼镜，慈眉善目的。也许是刚才主动搬椅子的原因，伟乐觉着马老师似乎多看了自己几眼。

"同学们，欢迎来到商学院。"看到刘洋的床铺空着，许院长停顿了一下，问道：

"这位同学还没有来吗？"

高星老师看了看床头卡，忙说：

“是这样的，这位同学由于身体不适已经请了假，还需要过几天才能来。”

原来如此，怪不得他一直没来报到，伟乐他们的疑惑算是解开了。马浩老师拿着班级名单，挨个认识了每个人。最后，他提醒大家第二天上午八点半，到学院会议室参加新生开学典礼。

许院长说：

“同学们，你们在学校里遇到什么困难了，可以找辅导员、班主任或者找我，我们会尽量帮大家解决困难的。”

送走了许院长后，同学们都由衷地发出了赞叹：院长多么平易近人啊！

院长走后，大家开始轮流洗澡，冲掉一身的灰尘和疲惫。

洗完澡，不知卧谈了多久后，只觉得聊天的声音渐渐小下去，东升的呼噜声慢慢上来了。伟乐很困了，不过仍象征性地做了睡前仪式。来到大学才两天，他这个保持了两年的习惯似乎不再那么必要。大学的确是一个能改变人的地方。

不知睡了多久，伟乐迷迷糊糊醒来的时候，天还是黑的。这时，耳畔突然传来了几声“吱吱”的声音。他一下子有点清醒了，莫不是遭贼了？昨天可没有这种声音。他很想起床看看，可是他不敢，高二时家里遭贼的事又被回忆起来。他又警觉地支起耳朵听了一会儿，感觉好像是牙齿摩擦的声音。磨牙声来自建邦的铺位，没错，他的牙齿本身并不平整。照这种磨牙的力度，夸张一点说，放点米到嘴里，不一会儿就能磨出粉来。

在蒙胧与清醒间，伟乐似睡非睡，似醒非醒。最后，还是睡过去了。他再次醒来时，听到的却是一个噩耗……

第三章 / 更长梦短

"乌拉——乌拉——"

救护车的警笛声惊醒了所有人。伟乐费力地睁开眼睛一看,天已大亮。只听见警笛声由远及近,最后,好像停在了自己这幢宿舍楼的楼下。建邦从床上跳下来,喊了一声:

"出事了!"

室友们跟着纷纷跳下床,挤到阳台上探个究竟。从五楼望下去,每层楼都是脑袋。果然,楼下停着救护车,车子边上已经围了一些同学。海强说:

"帅哥们,估计是大事啊,救护车都出动了。"

"这么一大早,能出什么大事啊。"东升把话接了过去。

伟乐心想,要是出小事,也用不着救护车了。不一会儿,二楼阳台的脑袋少了几个。接着,二楼阳台已经看不到脑袋了。

维善说：

“肯定是二楼出事了。”

“走，我们看看去。”说话间，建邦已经穿好衣服，叫上维善一同下楼去了。伟乐、东升、海强三个人没有下去，仍然趴在阳台上看。

又过了一小会儿，一副担架从门口抬出来，上面好像躺了个人，一位护士手里举着一个吊瓶。担架抬上车后，救护车狂奔而去。

“这哥们儿悲剧了。”东升发出了感叹。

伟乐说：“就是，才开学第一天呢。不对，二楼住的不是新生，是老生。”

没过几分钟，建邦、维善他们上来了。一回宿舍，建邦嘴里叫个不停：

“真出事了！真出事了！二楼的一哥们儿可能麻烦了。”

维善有点上气不接下气，咽了一口唾沫后也说：

“刚才打听了，那哥们儿是205房间的，大二，早上起床穿裤子的时候突然就不行了。医生初步判断可能是心肌梗死。医生来的时候，他基本都没气了。”

“穿裤子都能穿出人命来啊。”东升很惊讶。

伟乐心里也很不是滋味，暗自替这位哥们儿可惜。

吃过早饭，大家一起去参加开学典礼。他们五个人很自然地坐到了一起，因为别的人都还不认识。坐在四周的一些同学也在议论着早上救护车来学校的事。伟乐心里仍然有些不安，这人啊，怎么就这么脆弱呢。孔子说“三十而立”，这哥们儿却“二十而倒”。

会场里来了有几百人，看样子都是新生。主席台上坐着五个人，昨晚来过寝室的许院长坐在正中间，其余的四个人都不认识。不过，看样子都挺友善的，很有学者风范。台上没有马浩老师，也没有高星老师。

会议由主席台最左边的一位男老师主持，他前面的席签上写着“张敏捷”三个字。张老师依次介绍了主席台上就座的人。这时伟乐才知道，这五个人除了许院长外，一位是学院的分党委书记，另外两位是副院长，而张老师则是学院的分党委副书记。

许院长对商学院做了介绍。从介绍中，伟乐得知商学院是东州大学最大的二级学院，也是实力最强的学院，综合实力在全国同类专业中排第三。本科生、研究生一共有一千五百多人，光今年的本科生就招了三百人。学院里有一位国宝级的经济学家，他的名字叫王九常。

伟乐没有记住更多的内容，但是，他记牢了张敏捷老师说的一句话：虽然迟了一个月开学，但是军训还是要进行的，后天就开始，为期半个月。

开学典礼结束后，各班级各自组织班会。马浩老师突然从第一排冒了出来，原来他一直坐在会场里。他从张书记手里接过话筒说：

“请 2001 级国贸 1 班的同学到教一楼 203 教室开班会。”

203 教室不大，但是能容下全班同学。直到这时，伟乐才第一次见到了班里的其他同学。当然，除了还没来报到的刘洋。

同学们到齐后，马浩老师开始讲了第一段话：

“各位亲爱的同学，十年寒窗，寒啊！所以，现在到了大学，寝室没空调，教室也没有空调，目的是让大家热一热。”

全班哄堂大笑，马老师讲话水平真高！

建邦轻声嘀咕："好冷的幽默！"

马老师接着说："我们的学校被群山环抱，你们来到大学，从'新'开始，从'心'开始，虫开心死，因为你们为大学、为蚊子们带来了新鲜的血液。这里蚊子很多，想必你们昨晚都见识到了，今后，你们得不时给它们无偿献血。"

全班又是哄堂大笑。马老师又面带微笑地说：

"昨天晚上，我已经挨个寝室看望了每位同学。在家里，你们都是宝贝，来到大学后，你们都成了贝壳——跟沙滩上的贝壳一样，大家回到了同一个起点。怎样才能让自己在大学里也成为宝贝呢？我们得努力奋斗！来大学读书，目的是要增加知识，而不是为你们家里增加人口，所以慎重谈恋爱。今天你们一个人来，四年后，坚决不希望你们三个人一起回家！"

说到这里的时候，全班一开始沉默了一下。紧接着，又是哄堂大笑。一些同学笑趴下了，一些同学不由自主地鼓起掌来！伟乐也边听边笑，班主任的讲话水平确实高，也很幽默。不像高中的班主任，不苟言笑，开口闭口就是两个字——高考。

马老师还说："人生是一个选择的过程，你可以选择放弃，但不要放弃选择……"

他讲得句句在理，同学们听得津津有味。伟乐的心情也好了很多，之前那哥们儿的事情带来的阴霾也渐渐淡去。他最喜欢马老师讲的一句话是"我们未来的路还很长，别看我一时，且看我一生！"这句话让他有一种拨云见日的感觉。他在心里暗暗发誓，将来一定要成就一番事业，要超越清华、北大的毕业生。

马老师说：

"我们班共有四十位同学，男生二十二位，女生十八位。有一位男同学刘洋由于身体不适，请假了，过几天才能来。你们来大学之前，我已认真地看了每个人的档案。好多同学都在高中时当过班干部。这里，我初步定了四位临时班干部，试用期一个月。昨天走访寝室时，我特别留意了这四位同学，感觉都还不错。一个月后，也就是学院运动会后，我们民主选举正式班干部。"

说完后，他从文件盒里拿出一张纸，照着上面的名字分别介绍起来：

"第一位同学是杨伟乐，请杨伟乐同学站起来让大家认识一下。"

建邦、维善他们几个人都推推伟乐，示意他起身。伟乐毫无心理准备，但又在期待之中。他有点胆怯地站了起来，给了同学们一个微笑。

同学们看到的伟乐，身高大约一米七三，偏瘦，皮肤有点暗，戴着眼镜，气质儒雅，眉宇间透着一股英气，牙齿很白、很整齐。总的来说，看起来很稳重，有点超出这个年龄的成熟。他的脸上虽然有几颗青春痘，但是长得恰到好处，并没有破坏脸上的和谐局面。

"杨伟乐同学在高中时当过学生会副主席、班长、学校文学社编辑，工作经验应该是非常丰富的。希望他能全心全意为咱班级服务。"

马老师简单介绍了伟乐的情况，同学们报以热烈的掌声。落座后，伟乐才突然想起，怪不得马老师昨天多看了自己几眼，原来是有深意的，那是在暗中考察自己。

“第二位同学是林晴。她在高中时当过学校团委组织部部长、班级团支书，还是一位运动健将，拿过市里高中生运动会标枪项目第二名的好成绩。”

林晴站了起来，身高约一米六，身材有点丰满，皮肤白皙，梳着一根马尾辫，眼睛大大的，脸上略带喜感，看起来脾气很好，很随和。

“第三位同学是林维善。他在高中时当过学生会体育部部长，篮球打得很好，曾参加过省里的比赛，希望他能把咱们班的体育工作做好。”

伟乐与他对视了一下，互相有点钦佩。虽然之前相处了两天，但从没有聊起过高中时的学习和生活。

“第四位同学是李茹茹。她考出了钢琴八级，参加过市里的中学生歌咏比赛。她的文笔也很好，在报纸上发表过很多文章，也在全国‘新概念作文大赛’中获过奖。”

李茹茹站了起来，她穿着一袭连衣裙，身材修长，秀发披肩，皮肤白里透红，有两个迷人的酒窝，从侧面看，竟与《红楼梦》中林黛玉的主演陈晓旭有几分神似。茹茹可以算是班花级的人物。

“四位同学中，杨伟乐是临时班长，林晴负责团支部工作，林维善负责体育工作，李茹茹负责文娱和财务工作。下午的安排是熟悉校园和发迷彩服。学院团委安排了一位大二同学到我们班，她会带领大家游览校园。”

班会一结束，伟乐、维善、林晴、茹茹他们很快进入了工作状态。发完迷彩服后，伟乐他们四位班干部匆匆赶到教室，组织同学们等待那位大二同学。

三点整，教室门口进来一位穿着淡黄色短袖的女生。伟乐一看，是李欣然！他的心里一下子暖暖的，居然还是欣然！她走到讲台上，说：

“大家好，我叫李欣然，是学院团委组织部的副部长。接下来，由我来带领大家熟悉校园。”直到这时，伟乐才知道她的具体身份。

一路上，欣然对校园文化和生活设施如数家珍。从她嘴里，伟乐才知道东州大学的图书馆是省内最大的图书馆。东州大学有一个情人坡，是校园爱情的圣地。欣然很有耐心，也很热情。伟乐印象最深的一个地方，就是前天来学校报到的时候，在商学院门口看到的那座雕像。介绍这个地方时，欣然说：

“这是咱们商学院的三位创始人，他们都已去世。也有人私下调侃，说这是三缺一。”全班同学都被她的话逗笑了。

熟悉完校园后，同学们都对东州大学有了更深的了解，从内心里更热爱东州大学了。同时，伟乐对李欣然也更加敬佩了。一路上，伟乐一直跟她走在一起。在欣然面前，他开始变得坦然。

在大学生活了两天，伟乐感觉到了大学的博大精深。到目前为止，这是一个来了还不想走的地方。马浩老师说，中文系是一部《红楼梦》，是一个男生和许多女生的故事。土木工程系是一部《水浒传》，是一百〇五个男人和三个女人的故事。他庆幸自己选了商学院，他喜欢自己的室友和班里的同学。他希望与大家一起逐鹿东州大学。可是，等待着他的明天又会如何呢？

第四章 / 迷彩情缘

始业教育结束后，军训马上开始了。据说美国五角大楼曾经很困惑，因为间谍卫星发现，中国每年到了九月份，都会有大规模的军事集结。其实，这是高校在军训。

对于军训，同学们的态度是很矛盾的：喜欢穿上迷彩服，做一回军人，但是又怕苦、怕累、怕晒。尤其是女生，为了呵护白皙的肌肤，平日里出门吃个早餐都要拿阳伞。如今，却要顶着烈日暴晒。最痛苦的是那些“一白遮百丑”的女生，原本靠着皮肤白，能弥补长相的不足。如今，怕是要现形了，就像白素贞喝了雄黄酒似的。

马浩老师曾说过，十月份没有九月份热，女生能少用好多防晒霜，能省不少钱。但是，马老师只说对了一半，十月的东州，骄阳依然似火。

军训动员大会八点整正式开始。宿舍区里，校园歌曲照常在七点钟响起。早上播的第一首歌是《摇太阳》："摇来摇去，摇碎点点的金黄……"

室友们陆续被《摇太阳》摇醒了。建邦习惯性地打开了收音机，那是他收听财经新闻的工具。收音机里飘出一位女主持人甜美的声音：

"各位听众朋友，早上好！今天是周三，早上天气很好，太阳大大的……"

听完这句话，全寝室哀鸿遍野。东升冒出一句：

"走，打酱油去，晒酱油肉啦！"

伟乐打趣道："你晒出来的都是酱油肉，我和海强晒出来的是酱骨头。"

维善说："唉，晚上我和建邦买点啤酒，既能吃到贱（酱）油肉，又能吃到贱（酱）骨头。"他发音时区分不出前鼻音和后鼻音，惹得众人在一旁狂笑。这绝对是东州特色的普通话。

"你吃得下去啊？"东升说着，边穿衣服边唱起《大话西游》里猪八戒唱的歌：

"吹，吹，吹个球，吹个大气球！吃个气球玩球球！"

过了一会儿，建邦说："我们每个人都装一个一次性塑料杯在口袋里吧。我表哥说，军训课间休息的时候，最郁闷的事情是能见着伏茶，却抢不到茶杯，因为每个排只配了两个茶杯。"

军训场上彩旗飘飘，四周挂满了横幅。有的写着"流血、流汗、不流泪，掉皮、掉肉、不掉队"，有的写着"丢掉幻想，准备打仗"，一看这些标语，就有种特别豪迈的感觉！

动员大会上，所有的新生都穿着迷彩服，密密麻麻，有几千人。一些女生打着阳伞，远远望去，下面是一片绿色的迷彩服，上面好多五颜六色的阳伞，仿佛万绿丛中开出了七彩的花朵，美不胜收。

主持人讲的第一句话是："大家把阳伞全部收起来！军训不是来逛街，不是来看戏！"

听这声音，威猛无比。阳伞全被吓得缩了回去，仿佛一下子入了秋，刚才所有的花朵都凋落了。

接下来是学校党委陈书记讲话。陈书记的话还没讲完，伟乐看到人群中一阵小小的骚动，原来是隔壁班的一位女生晕倒了。接着，一位看起来像老师的人和两位男生立即把她背到了不远处的临时医务室。

动员大会结束时，临时医务室门口已经密密麻麻地坐了十几个人。看来当代大学生的身体素质还真是个问题。难怪之前听人说，好多年轻人在服兵役前的体检中过不了关。

男生和女生是分开军训的，所以2001级国际经济与贸易1班和2班的男女生分别合在一起，男生一个排，女生一个排。男生在二连一排，女生在二连二排。

军训的场地是水泥地，因此温度特别高。上面太阳往下照，下面热气往上涌。人在中间，就像蒸笼里的螃蟹一样，没多久，脸上、手上的皮肤全红了。场地四周虽然种了些树，但都还是树苗，长得还没有维善高。唯一能遮阳的是一根电线杆。早上十点钟之前和下午两点钟之后，电线杆在阳光的照耀下，会投射出一条非常苗条的影子。就这点影子，也成了同学们必争的纳凉之地。

诚如建邦所讲的，军训场地配备了伏茶，喝茶的杯子果真只有两个。一到休息时间，同学们渴得像疯狗一样跑去抢水喝。抢到杯子的同学，拿着杯子喝个不停。没抢到杯子的同学，嗓子眼都快冒烟了，只能干巴巴地等着。

伟乐他们则不慌不忙地掏出自备的杯子，慢慢享用起来。不过，他们都很有好生之德，纷纷把自己的杯子借给同学。这五个杯子，为他们赚了不少人气，也为伟乐和维善这两位临时班干部打下了良好的群众基础。

军训还算人性化，允许身体不适的同学坐在边上跟训。跟训的同学可以打伞，这让烈日下的汉子和女汉子们羡慕不已。伟乐发现，同班的女生王晓燕一直坐在边上跟训。对于这个王晓燕，他是很有印象的。她看起来身体瘦弱、弱不禁风。前天给她发迷彩服的时候，由于生产厂家失误，她的衣服码子过大，能垂到大腿，看起来更像迷彩连衣裙。

同班的男生胡立也坐在边上跟训。胡立的寝室是503室，在伟乐的隔壁。早上起床时，他不小心一脚踩空，韧带拉伤了，医生建议他休息。不知该说他是走了好运，还是走了霉运。大部分同学都说他走了好运，这样就有跟训的理由了，而且非常理直气壮。真是“胡立失蹄，焉知非福”。

训练了一会儿后，伟乐流了很多汗，衣服像狗皮膏药一样紧紧地贴在身上，黏糊糊的，别提多难受了。这边，同学们在场地上辛苦训练；那边，胡立和王晓燕却打着伞，躲在伞下窃窃私语，真是羡煞旁人。

军训间歇休息时，李茹茹取出防晒霜，和林晴一起往身上抹，因为之前抹的都被汗水冲走了。维善看到后，跑过去说：

“你们抹啥东东啊，给我们也抹抹呗。”

茹茹笑着说：“这是防晒霜，你一个大男人抹啥啊。”

“热啊，脸上滚烫滚烫的，皮都要烤焦了。再说，我是全班最高的，太阳都先晒到我。”

维善好说歹说，从茹茹那儿把防晒霜弄了过来。伟乐、建邦、海强、东升他们也都跟着沾光。一瓶防晒霜一下子被耗去了一小半。伟乐是最后一个抹。抹完后，他把防晒霜还给茹茹，说：

“谢谢！我也抹了，不能再黑了，再黑都能当黑板了。”

茹茹说：“男孩子黑点好啊，白嫩嫩的有啥好看的。”

听闻此话，伟乐的心被触动了一下。原来女孩子喜欢皮肤暗的男生，他以前还为自己的肤色感到自卑，看来都白自卑了。把防晒霜交到茹茹手上时，他的手碰到了茹茹的手，软软的，特别细腻。他害羞得赶紧把手缩了回来。

站军姿的时间到了。教官要求不能有任何小动作，否则要绕着操场跑三圈。伟乐站成了一棵松，一动不动。太阳很毒辣，的确像是晒酱油肉的节奏。他的额头在持续冒汗，汗水把防晒霜冲了下来，冲到了眼睛里，眼睛火辣辣的难受。伟乐使劲眯了一下眼睛，想把眼里的汗水挤出去。不承想，眼睛更难受了。他本能地用手去抹了一下眼睛。

“你们俩，出列！”教官凶巴巴地指着伟乐和建邦。“刚才说过了，不能有小动作。你们俩擦什么眼睛？罚你们跑三圈，马上！”

原来，建邦也在同一时刻擦了一下眼睛。伟乐本想争辩一下，但是迫于教官的威严，他什么话也不敢说，乖乖地，又很窘迫地跟建邦一起跑了三圈。一圈有四百米，三圈就是一千二百米。

跑完以后，他们俩继续回到队伍里面站军姿。不一会儿，可能是早上吃了地瓜的原因，维善放了一个响屁。教官隔得远，没听到。但是边上的几位同学都听到了，他们都抿着嘴偷笑，只有东升忍不住，笑出了声。教官以为东升在做恶作剧，于是很严厉地说：

"出列！笑什么笑？"

同学们把牙根咬得更紧了，生怕笑声从牙齿缝里漏出来。东升还没来得及解释，教官已经扯开了嗓子喊：

"向左转，起步跑！"

东升一个人在风中凌乱，没办法，他拖着 180 斤的肉，也跑了一千二百米。不说了，说多了都是泪。

军训间歇休息的时候，大家又争先恐后地涌向伏茶供应点，大口大口地喝水，像犁地犁累了的牛一样，然后满足地打个响嗝。

"啊！！！"突然一个女生的尖叫声传来，伟乐一看，是茹茹在尖叫。他赶紧跑过去问：

"怎么啦？"

"青蛙！青蛙！"茹茹尖叫着，边叫边跑，手里拎着一只鞋子，跑出一段距离后才停了下来。原来，她刚才跟林晴在草丛边踢正步玩。结果，由于鞋子太松，她一踢腿，鞋子飞到了草丛里。她跑去捡鞋子的时候，看到草丛里有一只青蛙，所以尖叫了起来。伟乐纳闷地说：

"青蛙有什么好怕的，我们小时候都抓过来烤着吃。"

"怕！好大一只青蛙啊！"茹茹仍然惊魂未定。边上一些围观的同学则笑弯了腰。

伟乐打趣说："可能是看你穿的衣服和它穿的很像，它把你当同类了。"

"以后可不许在我面前提青蛙了。"说着，茹茹拍了拍鞋子上的土。

伟乐想不通，这是怎么回事呢？海强不吃绿颜色的蔬菜，茹茹害怕青蛙。为什么别人不怕的东西，他们俩会怕。这是什么心理在作怪呢？

吃了中饭，伟乐陪着茹茹去学校人武部调换鞋子，换双合脚的，免得踢正步的时候再给踢出去。由于茹茹不知道人武部在哪儿，所以让他陪着去。

换鞋子的时候，茹茹发现自己的一只袜子居然穿反了，于是，她脱了袜子，反过来又重新穿了回去。伟乐一直站在旁边。他看到了茹茹的脚丫，肤色如雪、小巧精致，皮肤嫩得可以隐约看到青筋，脚指甲上涂着红色的指甲油，特别显眼。伟乐看着她的脚丫子，心里扑通扑通乱跳。

回宿舍的路上，他问茹茹：

"早上那个四条腿的、绿色的东西为什么会让你怕成那样啊？"他不敢说出"青蛙"二字，因为茹茹有言在先。

"唉，你真想知道啊？"

"有点好奇，呵呵！一般人不至于怕成那样。"

"好吧，跟你说实情吧。我在小时候被那个东西吓怕了。我家在农村，读初一的时候，有一天，我跟伙伴们去田里玩。结果，那个东西突然钻到我的裤管里面，一个劲地往我腿上爬，还留下了黏糊糊的东西。我被吓坏了，从那以后就怕这东西了。"

"哦，原来如此！怪不得！"

“你可不许再告诉别人哦。”

“好！坚决不说，说梦话的时候也不说。”

“呵呵！你这人还挺逗的。”

“是啊，我脸上长痘痘，所以比较逗。”

“好冷的笑话。”

回到宿舍楼下时，伟乐看到楼梯上撒了一些纸钱。他断定，是前天那哥们儿没了。走到二楼的时候，他听到了凄惨的哭喊声。二楼楼道上站着学校的几位保安哥哥，他们示意伟乐不要停留，赶紧离开。伟乐也不由得鼻子一酸。人活着，真是不容易啊！

回到宿舍，建邦、海强他们正在议论此事。海强说：

“帅哥，你刚才没早来，楼下刚围了好多人，那哥们儿的妈妈哭得那个惨啊。”

伟乐问：“那哥们儿真没啦？”

东升说：“是啊，要不然也不会撒纸钱啦。”

伟乐又问：“查出来是什么原因没的吗？”

建邦说：“我刚才还去他们宿舍了，后来被保安喊了出来。听那哥们儿的家人说，死因是心肌梗死，以前就有这个病。”

伟乐感叹：“真可惜，这么年轻呢，是缺乏运动吗？”

维善接过话说：“就是啊，你们要是跟着我打篮球，保你们一个个牛一样壮。”

下午的太阳比早上的更毒辣。训练刚开始不久，旁边二连二排的一位女生倒下了。伟乐一眼认出那是林芳，是茹茹和林晴她们寝室的。只见林芳脸色发白，面部表情扭曲，两手捂着肚子，瘫坐在地上站不起来。边上的女生们无力将她扶起。她们的教官是个新手，站在那里不知所措。于是，伟乐跟自己的教官说：

“报告教官，那个倒下的女生是我们班的，请问我可否将她送到医务室？”

教官看了看伟乐说：“好！去吧！”

伟乐跑出两步后，教官说：“等等！你再找一个同学一起，看你也背不动她。”

伟乐说：“好！谢谢教官！”他示意了一下维善，又看了看教官。教官朝他点点头。

跑到林晴跟前，伟乐问起林芳的情况。林晴小声地说：

“她来亲戚了。”

伟乐很迷茫，忙问：“来亲戚了？谁来了？”

林晴说：“大姨妈。”

伟乐四周看了一下，还是很迷茫，“大姨妈？在哪儿啊？”

林晴无语，不好意思地笑笑。接着，她放下了矜持，说道：

“就是她来月经了，痛经。”

这下伟乐明白了，他那个脸腾的一下红了，红得像一颗红枣。

说话间，维善已经蹲下身子，示意伟乐把林芳扶到他背上，他来背林芳过去。

还好，林芳没有大碍。伟乐突然觉得，做女生，其实也挺麻烦的。

晚餐前，伟乐接到马浩老师的通知，说是其他训练场上的一位男生下午也差点出事情。那个男生患有先天性心脏病，但是不好意思请假跟训，怕被同学瞧不起，结果在训练的过程中突然倒地。还好抢救及时，没有生命危险。马浩老师的意思是，他们几位班委一起去各寝室走访一下，深入了解同学们的病史情况，打消他们对跟训的顾虑。

吃过晚饭，伟乐召集了维善、林晴、李茹茹一起到寝室走访。这是他和维善第一次到女生寝室，也是林晴和李茹茹第一次进男生寝室。

走访茹茹寝室时，林芳也在寝室里。她的状态好多了，躺床上跟同学聊天。见伟乐和维善进来，林芳羞涩地说：

“下午真是谢谢你们了！”

他俩忙说：“不客气，应该的！”

伟乐发现，茹茹的书桌特别整洁，桌上放了一只哆啦A梦的玩偶。书桌边的墙壁上贴了一幅书法作品，上面写着“玉洁冰清”四个字。他忽然发现自己开始莫名其妙地关心起所有与茹茹有关的事情。

走访完女生寝室，伟乐觉得每个寝室都香香的，闻着很舒服，与男生寝室比起来真是有天壤之别。他还有一个发现，女生寝室有两个特点：第一，床上大多有泰迪熊之类的玩偶；第二，书桌上摆着各种洗护用品。其中一个寝室的卫生间门口还贴着一张纸，纸上写着“你没资格吃，因为你胖”。看到这张纸，伟乐心里偷着乐，这张纸贴得真不是地方。

走访完寝室回来，伟乐看到海强拿着一张201卡在打电话。海强是用家乡话讲的，因此，室友们都不知道他在说什么“鸟语”。

通话足足持续了半个多小时，室友们开始怀疑这小子谈话的内容有猫腻，感觉像是跟一个女孩子在聊。在建邦的追问下，海强不好意思地承认是给一个女生打电话。那个女生在大连一所理工大学。在室友们的再三追问下，海强最后交代，是高中时的好朋友，也算是恋人。

伟乐愕然，还真看不出来，这小子真有能耐呢，居然在高中就恋爱了。他不由自主地回忆起贾勤奋的事，这段恋情能在高中的环境中生存下来，得有多么顽强的生命力！私底下，室友们都对小强“羡慕嫉妒没有恨”。

第二天早上起床后，东升的帽子突然不见了。他赶忙问大家：

“你们有没有看到我的帽子？我的帽子咋没了呢？”

“你小子，不用戴绿帽子了，多好！”伟乐在床上打趣道。

室友们顿时哈哈大笑，纷纷说伟乐的话很经典。

“看你再说。”说着，东升拿起枕头，想扔向伟乐。举起枕头的时候，他看到帽子压在枕头下面。他很诧异，帽子怎么跑到枕头下面了。

建邦说：“东升啊，你不仅白天戴绿帽子，晚上也戴着。”

寝室里又是一阵哈哈大笑，比刚才那阵还大，连东升都笑得在床上打滚。

军训的日子虽然艰苦，但很精彩。从第三天开始，晚上增加了一个项目——拉歌。几千人在操场上拉歌，场面蔚为壮观！听惯了流行歌曲，平时觉着革命歌曲老土的同学们，在拉歌的时候唱得特别卖力。“日落西山红霞飞，战士打靶把营归、把营归……”唱着、唱着，每个人都觉得浑身充满了力量！这是军歌的力量，更是军人的力量！革命歌曲唱起来是那样地振奋人心，一种民族自豪感油然而生。

拉歌之余，教官也给学生们讲一些军旅传奇。伟乐记忆最深的，是教官讲的一个跟抗战有关的故事：

“那是在抗日战争时期，我爷爷曾是八路军。爷爷所在的部队与日军的一支部队进行了激烈的战斗，战斗胜利了，日军被全部歼灭。他们获得了很多战利品，其中有很多罐头，外面贴着咖啡豆的图片。吃完饭后，其中的两位战友打开罐头，冲了开水，想尝尝日本人喝的咖啡。第一位战友喝了之后，感觉有一股焦味，很难喝。第二位战友在喝的时候，嘴巴里被什么东西咯了一下。他吐出来一看，是一根细骨头。他很纳闷，咖啡里面怎么会有骨头？后来，战友们索性把所有罐头都打开。在其他罐头里，他们也发现了一些骨头。后来，他们才知道这不是咖啡，而是人的骨灰。这些日本人可能是想把同伴的骨灰装在罐头瓶里带回日本。后来，那两位喝了‘咖啡’的战士吐得一塌糊涂。”

故事听起来很悲壮。教官一讲完，边上的同学也都有强烈的呕吐欲望。教官说，战争是非常残酷的，现在的和平是用很多战士的鲜血换来的，所以我们要好好珍惜，你们更应该珍惜这来之不易的学习机会，好好完成自己的学业。

军训了近半个月，本来皮肤白嫩的同学们一个个都黑了，仿佛非洲人民大规模移民到了东州大学。伟乐也更黑了，不过牙齿在皮肤的映衬下显得更加洁白。如果把他的牙齿涂黑几颗，他一张嘴，就是一架钢琴。他那些高中时带来的不良习惯早已不知去向，他变得勇敢、果断、坚强。海强则被太阳灼伤了，皮肤表面一片潮红。他不仅对绿色食物过敏，对太阳也过敏。东升看起来瘦了，但是过秤一称，还是一百八十斤，看来他流掉的不是汗，是寂寞。建邦则神龙见首不见尾，每天军训一结束，就脱下军装，换上他标志性的背带装。他总跟着他表哥往外跑，说是去寻找商机。只有维善基本没什么变化，因为他的起点就很黑。

这半个月里，对军训的人来说，操场即是战场。对胡立和王晓燕来说，操场则是情场。同学们热得汗流浃背，流了一池子的汗；他们俩聊得口干舌燥，喝了一桶的水。

女生那边，她们的教官也更黑了。教官虽然有点腼腆，但不影响在女生心目中的形象。这种男性军人独有的魅力，女生们以前几乎没机会看到，因为班上的男生们之前为了备战高考，一个个看起来都面黄肌瘦。除了东升，因为他是面黄肌胖！而且，女生们一致认为，在二连的四个排中，她们排的教官是最帅的。

军训中，女生们与教官结下了深厚的友谊。尤其是林芳，自从上次身体不适以后，教官特别照顾她。课间休息的时候，同学们常常看见教官同林芳聊天，而且聊得很开心。

汇报检阅的前一天晚上，院学生会安排了招新面试。伟乐和维善两个人都报了名。

在面试现场，伟乐发现竞争很激烈。他所填报的“办公室干事”一职总共招三个人，但是报名的却有三十多人。

轮到伟乐演讲的时候，他才发现李欣然也是评委之一。她友善地给了他一个微笑。由于经验丰富、准备充分、表现良好，伟乐被顺利录用。但是，维善落选了，他的表达能力不够好。

之前听人说，大学的学生会很黑暗，谁要想进去，得烧香磕头认老乡。可是，伟乐从报名到面试，到最终被录用，一切都公平、公正、公开。学姐、学长们也都是客客气气的，丝毫没有霸气和“官味”。看来，这些传言都是谣言。

汇报检阅那天，天公突然变脸，下起了大雨，随之而来的是台风将要登陆的消息。学校决定检阅活动照常进行，但是内容稍做压缩，因为检阅之后，武警战士们要赶着去抗台抢险。

没进检阅场地之前，一些学生还在抱怨，既然下雨了，要不就别检阅了。可是，一到场地上，当雄壮的军乐响起，当看到整整齐齐的数千人的队伍，所有人脸上都洋溢着幸福的自豪感。一种无形的力量，牢牢地把所有学生都凝聚在了一起。

汇报检阅很成功！本来准备的合影、与教官的告别等活动，都因这场大雨取消了。

一散场，大家纷纷赶回寝室洗澡、换衣服，以免感冒。

望着远去的军车，林芳哭了，泪水、雨水混在一起……

军训，是大学给新生的一个见面礼，还是一个下马威？可以确定的是，军训给了所有人美好的回忆。令伟乐没想到的是，军训中居然蕴藏着商机，这个商机被建邦抓住了，他发了大财。

第五章 / 初恋情殇

军训一结束，建邦就挖到了大学里的第二桶金。他的第一桶金是靠卖锁赚回来的。宿舍里，每个学生都有一个独立的柜子。新生入校后，都喜欢给柜子上个锁，里面放一些私人物品。而他们入校后的两个星期是卖锁的最佳时机。原来，军训那些天里，建邦之所以神龙见首不见尾，其实是跟着表哥卖锁去了。之前说过，他表哥是商学院大三学生。

表哥早就瞄准了这个商机。开学之前，表哥带着他一同去义乌小商品批发市场批了两大箱锁。这些锁都存放在表哥的宿舍里。新生入校后，表哥在校园内摆了个地摊。建邦一有空就去帮忙，利润按三七分成，他可以得到三成的利润。

由于他们卖的锁比学校商店的便宜，而且种类多、款式新颖，因此，两个星期总共卖出了两千多把，净赚了八千多元钱。

建邦分到了两千四百元钱，这让他一下子尝到了创业的甜头。

这第二桶金，则是靠倒卖迷彩服赚得的。军训结束后，迷彩服对同学们来说已经没有用处。有的同学还嫌放着碍事，把它扔垃圾桶里去了。对于建邦表哥来说，这又是一个商机。原来，军训结束前，表哥早已跟几个工地里的包工头谈好了价格，以八元一件卖给他们。他们买回去后，发给建筑工人们穿。一件迷彩服收购价五元，可以净赚三元。

因此，军训一结束，伟乐、东升、维善和海强他们顾不上洗澡，就被建邦动员过去帮忙收购迷彩服了。当然，是有偿帮忙。

收购点里，人如潮涌。有的人拿着一件过来，有的人把寝室的六件全部拿了过来。伟乐他们四个人负责收衣服，建邦和表哥两个人负责发钱。收衣收得手发麻，发钱发得手抽筋，一直忙到下午一点多钟才完事。

表哥清点了一下，总共收了两千八百零五套迷彩服。除了运费等杂费之外，预计能赚八千二百元钱。表哥给伟乐他们每人发了一百元酬劳，剩下的钱仍然与建邦三七分。

伟乐心里感触很深，建邦和他表哥这钱赚得既轻松，又没有风险，而且利润丰厚。人才啊！表哥的口头禅就是“要疯就疯，趁着现在还年轻；要干就干，趁着现在有力量”。他们哥俩身上长满了东州人“敢为人先”的经商细胞。伟乐找到了东州市之所以在国际上小有名气的原因。

回到宿舍后，大伙儿轮流着去洗澡。

“阿嚏！阿嚏！”海强连着打了两个喷嚏。接着，伟乐也觉着鼻子痒痒，也打了一个喷嚏。

东升说:“你们两个感冒啦?”

海强说:“是呀,饥寒交迫啊,帅哥们,赶紧洗个澡吃饭去啊。”

东升说:“就你们那身体素质,不感冒才怪。”

伟乐说:“那是我们皮薄,风一吹就吹到肺里去了。哪像你啊,酱油肉、皮厚,炮都打不进。”

“你就说我胖好了呗。”东升自嘲道。接着,他对建邦说:

“建邦啊,伟乐和海强能算工伤不?”

建邦回答说:“行!算工伤,一会儿我买药。”

海强和伟乐有点感动,纷纷对东升和建邦竖起拇指说:“够哥们!够义气!”

“建邦啊,你都发大财了,中午管饭不?”维善不怀好意地问。

他很豪爽地说:“行!中午我请客!吃顿好的。”

建邦是赚得盆满钵满,可是楼下管宿舍的老伯气坏了。以前那些学生军训后,都把迷彩服丢在一楼垃圾桶边。他收集起来洗干净后按斤卖,也算小有收入。如今,这点外快被建邦给抢了去,因此心里怄着气。不过,心底里,老伯还是很佩服他们,这些学生,脑子确实聪明。

学校边上有一家重庆渔庄叫“知味斋”,建邦说,那里的水煮鱼特别好吃。所以,中午就选在那里聚餐。那时候,伟乐对水煮鱼还没概念,以为就是把鱼放在水里煮起来。他还嫌这个名字起得没水平,鱼不放水里煮,难不成放油里煮?可是建邦说,水煮鱼很辣,麻麻的,让人的鼻子沉醉、味蕾崩溃、眼睛流泪,属天下少有的美食。

果然,水煮鱼上来后,上面浮着一层红红的辣椒,看起来十分喜庆。伟乐不喜欢吃辣,吃了容易上火,脸上的痘痘非爆裂不可。他正犹豫着,东升先夹了一块放嘴里。水煮鱼很烫,他又赶紧把嘴里的鱼片夹出来,吹了两口气,又塞了回去。看到东升这副窘样,室友们都在一旁哈哈大笑。东升一边吃,一边说:

"好吃,真带劲!"

看到东升给了好评,海强、维善他们纷纷举起筷子准备战斗。伟乐仍然没有动静。海强说:

"帅哥!真好吃,好香啊!"

维善也说:"哇,果然好吃!爽!好爽!"

建邦说:"伟乐啊,尝尝呗,包你爽到底。"

经不住诱惑,伟乐怀着壮烈牺牲痘痘的勇气,夹了一小块鱼片放进嘴里。只觉得浓香扑鼻,舌尖碰到鱼片之后有一点麻。刹那间,身上的所有细胞都被激活了。果然好吃!

建邦又叫了几瓶冰啤酒,他说:

"边喝冰啤酒,边吃水煮鱼,让你们爽到 high!"

果然,冰啤酒和水煮鱼冰火两重天,吃在嘴里,荡气回肠。海强钟情于这红色的食物,他吃了不少辣子和鱼片。

不一会儿,大家吃得满脸是汗。吃了有一刻钟左右,海强突然说:

"东升,你鼻子底下怎么啦?红红的。"

大伙一看,果然,他的鼻子底下红红的,像是鼻血。东升用手擦了一下,手上红红的,的确是鼻血!建邦说:

"东升,把头往后仰,等血止住了再吃吧。"

东升抓了几张纸巾过来,一边擦血,一边继续吃,他说:

"没事,估计是上火了。水煮鱼真的好吃!"

大伙都被他这股勇猛的吃劲所折服，一个个加大了吃的力度。五个人，一共喝了十瓶啤酒。吃得那个舒服啊，别提有多痛快。这些天来的疲惫感全被酒精蒸发了。

吃完饭，趁着酒兴，维善说：

“聊聊我们班的女生吧。你们说，我们班谁最漂亮啊？”

东升说：“我们班有漂亮女生吗，好多人都还不认识呢。”

海强说：“帅哥，还是有几个美女的吧。那天军训时倒在地上，维善背过去的那个女生叫什么名字？那个不是长得还可以的？”

伟乐说：“那个人叫林芳。”

海强说：“对，就那个女的。维善真是艳福不浅啊！”

东升说：“就是，维善体力好。要是我去背，肯定背不动。”

建邦说：“你能自理就不错啦！”他拍拍维善说：“背着林芳爽不爽啊？”

“爽个屁啊！是背着，又不是抱着。跟背块石头差不多。”

海强又说：“那个李茹茹不是长得也还可以吗？”

东升说：“对哦，她还可以的。”

伟乐听了以后，心里美滋滋的。他觉得全班就数茹茹最好看。

维善说：“海强，你小子高中就恋爱了，你这是早恋啊。”

海强说：“帅哥，你这么英武神勇，还怕找不到女朋友啊！”

被海强这么一夸，维善脸上乐开了花。伟乐转移了话题，说：

“我们寝室还没寝室长呢，得选个寝室长出来，明天要上报到学生会。”

维善说:“我和伟乐是班委了,就从你们三人中选一个吧。”

建邦说:“我接下来要跟着表哥创业,把这个机会留给东升和海强吧。”

海强说:“帅哥,让东升当吧,他比较有分量。我每天要去图书馆学英语。”

东升说:“什么意思嘛! 这样说起来,除了我没人当啦!”

伟乐说:“我们集体鼓掌通过吧。”

“好!”大伙纷纷鼓掌。就这样,东升当上了寝室长。

那天晚上,台风果然来袭。夜渐渐深了,风渐渐大起来,窗户剧烈地摇动着,台风还发出了“呜呜”的叫声。伟乐从没听过台风的叫声,也从没想过台风会有如此威力。

维善的床铺靠近窗户。风力瞬间增大时,“咣当”一声,他床边的玻璃碎了一小块。碎片像一把小李飞刀,把维善的额头划了一道小口子,还好,只是皮外小伤。风灌进了寝室,建邦、海强赶紧取来毛巾,把窗户给堵上了。伟乐则赶紧找了个创可贴给维善贴上。据说,维善是东州大学在这次台风中唯一受伤的人。这是后话。看来,身体好不如运气好。

也许是喝了酒的原因,东升的呼噜声比往常都要响一些。呼噜声与台风的呼啸声混在一起,吵煞旁人。维善、建邦、伟乐、海强他们四个久久不能入睡。维善提议说:

“咱们捉弄一下东升吧,这家伙,这么响的呼噜声。”

伟乐说:“就是,好不容易有点睡意,全让他的呼噜声给打没了。怎么捉弄呢?”

建邦说:“我有个主意。咱们把海强那个手电筒打开,在寝室里抓两只蚊子,要抓活的。然后放到东升的蚊帐里,反正他血多,让他当一回雷锋。”

大家都觉得这个提议好,很有创意。于是,由建邦和海强负责抓蚊子。

建邦由于技艺高超,很快抓到了两只活的蚊子。他偷偷放入了东升的蚊帐里。这一招果然有效,不一会儿,东升的呼噜声渐渐小了下去,而且传来了打蚊子的声音。又过了一小会儿,东升很郁闷地醒来了,打开了床头灯。这时,建邦他们四个人突然哈哈大笑起来。东升纳闷了,很无辜地看着大家说:

“我被蚊子咬死了。你们笑什么啊?”

建邦打趣道:“你呼噜声那么大,蚊子怎么敢咬你啊,以为打雷呢。”

伟乐假正经地说:“我代表蚊子,感谢寝室长的无私奉献!”

维善索性唱了起来:“咱们蚊子有力量,嗨! 咱们蚊子有力量。”

“帅哥,打蚊子是一项很好的体育运动,哈哈!”海强破天荒,第一次在寝室里讲了句算是经典的话。

“你们耍我!”东升似乎有点明白了。不过,他很随和,打完蚊子后,重新躺下去睡觉了。胖子的特点就是不记仇。

军训结束后,大学的学业正式开始了。这是新生们在高考结束后,再一次坐到教室里学习。可是高考时紧绷的那根神经早已经完全松弛下来,没有了弹力,这只能怪高考后的假期太长了。由于一月二十二日就要安排期末考试,因此,本学期真正的上课时间只有三个月。

大学的学习跟高中不一样，没有固定的教室，也没有固定的座位。高中时的座位是按身高排的，大学里则可以自由选择。海强以前都坐第一排，因为他的个头一直没有别人长得快。如今，他终于可以尝尝坐后排的滋味。维善以前一直坐最后一排，因为他的个头长得比别人都要快。据说，刚出生的时候，他就属于巨型婴儿。如今，他终于可以尝尝坐前排的滋味。

第一堂课是“大学英语”。任课老师名叫皮秋生，名字有点怪，来头可不小。他说自己曾留学美国，是正宗的“海归”。在美国待了三年，体重增加了三十斤，他说自己的知识没有脂肪增加得快。最吸引人的是，他说留学时曾听过里根、克林顿、老布什、比尔·盖茨等人的演讲。讲到这里，同学们都把眼睛瞪得大大的，生怕漏听了一个字。同学们想，皮老师见过里根、克林顿、老布什、比尔·盖茨这些名人，而他们见了皮老师，就等于间接见到了这些人。皮老师接受了名人的思想，同学们接受了皮老师的思想，相当于间接接受了这些名人的思想。

皮老师上课时极少用中文，哪怕咳嗽一下，似乎都带有西方文化气息。同学中，英语底子好的人听得拨云见日，底子不好的听得云里雾里。以至于皮老师说“Take out your book”时，几个同学愣没反应过来。

上课中途，皮老师打了个喷嚏。他下意识地说了一句：

“Shit，Fuck you!”

这回同学们都听懂了，这是“狗屎”的意思。要说这语言，不论哪国语言，骂人的话多少与生殖器官或排泄物有点关系。看到同学们的表情有些怪异，皮老师发觉自己失态了，急忙用中文解释说：

"同学们,'shit'这个单词在英语中有'狗屎'的意思,不过还有另一种用法。比如'Holy shit',这是美国人经常用的口语,为感叹语气,意思相当于中文的'我靠',或相当于古文的'呜呼'。"

被他这么一解释,之前的尴尬局面马上就化解了。在皮老师的课上,伟乐还听到了关于单词 success 的解释。皮老师说,success,有两个 c 和 三个 s,"c"和"s"弯弯曲曲,成功的路本来就是弯弯曲曲的。这个解释用得实在巧妙,既能记住这个单词,又很励志。海归真不愧为海归!

还有一个让伟乐印象非常深刻的内容。皮老师问道:

"同学们,在做英语选择题的时候,如果你不能确定四个选项选哪个,你们一般会选什么?"

"C。"一些同学答道。

"B。"另一些同学答道。

皮老师说:"有选 A 或者选 D 的同学请举手!"

伟乐环顾了一下四周,发现没有一个人举手。皮老师接着说:

"这个问题很有意思。相同的问题,在美国等西方国家,得到的答案却是 A 或 D。为什么会这样呢?这是因为,我们东方文化不喜冒险,喜欢求中庸、求稳、不偏不倚,所以倾向于选中间的两个选项,这样有安全感。西方国家喜欢冒险、刺激,而 A 和 D 在边缘,所以他们喜欢选择 A 或 D。这种差异还表现在很多地方,比如中医与西医,比如我们用的筷子和他们用的刀叉。"

"哦——"全班发出了敬佩的声音,顿时有种豁然开朗的感觉。

皮老师果然学识渊博,随便一件小事情,都能讲出一个大道理。从此，伟乐从心底里开始佩服起皮秋生。海强以前一直讨厌英语，如今，听了皮老师的课，他对英语有了那么点好感。而且，这股好感似乎还在他心里生根发芽了。

皮老师的两节英语课，给同学们留下了深刻的印象。同时，大家对大学老师也留下了美好的印象。看来，大学与高中的确不一样，大学有大师在！

第一天的最后一节课上完后，马浩老师突然在教室门口冒了出来，说是要强调几件事情。他说：

"同学们，从今天开始正式上课了。在大学里，你们可不要做'踩铃'一族——不要踩着铃声进教室，要提早一点，这也是对任课老师的尊重。今天早上，我看到一些同学一手拿着牛奶，一手拿着面包进教室，这可是不被允许的。"

"那要是一只手同时拿着牛奶和面包进教室呢?"一个声音传出来，全班哄堂大笑。

伟乐不能确定声音来自何处，不过他有点小生气，这也太不尊重班主任了。马老师倒很大度，也很幽默，他说：

"嗯，用一只手带进来是可以的。不过，前提是你得把面包和牛奶先装到胃里，然后一只手托着胃。"

"好!"同学们自发地为他的巧妙回答鼓掌。马老师又一本正经地说：

"有个事情，想必你们也都听说了。半个多月前，我们学校有一位大二的男生，由于心肌梗死不幸去世了。他之前曾被查出有心梗，医生建议他要边服药边锻炼身体。但是呢，这个同学沉迷于电脑游戏，擅自停药，从不锻炼身体，而且出事的前一天晚上睡得很迟。这个事情给了我们一个教训，希望同学们以后要加强身体锻炼，每天锻炼一小时，这样才能健康工作五十年。”

马老师的确是一位很有才、很用心的班主任。

功课表上，上课的地点像打游击，头两节课在这个教室，下面两节课又得换个教室。教室一换，座位也得换。不过，伟乐也有自己的乐趣，每次都能跟不同的同学交流。

“横看成岭侧成峰，远近高低各不同。”这句话用在茹茹身上也是适合的。茹茹乐观、阳光。相反，林晴就完全不一样了，她给人一种居委会大妈的感觉。要说这缘分吧，其实说来就来。比如胡立和王晓燕，经过军训中的患难与共，如今他们每堂课都坐在一起，并且毫不避嫌地开始了恋爱。加上海强每天晚上给远方的女朋友打电话，伟乐也憧憬起爱情来，渴望真爱快来。

学习之余，伟乐还经常要参加学生会的工作。学生会很忙，也很锻炼人。只是，他待在寝室里的时间少了，与室友们的交流也少了。维善常常在篮球场上，海强常常在图书馆里，建邦常常无影无踪，待在寝室里最多的人是东升。看来，当时选他当寝室长是对的，他能看家。

一个周六的早上，伟乐他们睡意正酣，东升的呼噜声还在高潮。突然，寝室里的电话铃声大作。东升嘟囔着说：

“谁啊，这么早打电话来。”

伟乐睡意蒙眬地拿起听筒：

“喂，你好！”

“是伟乐吗？我是林晴。”听声音似乎很急促，伟乐有点清醒了，忙说：

“林晴啊,是我,发生什么事啦?”

“伟乐,王晓燕从床上摔下来了。现在口吐白沫呢,该怎么办啊?你快来看看啊!”

“啊,摔下来啦?我这就给校医院打个急救电话,让他们赶紧安排医生出诊。”

联系好医生后,伟乐快速穿好衣服后,飞奔而出。

赶到林晴的寝室时,医生还没有过来,茹茹正坐在王晓燕身旁。她怕晓燕伤到脊柱,因此不敢扶她起来。晓燕没有流血,不过一直喊疼。林晴说:

“她早上起来叠被子的时候,突然腿一软摔了下来,刚才一直吐白沫,现在好些了。”

伟乐说:“医生应该很快会过来,我给马浩老师打个电话,汇报一下情况。”

听了汇报后,马老师说,他会马上赶到学校里来。

不一会儿,医生来了。他仔细检查了晓燕后说:

“这位同学的情况比较乐观,骨头没伤着,脊柱也没事,建议你们一会儿带她到校医院找我,我安排她做个脑部CT。”

同学们听后,都松了一口气。医生很负责任,他还说:

“你们以后如果遇到口吐白沫的病人,切记不能给病人枕头,不然很容易窒息的。这几年里,学生从床上坠落的事情常有发生,而且基本都发生在起床穿衣服或叠被子的时候。女同学一般是上半身先着地,男同学坠落的方位则是随机的,因为男女生的重心不一样。女生上半身比下半身重……”讲到这里,几位同学不好意思地笑了起来。

送走医生后,胡立也赶到了。晓燕坐在椅子上,胡立站在她身旁。晓燕抱着他的身子，把头埋在他的怀里撒娇。见了这场面，同学们既尴尬，又羡慕。这时，伟乐才发现，茹茹身上穿着睡衣，睡衣是粉红色的，材质看起来像是丝绸的。在睡衣的映衬下，茹茹的脸色特别红润。他不由得心里一动，不过，他不敢表露出来。

回到自己的宿舍后，伟乐把刚才的事情跟室友们描述了一遍。讲到“女生上半身比下半身重”这句话时，室友们一个个都不怀好意地笑了。维善说：

“这个也不一定吧，有的女生胸小，跟男生也没有区别。”

东升说：“女生上半身重，她们上半身有我重吗？”

寝室里又是一阵狂笑。

吃过早饭后，伟乐去学生会办公室值班。由于刚加入学生会，他对很多业务还不熟悉。这次办公室招了三位新的干事，伟乐负责发通知、发文件和安排会议等工作。

来到办公室后，伟乐翻阅起了办公室的历史档案，以便熟悉工作。过了一会儿，李欣然进来了。伟乐说：

“学姐好！你怎么来啦？”

“嗯，我来清点下新生中非团员的人数。今天你值班啊？”

“是的，今天我值班。”

“对了，上次竞选时，你说自己的文笔较好。我们学校有好几份文学刊物，你可以试着投投稿。”

“呵呵！过奖了，凑合着吧，我有机会试试。还没有谢你呢，我第一天来的时候可是你把我带到寝室的。”

“不用谢！那也是工作嘛，明年要轮到你去带新生了。”

“嗯！向你们这些学长、学姐们学习。”

“以后大家相互帮助。对了，你有手机吗？”

“还没有呢，高中的时候用不上。现在觉得，没有手机真是不方便。”

“这倒是的。今天在行政楼那边有个移动公司的优惠活动，充一百元话费可以赠送一部手机，你要不去看看？我刚才也充了一个。”说着，她把自己刚得到的手机递给伟乐看。

“啊，有这样的好事？”伟乐看了她的手机后，感觉挺不错。欣然说：

“对啊，办公室有我呢，你要想买手机可以现在过去，这个活动仅此一天。”

“嗯，那我现在过去看看。”

帮建邦收购迷彩服赚来的一百元钱算是派上了用场。其实，伟乐的家境后来好转了。虽然，当年妈妈生妹妹的时候，被罚了一千元钱，家里一贫如洗。不过，后来爸爸做生意，赚了一些钱，日子过得衣食无忧。

不一会儿，伟乐就拿着手机回来了。他看到欣然在擦桌子，突然很感动。他已经好多次看到欣然擦桌子、扫地，她总是特别勤劳。于是，他放下手机，开始跟她一起打扫卫生。

打扫完后，他从盒子里取出了手机。在欣然的指导下，伟乐学会了手机的基本操作，两个人还互留了号码。

那一天，他们在办公室聊了很久，聊大学学习，聊学生会工作，聊以后的就业打算。欣然明确说自己以后要考研，她鼓励伟乐要积极上进。一直以来，伟乐只有妹妹，没有姐姐。在心底里，他把欣然当成了自己的姐姐。

那一天，建邦、东升、维善、海强他们也都趁着优惠，充话费充来了手机。

晚上睡觉前，伟乐想起还没问过晓燕的检查结果，于是打电话去问林晴。林晴说，晓燕没什么大碍。她还说，马老师去她们宿舍看望过晓燕了。

大一有较多思想政治类的课程，主要有“马克思主义哲学原理”“毛泽东思想概论”“思想政治修养”等。“马哲”“毛概”两门课的老师挺不错，语言幽默、深入浅出，同学们听得意犹未尽。

可是“思想政治修养”课的老师就没那么经典了。老师名叫吴启隆，跟那个歌星“吴奇隆”近音。他很年轻，刚从北京的一所高校毕业。他上课时讲的都是一些大道理，有些道理从幼儿园就开始听了。因此，同学们对这门课都没什么听的欲望。之前，皮秋生老师自称“海归(龟)”，因为他是从海外归来。如今，同学们送了个称号“京归子(金龟子)”给吴老师，因为他从北京回来。

一次“思想政治修养”课上，伟乐刚好坐在茹茹后排。看到茹茹也没怎么在听课，坐在那里发呆，他心里顿生情愫。想起胡立找到了女朋友，想到海强早有女朋友，想到学生会里好多学长也都有女朋友，他不禁心旌摇动起来。他对茹茹特别有好感，于是鼓起勇气，决定给她写一封情书，把自己的心声传递给她。

伟乐从没有写过情书，但他看过很多言情小说，因此，写情书不是难事。他决定写一首情诗，于是花了半节课的时间精心构思，之后一挥而就。第二节课的时候，他悄悄把纸条递给了茹茹，心里扑通扑通地乱跳。情书是这样写的：

“茹茹，这几个星期来，我觉得你特别好，很让我着迷。我们的关系可以更进一步吗？我笨笨的，也不知道该怎么向你表白，写首小诗送给你。

姑娘啊　你一定是喝纯净水长大的
要不　你怎么会这样纯洁
对你的美丽　我不敢多眨一下眼
我看你看得眼睛都锈成了铁

我愿做一株爬山虎
奋力攀爬　爬上你卧室的香枕
我渴望倾听你温柔的呼吸
为你守护　守护华丽的梦

你可以当我是一匹马
我要驮你　驮你去海角天涯
有空的时候　你可以梳理我的鬃毛
我会伴你　伴你每一个秋冬春夏

杨伟乐敬上，望笑纳！”

以前看别人的情书，伟乐总觉得很肉麻。可是自己写的时候，却觉得完全是真情流露，字字句句皆心声。纸条递给茹茹后，他心怀忐忑：要是她答应了，自己该怎么办？要是她没答应，自己又该怎么办？

茹茹展开纸条一看，赶紧又合上了。她有点不敢相信自己的眼睛。过了五秒钟，她又把纸条展开来，仔仔细细看了一遍。

她完全懂得这张纸条所要表达的意思。虽然，自己以前也收到过情书，但是，那都是班里成绩不好、特爱捣蛋的同学写的。而这次是伟乐——平时她很尊敬而且做事认真、特别能干的人。她知道伟乐应该是认真的。

茹茹心里有点乱，伟乐的确很优秀，在班里很有号召力。可是，自己对他实在没有来电的感觉，心中的白马王子与他是两个方向的，她不能欺骗自己的感情。最终，她决定拒绝伟乐的求爱。可是，该怎么回复他才好呢？茹茹想了想，决定编一个谎话，这个谎话让她很不踏实，却被逼无奈。她回复道：

“伟乐，谢谢你这样欣赏我，可是我已经有男朋友了，在另外一所大学读书。真的很抱歉，我当你是好朋友。——李茹茹”写好以后，她又检查了一遍，然后把纸条传给了伟乐。

收到茹茹的回复后，伟乐很激动。他小心翼翼地打开了纸条。很快地，他的笑脸变成了哭脸，期望变成了失望。这么多天的迷恋，这么多天的幻想，一切都在瞬间破灭。

茹茹低着头，心里也很纠结：不知这样会不会伤了伟乐的心，不知他以后还会不会理自己。

伟乐则像一只泄了气的皮球，耷拉着脑袋。接下来的这堂课，“京归子”讲的话他一个字也没听进去。看着茹茹的背影，这个曾经看过无数次的背影，曾经从无数个角度看过的背影，此刻没有为他转身，伟乐的心里翻江倒海，难道，就这样失恋了？他感到心被掏空了。

一堂课总算熬到了最后。下课的时候，伟乐故意从后门离开教室。茹茹则坐在位置上，确信伟乐离开以后，她才离开。

晚自习的时候，伟乐一个字也看不进去。他满是失落，满是伤心。他在纸上随意写着心情，写着、写着，写成了一首诗。他给诗取了个名字，叫《剪刀》：

看你闭着嘴时　双唇还蛮厚实
未承想到你一张嘴　却是如此刻薄
再好的东西要是被你咬住
一挣扎便要残缺

如果有什么事情纠缠在一起　找你化解
你总是不闻不问　一口咬断
剪刀啊
你也该积点口德

伟乐决定把这首诗写在自己的诗集里。他的诗集取名为《穆木诗集》。“穆木”是他高中时的笔名。他总是习惯于通过写诗，来表达自己的情感。此前拿到录取通知书时，他也写过一首诗，诗的题目是“风筝”。

此后的几天里，伟乐与茹茹几乎没有讲过话。他躲着茹茹，茹茹也躲着他。他本来想让关系走得更近一些的，结果，却让关系变得更远了。看来，表白有风险，示爱须谨慎。

第六章 / 情为何物

被茹茹拒绝后，伟乐倒没有万念俱灰，毕竟两个人并没有相恋过。一切都是自己单相思，是自作多情。他只是觉得很失落，想起席慕蓉的诗："我已在佛前求了五百年，求他让我们结一段尘缘。"他感叹，也许是上辈子在佛前求得不够吧。

学生会的工作渐渐步入正轨并且更加繁忙起来，既要开展迎新生系列活动，又要开展"校园文化节"活动，不久以后还要开展田径运动会。总之，伟乐留在学生会办公室的时间渐渐多了。

办公室被装扮得很温馨，充满了人文气息。这全是宣传部同学的功劳，尤其是新干事王小璐，她的眼光非常独特，办公室的装扮方案就是她设计的。

王小璐长得小巧玲珑，五官很精致，扎着马尾辫，喜欢穿紫色的连衣裙。学生会第一次全体会议那天，她误以为伟乐是学长，对伟乐说：

“学长，你是大三的还是大四的？”

伟乐说：“再过两年，我就大三了，再过三年，我就大四了。”

“你是说你也是大一新生？怎么可能呢？”

“你是指我长得有点超速吧？我高一的时候就长成这样了。”

“你好逗哦，又不是开车，超什么速啊。你是哪个部门的啊？”

“我是办公室的，我知道你是宣传部的。”

“这个你都知道啦，以后叫你大哥好不好？你看起来比我大好多哦。”

“呵呵！没问题，高中的时候，有个女生还叫我大叔呢。”

伟乐觉得小璐很可爱，比自己的亲妹妹可爱多了。

有人说，在学生会工作会影响学习，伟乐可不这么认为。他一有空就往图书馆跑，而且，在图书馆看书的效率特别高。他也不孤单，无论什么时候去，海强肯定在那儿。图书馆成了他的乐园，什么类型的书陈列在哪里，他一清二楚。伟乐总结出一条经验：图书馆里最旧的书有两类，一类是英语四六级和托福考试的书；一类是诸如《中国性文化史》之类的书。他常常会看到一些身躯瘦弱的男生在后面这一类书的书架旁边徘徊。

相反，没有在学生会工作的同学反而没那么认真学习，因为他们时间太充裕、太自由，缺乏学习的动力。寝室里，除了海强，另外三个人并不专心于学业。东升虽然也常在寝室里看书，但他看的都是武侠小说，金庸的作品他都能背了。他常说，每次要去图书馆的时候，脑子里都会有两个声音出现。一个声音说：

"不要去了,学习多累啊。"另一个声音紧接着说:"好啊,好啊!"

海强是实力派的,学习特别刻苦。因此,寝室里给他起了一个绰号叫"小强"。他也乐意接受这个绰号,把"小强故事多,充满血和泪"这十个字写在纸上,贴在了书桌前。这里的"血和泪"主要还是指英语成绩。要是英语四级无法通过,就没有学位证书了,所以,小强去图书馆,基本只做一件事——学英语。

东升看多了武侠小说,总免不了有"血光之灾"。一天早上,他起床后,发现离上课只有二十分钟了。小强、维善和建邦已经去吃早饭,伟乐还蹲在厕所里便秘。东升急着想上厕所,所以站在卫生间门口一边跺脚,一边哇哇叫:

"伟乐啊,快一点啊,忍不住啦。"

"急什么啊,我的便便路阻啦,等红灯呢。"

"快点啊,要漏出来啦,快啊!"

"好,好,好,半分钟,马上搞定。"

东升在外边一个劲地跺脚,想让便便缩回去。半分钟有多久,不是看蹲在里面的那个人,而要看在外面着急等待的那个人。这半分钟里,伟乐在里面使劲拉,东升在外面使劲憋。同是便便,差距怎么就那么大呢?东升边跺脚,嘴里边唱着:

"吹,吹,吹个球,吹个大气球,吹个气球玩球球……"

好不容易等伟乐出来,他匆匆忙忙冲了进去。一阵狂轰滥炸之后,东升在里面吹起了口哨。卫生间的墙壁上贴着一首小诗,是维善从杂志里抄来的:"脚踏黄河两岸,手拿机密文件,前面机枪扫射,后面炮火连天。"

轻松完之后,东升按下了冲水的开关。当他起身系裤腰带的时候,由于动作幅度过大,后面兜里的手机"咚"的一声滑到了便池里。这个手机就是上次充话费送的。他的手头可不宽裕，这一百元钱可是他十天的生活费。因此，他想都没想，立即伸手下去掏手机。哪承想，手刚一碰到手机，手机一滑，又向洞里滑下去不少。东升只得跪在地上，使劲把手往里面伸。由于胖，手肥嘟嘟的，他好不容易拿到了手机，可是手却卡在里面动弹不得。他感到手上火辣辣的，估计是皮肤刮破了。东升大声喊：

"伟乐，帮帮忙啊！我出不来啦！"

"干吗啊，掉茅坑里啦。快点啦，要迟到了。"

"我真掉茅坑里啦，哎呀我的手呀！"东升边喊，边用另一只手把卫生间的门开了。伟乐过来一看，只见东升跪在地上，满脸通红，一只手卡在便池里。他忙问：

"怎么啦，东升，你怎么把手伸便池里啊？"

"穿裤子的时候，手机从裤兜里掉出来了，掉到了便池里。我伸手去掏，现在手机在我手里，可是手拿不出来了。你快想个办法啊。"

"使一下劲能出来吗？"

"出不来啊，估计手都破了，火辣辣的。"

"忍痛割爱吧，不要手机了。"

"问题是现在手卡住啦，甩不掉手机。"

"啊，那怎么办啊？你等等，我找一下水电工。"

过了三分钟，水电工来了。看到东升的样子，他哭笑不得。他让伟乐弄些肥皂水来，肥皂水有润滑的功能，或许能用得上。伟乐赶紧弄了好多肥皂水。可是，东升手上的肉把整个洞口都堵上了，肥皂水钻不到洞里去。

过了五分钟，东升的手仍然不能动弹。水电工说：

“看来得打电话给火警 119,他们会有办法的。”

伟乐说:“火警啊？消防员是吧?”

水电工说:“对,他们对救援这类情况有经验。”

伟乐说:“这动静也太大了吧,还有没有别的办法啊?”

水电工说:“我是想不出别的办法了。”

眼瞅着马上要上课了,伟乐给维善打了个电话,把东升的事情简单描述了一遍。他让维善帮忙向任课老师请假。伟乐又对东升说:

“看来真要叫消防员来呢,你没意见吧?”

“我还能有什么意见啊,跪得我腰都疼了。不管了,把我的手先弄出来再说。”

不出十分钟,消防车就到达了宿舍楼下。一起过来的还有学校的门卫。门卫吓坏了,以为哪里发生火灾。还好,那会儿已经是上课时间,只有一些没课的同学留在宿舍区。不过,消防车的警报声还是吸引了一些人。这些人站在楼下议论纷纷,不知发生了什么大事。

消防员一见东升的样子,也是哭笑不得。不过,消防员就是有办法,他们把东升的手给解放出来了。但是,便池也被弄破了。东升的手背明显有瘀青,而且被划开了几道小口子。他的手里还握着那部手机,手机上有零星的污物。本来这手机还是行货,现在却成为正宗的“水货”了。

楼下那些围观的人得知事情的原委后,个个都笑得前仰后合,这真是亘古未有之奇事啊。那边,维善在教室里讲了这个事情之后,全班也炸开了锅。之前,班上还有人记不住东升的名字,现在全记住了,而且对他的记忆深入骨髓。转眼间,他的事情一传十，十传百，传得全校皆知。东升就这样“被出名”了。

吃过中饭，小璐发短信问伟乐：

“大哥啊，听说早上有个男生的手卡在便池里了，是不是你们那幢楼的啊？”

“你也听说啦，呵呵！是我们这幢宿舍楼的，而且是我寝室的寝室长。”伟乐回复道。

“是你寝室的啊？怎么这么巧？我很好奇耶，你以后一定要让我认识一下那位同学哦。”

“他已经够糗啦，你能不能善良一点？”

“你就指给我看一下，我不和他说话，这样行吧？”

“好吧，依你了。”

交往了几次后，伟乐发现，小璐虽是市场营销专业的，但是，她不仅有艺术的眼光，还能写一手好字，作一手好画，属于才女。他见过她画的《寒梅卧枝图》，手法纯熟、意境深远，很有大家风范。小璐则觉得伟乐有责任心、积极进取、文采过人，而且经常到图书馆学习，是个好男生。

小璐说要专门给伟乐创作一幅画。但是，她有一个前提，就是他要帮她在图书馆占一个月的位置。图书馆的座位是比较紧张的。在图书馆占位置，有一套江湖规矩：只要有一本书，或者一本笔记本放在某个位置上，就代表这个位置被占了，其他人不能再坐到这个位置上。如今，小璐让他占位置，伟乐不得不比往常起得早一些，先占两个位置，然后才去吃早饭。

一起在图书馆学习后，伟乐才发现，小璐不仅喜欢穿紫色的连衣裙，而且包里总会放一包薰衣草。薰衣草也是紫色的，总是散发出一股清香，沁人心脾。与小璐的距离近了后，伟乐与小强的距离自然就远了。同时,他觉得失去茹茹后的那种失落感正渐渐淡去。没有得到茹茹这个女朋友,有了小璐这个异性朋友,其实也挺好的。

由于学生会开展的活动很多,小璐常常要在办公室出海报。遇上伟乐也在办公室的时候,她总会说:

“大哥,我渴,帮我倒杯水呗。”

伟乐总是会给她倒一杯温水。这个时候,小璐常会问:

“大哥啊,帮我看看这张海报,你觉得还要不要修改啊?”

伟乐便会站在她身边,提出一些很不成熟的建议。有些建议居然还会被小璐采纳。

学院里很快就要举办田径运动会,伟乐的工作也更加繁忙起来。学生会下发了通知,要求各班级组织代表队参加学院运动会。

伟乐帮维善一起挑选运动员。林晴报了女子标枪,茹茹报了女子跳远,维善报了男子一千五百米长跑,建邦报了男子一百米短跑……可是,男子五千米超长跑项目始终没人报名,这可急坏了伟乐。这个项目只要跑完全程就能加分,这可关系到班级的荣誉。伟乐觉得自己的耐力还可以,平时锻炼身体的时候,跑个三千米是不成问题的,咬咬牙应该能坚持到五千米。为了班级的荣誉,伟乐一咬牙报了名。

运动员的跑鞋需要向体育专业的同学借。维善负责借男运动员的跑鞋,伟乐负责借女运动员的。自从上次表白被茹茹拒绝后,他每次遇到茹茹都很尴尬,两个人也很久没有说过话了。这次因为要借跑鞋,伟乐主动开口了:

“李茹茹,你需要穿多少码的跑鞋?我明天统一去借。”

茹茹有点紧张，她不敢看伟乐的眼睛，而是看着他的衣领说：

“我穿三十七码的鞋子，三十七码的应该差不多了。”

“好的，这几天稍微练习一下吧，还有五天就要比赛了。”

“好的，谢谢啦！”茹茹露出了一个不自然的微笑。

为了办好运动会，伟乐累得够呛。他既要完成班级里的工作，又要完成学生会的工作。为了树立班级形象，他特意找王小璐画了一张班级的宣传海报。小璐好像特别用心，构思很久以后才下笔。最终，她设计的这张班级海报构思精巧，让人耳目一新！运动会那天，这张海报吸引了不少人的眼球。伟乐对她充满了感激。

运动会的会期是一天。伟乐跑前跑后，既要做后勤管理，又要参加比赛，哪项工作都不能耽误。他负责运动会工作人员的食品、药品、矿泉水的采购和发放。欣然与编辑部的同学一起，负责广播稿的文字审校工作。伟乐的服务很周到，学生会的同学都很满意。

班里的运动员表现很好，上午的积分在全院十九个参赛班级里名列第三。林晴的铅球项目打破了学院纪录，为班级拿了好多分，茹茹、建邦也取得了很好的成绩。

下午，维善取得了一千五百米长跑第一名的好成绩，班级总分一下子跃居第二名，这让伟乐乐开了花。伟乐的五千米超长跑被安排在最后一个项目。这是个压轴的项目，全院师生的目光都被该项目所吸引。比赛前，为了增强体能，伟乐吃了两块巧克力，又喝了一罐红牛功能饮料。

比赛开始之后，伟乐使出了七分劲，但始终保持在第三的位置上。他不想占据第一的位置，因为那是领跑的位置，节奏很难掌握。跑了五圈后，他看到小璐在跑道边为他加油，还给他递水。伟乐接过水，往自己的头上浇了下来。顿时，他感到神清气爽。

跑到第七圈的时候，已经跑了两千八百米，伟乐感觉最煎熬的时刻来临了。他的双腿像灌了铅一样，每跑一步都非常艰难，而且像驴一样大口大口地喘气。这时，他看到欣然也在跑道边为他鼓劲，还给了他一个微笑。伟乐感觉心里很温暖。

跑到第十圈的时候，他感觉累极了，脸上全是汗。参赛选手里面，有的人体力不支，已经不是在跑步，而是在步行了。伟乐也很想停下来，但是，为了给班级争光，他得坚持下去。这时，跑道边又有一个人给他递水，伟乐一看，是茹茹。她在朝他笑，笑得很美。伟乐接过茹茹手中的水，喝了两口，然后又把剩余的水洒到了头上。顿时，又一次神清气爽，而且脚步变得越来越轻。

只剩最后四百米了，跑道两侧的呐喊声越来越响，播音员也把广播里《运动员进行曲》的背景音乐调大了一些。伟乐感觉浑身充满了力量，感觉自己正在舞台的中央。他得用最精彩的表演去感谢那些给他鼓励的人。他加快了节奏，超越了之前跑在第二的选手。在最后的二百米冲刺时，他要与领跑的选手争冠军。他铆足了劲，但是，领跑的选手此刻疯了一样，跑得极快。最终，伟乐获得了第二名。

刚到终点，伟乐体力不支，跪倒在地上。跑道是煤渣跑道，跪倒之后，他的腿上沾满了煤渣。维善见状，赶紧把他扶了起来。伟乐觉得膝盖火辣辣的，他用手拍了拍上面的煤渣，才发现膝盖的表皮在渗血。欣然看到后，立即从包里掏出纸巾，很小心地给他擦伤口，一边擦，一边关切地问：

“疼吗？碍事吗？”看样子，她很担心。

“不疼，呵呵！我跑了第二名呢，这是我最好的成绩了。”伟乐很得意，顾不上查看自己的伤口。

看到伟乐摔倒，小璐也赶紧跑到他身边。但是，看到欣然在帮他擦伤口，她有点羡慕嫉妒恨。她给伟乐递了一杯水。伟乐一饮而尽，嘴里仍在大口地喘气。小璐说：

“大哥啊，去包扎一下吧，还在渗血呢。”

伟乐说：“不碍事，一会儿就好了。”

在大家的共同努力下，伟乐他们班获得了全院第一名的好成绩。为此，学院给班里奖励了五百元钱。维善提议用这些钱去食堂庆功，全班一致通过。那时物价低，五百元钱足够全班大吃一顿了。

这是全班第一次聚餐。运动会增强了班级的凝聚力，全班变得异常团结。伟乐心里美滋滋的，总算没有辜负马浩老师对四位临时班委的信任。遗憾的是，马老师出差了，不在学校里。聚餐开始后不久，伟乐感觉头有点晕，耳朵里响起了“嗡嗡”声。海强坐在他旁边，看到他的脸色，大叫：

“帅哥，你的脸怎么发黑啊？”

其他同学一看，果然，伟乐的脸色发黑，嘴唇发白。此时，他已经没力气回话了。同学们感到情况不对劲，于是提议维善、海强他们几位室友架着伟乐去校医院。这边，由林晴和茹茹负责，继续班级的聚餐。不过，看到班长这样，同学们也没心思庆祝了，喜庆的气氛骤然降温。

过了二十分钟，林晴打电话给维善：

“维善,伟乐怎么样了啊?”

“医生刚才检查了,伟乐体温很高,有三十九度五,是过度劳累引起的,不碍事。”

“哦,那你们什么时候能回来?”

“可能还得好久呢,他在挂点滴,挂完就没事了。”

听说伟乐没大碍,聚餐的气氛才又逐渐升温。

聚餐结束后,伟乐还在挂点滴。茹茹、林晴、王晓燕和林芳她们同寝室的四个人决定去校医院看望他。茹茹还特意从食堂装了一瓶温水,她怕医院里没温水。

到了医院后,伟乐的点滴快输完了。看到伟乐嘴唇很干,茹茹倒了一杯温水给他。林晴说:

“哎呀,我们的李姑娘就是细心啊。”一句话,说得茹茹的脸瞬间红了。

“就是,就是,我们都没想到给你带温水呢。”晓燕和林芳在边上起哄。

茹茹满脸含羞地说:“发烧了,不能喝凉水。”

维善说:“茹茹以后肯定是贤妻良母啊。”

这一席话,说得茹茹不好意思地低下了头。伟乐看了茹茹一眼,心里很感激,又有点惋惜。只有他和茹茹知道其中的秘密。

茹茹说:“身体是革命的本钱,班长要保重身体啊。”

“我现在的身体是革命的利息,本钱早就透支了,呵呵!”伟乐的回答一下子把大家都逗乐了。他和茹茹之间的尴尬也彻底化解,他们又成了好朋友。

晚上,小璐给伟乐发了条短信:“大哥,膝盖好些了没有啊?”

伟乐回复道:“好多了,你真好,这么关心我。”

“那当然啦,你摔了后,你疼在腿上,我疼在心里呢,嘻嘻!”

“还是妹子好啊,谢谢你给我们班级设计的海报哦,改日请你吃饭。”

“好啊! 请我吃顿好的。”

运动会结束后的第三天,班里举行了班干部选举。伟乐、维善、林晴、茹茹全都高票当选。其中,伟乐是全票当选。马浩老师考虑到伟乐还为学生会工作,为了减轻他的负担,班长由林晴来担任,他担任团支书。

同一天,寝室里一直没来报到的刘洋终于来了,室友们都很高兴。这下寝室成员总算到齐了,班级也完整了。刘洋是外省的,看起来有点虚胖,行动上怪怪的,动作跟机器人一样。而且,他不怎么跟别人打招呼。室友们很是诧异,一个个都说看不懂他。他到校的时候,家里人说他得了慢性肾炎,还带来了医院的证明。

刘洋来了后,寝室可就不平静了。室友们总是感觉有一双眼睛无处不在。比如,坐在书桌前写作业的时候,冷不丁的,感觉背后有一双眼睛盯着自己。回头一看,刘洋果然站在那儿,一句话也不说,就那样直勾勾看着。大家觉得心里毛毛的。

刘洋每天晚上都要服药。服了药以后,他都很早睡,这与室友们之前养成的作息习惯很不一样。如果谁把他吵醒了,他总是很生气,有时会大喊大叫。或者,他会拿起脸盆敲击,跟室友们比谁的声音大。这让伟乐他们哭笑不得。

一个星期后,刘洋把被褥拿掉了,席子也不铺,直接睡在床板上。东升问他为什么不铺席子睡,刘洋说,他要磨炼自己的意志力，要学习越王勾践卧薪尝胆。夜里，他一翻身，床板“咯吱、咯吱”作响，室友们苦不堪言。

直到有一天，刘洋夜里起床小便。小便完后，他爬上东升的床，去掏东升的鼻孔。东升被弄醒了，睁眼一看，发现有个人在他床上。他大喊一声：

“谁啊！你干什么啊你？”他这么一喊，全寝室的人都醒了。

刘洋说：“是我啊，你鼻子里有声音，我给你通通气儿。”

刘洋这么一说，室友们倒是被逗乐了。这时，刘洋爬下床，走到小强跟前说：

“小强，你醒啦，陪我去卫生间读英语好吗？”

小强说：“帅哥，这才凌晨四点啊，我想睡觉，天亮了再读吧。”

刘洋说：“那我自己一个人去读。”果然，他把自己关进了卫生间，大声朗读起英文字母：

“A，B，C，D……”

这下，寝室里没人睡得着了。东升轻轻地说：

“他是不是病啦？”

小强说：“是啊，帅哥，好像不对劲唉。”

维善说：“刚来那两天还好，这几天好像变了许多。还有，最近好像没见他吃药了。”

建邦说：“他不会是这里出问题了吧？”说着，他指了指自己的脑袋。

伟乐说：“我也觉得，他好像很不正常。一会儿天亮了，我向马浩老师汇报一下。”

熬啊，熬啊，总算熬到了天亮。伟乐赶紧打电话向马老师汇报了此事。闻此消息，马老师说：

“伟乐，你让刘洋在寝室里等我。你和维善先陪着他，一会儿我和高星老师到你宿舍。”

伟乐心想，刘洋的问题可能严重了，要不，马老师怎么会亲自过来。

八点半时，马老师到了宿舍。不一会儿，高老师也来了，他还带了另一位老师过来。那位老师是学校心理咨询中心的张英老师，伟乐认得她。马老师说：

“伟乐、维善，你们俩先去吃早饭，一会直接去上课吧，这里留给我们。还有，关于刘洋的事情，你们就别在班级里说了。”

中午放学后，看到刘洋已不在宿舍，伟乐和维善一起，特意去马老师办公室打听情况。马老师说：

“刘洋生病了，可能是精神分裂症复发。这个事情，你们不要跟同学讲，别人问起，你们就说他身体不好，又休学了。”

听完后，伟乐心里一惊，电视上有些精神分裂症病人会咬人，甚至砍人。他不禁有点后怕起来。马老师似乎看出了他的心思，说：

“刘洋之前也是因为这个病休学的，他父母隐瞒了病情。来学校后，他没有按时服药，结果复发了，我们已安排他去市里的精神病院了，等他妈妈过来。这个病如果按时服药，基本不会复发。”

伟乐问：“这个病能治好吗？”

“这个因人而异，有的人也能完全康复。你们做得很好，碰上这种情况就得及时汇报。”

维善问：“他还能继续读书吗？”

"这要看情况,如果治疗效果好,他能继续学业的。"

刘洋回去后,寝室里又只剩下五个人,又恢复了往日的宁静。

王小璐提前兑现了她的承诺,送了伟乐一幅画。这次,她画的是一幅《春江水暖》的国画:画中有朱楼,有画舫,有桃花,有湖,湖面上还有一对鸳鸯在戏水。这幅画胜过她的《寒梅卧枝图》。伟乐很喜欢这幅画,也更加佩服小璐的才华了。

为了感谢小璐,伟乐也没有食言。一个有夕阳的傍晚,他邀请小璐到学校外面的小吃街上吃美食。小璐特意洗了个澡,穿上了那件紫色的连衣裙。

伟乐比小璐先到了约定的地点。小璐来的时候,身上散发着淡淡的薰衣草的味道。伟乐忍不住多吸了几口气,香味沁得他脾胃清凉。伟乐说:

"小璐,你的薰衣草哪买的啊?什么时候送我一包呗,好喜欢这种味道。"

"好啊!你可以每天陪着我啊,这样每天都能闻到这种味道。今天请我吃什么?"

"你选吧,今天晚上,我和我口袋里的钱都归你使唤。"

"对我这么好?那我就不客气了。"

"不用客气,我们谁跟谁啊。"

"我想要台湾奶茶、香酥无骨鸡柳、珍味饭团,还有麻辣烫,这样就够了。我们一路吃过去。"

"好啊!那就先买台湾奶茶。"

说着,伟乐买了两杯奶茶。小璐似乎特别兴奋,她粘在伟乐身边，一会儿撒个娇，一会儿拉拉他的胳膊。伟乐觉着，小璐比自己的亲妹妹可亲热多了。

吃饱喝足之后，小璐说：

“大哥啊，夕阳这么好，要不我们去东州政法大学逛逛吧。”

“好啊！正好我也没去过。”

两个人的影子被夕阳拉长。他们肩并肩，漫步在通往政法大学的路上。

东州政法大学也是一所不错的大学。一进校门，就能感受到一股浓浓的人文气息。政法大学的建筑全是欧式风格的，校园里的树很奇特，充满欧洲风情。

进入校门后，不远处有一条河流。河边错落摆放着很多的长条木椅，供人看书、休闲。有的椅子上坐着一对对情侣，他们相互依偎，看夕阳西下，情意绵绵。

伟乐突然想起马老师说过的一句话：“20 世纪 80 年代，高校的校规中规定大学生不准谈恋爱。但是，从一开始，这条校规就从来没有被遵守过。”伟乐又想起了茹茹，心中不免伤感起来。要是跟茹茹坐在这里，那该是多么美好的事啊。其实，伟乐也隐约觉得小璐好像在暗示着什么，她似乎挺喜欢自己。可是，他对小璐完全没有像对茹茹那样的感觉。他心里一直把小璐当妹妹。

逛了好一会儿，两个人都走累了，坐在椅子上歇息。小璐说：

“大哥，我好累啊。”

“累啦？靠椅子上歇会儿吧。”

“椅子太硬了，不舒服。”

“那就端正了坐，坐姿成九十度直角，这样不会压着后背。”

“哦，好吧。”听起来，小璐有点不情愿。

看到不远处有一对恋人在接吻，小璐说：

“大哥，你有没有看到什么啊？”

“嗯，儿童不宜哦！”伟乐傻笑着说。

“你以前有没有女朋友啊，你这样过吗？”

“当然没有啦，我的初吻还健在。”

小璐的脸上微笑了一下。有那么一刻，她凝视着伟乐，眼睛很清澈，楚楚动人。伟乐的目光碰到她的目光后，好像打了败仗一样，立即战略转移了。

“哈，哈……”他笑出声来，“干吗这样看着我啊，我眼里又没有鼻屎。”

“你眼里当然没有鼻屎，但是有我的影子。”

当伟乐再次把目光投向小璐时，她的眼睛依然在凝视，似乎有话要说。伟乐不安地问：

“怎么啦，小璐？”

“嗯，我脑子一团糨糊。”

“你脑子的淀粉含量没那么高吧？”

“你好坏哦！”说着，小璐捶了伟乐一拳。她说：

“唉，你属猪，真是脑子也像猪。”

“不对！猪要是长成我这样瘦，得自卑死了。”

小璐两只手搓了一下，低着头说：“大哥，你喜欢我吗？”

伟乐没想到小璐会问得这么直白，他想了想说：

“我因你而喜，因你而欢，我很喜欢把你当妹妹。”他不想欺骗小璐，可是，他的心里很忐忑，他怕小璐会很伤心，就像自己当初向茹茹表白遭拒后那样。但是，有些事情就是不能勉强的。为了不至于出现和茹茹之间那样的尴尬，伟乐接着说：

"小璐，你很优秀，很有才华，我很欣赏你。肯定也有很多男孩子给你写过情书。但是，我对你真的没有那种来电的感觉，我很喜欢有你这样的妹妹。"

小璐没说什么，她沉默了，一声不吭。伟乐分明看到，她落下了几滴眼泪。过了好久，小璐说：

"大哥，我们走吧，我觉得有点冷。"

伟乐脱下了自己的外套，披在小璐的身上。

两个人默默地走着，伟乐心中升起一股说不出的滋味。他在心中不停地问自己：问世间，情为何物？

第七章 / 爱与哀愁

拒绝小璐的示爱后，伟乐内心也很纠结。之前被茹茹拒绝，他伤痕累累；如今拒绝了小璐，他会遗憾终生吗？小璐会恨自己吗？他暗自神伤，为什么自己的感情这么不顺，胡立和王晓燕没几天就牵手了，小强在高中就有女朋友了，建邦也在运动会中收获了芳心。而他的爱情鸟却迟迟没有栖上枝头。

建邦这小子真是厉害，学院运动会的时候，他不知怎么就跟一位新生播音员好上了。这段时间，他总跟那个女生一起吃饭，把室友们给冷落了。东升说，建邦这是有了女人忘了哥们。不过，建邦把这个女生藏得很深，不愿带出来给室友们见。

白天，伟乐风风火火地学习、工作。每当夜深人静的时候，他的内心变得特别孤独。高中三年，满脑子都是高考。可是，到了大学以后，就像置身大海，四周茫茫一片。他回想起那句话：

“拿着书本与老教授探讨人生，捧着鲜花与女朋友设计未来。”可是，现实中，老教授下了课就回市区了，女朋友则尚未遇见，只知道她应该已经出生了。

一天夜里，他躺在床上翻来覆去，睡不着觉。他想起了茹茹，想起了小璐，也想起了欣然。想起自己进东州大学后，认识的第一个人是欣然；想起自己洗完澡后还来不及穿戴整齐时，欣然推门而入；想起欣然到寝室里发学生会招新材料；想起欣然带着班里的同学去熟悉校园；想起欣然教自己使用手机；想起自己受伤了，欣然帮自己擦伤口……自己与欣然总是那么有缘。而且，伟乐觉得她比茹茹更多了一份成熟美。想到这里，他苦笑了一下。欣然可比自己大一岁，再说，人家是学姐，一个可以敞开心扉的知心姐姐。他给欣然发了条短信：

“学姐，在梦乡了吗？”伟乐一看时间，已经十一点了，他不指望欣然会回复。

半分钟后，手机震动了一下。伟乐赶紧打开一看，是欣然的短信：

“还没呢，刚躺下，梦还没来。你怎么还没睡啊？”

“睡不着，呵呵！突然想到你了，就给你发条短信。能小聊一会儿吗？”

“可以呀。怎么突然想到我了，我没欠你钱吧？哈哈！”

“没呢。想到你的好多事，我到大学以后，你帮了我好多忙。”

“那些都是应该的。对了，你上次膝盖摔伤，现在好了吗？”

“膝盖没事了，皮外伤。伤口被你一擦，好得特别快。”

“有那么神奇吗？你什么时候嘴学得这么油呀，呵呵！”

“嗯！学姐，你上次说学校里有很多文学刊物。我写了一首小诗，你看能发表吗？”

“你先给我看看，我帮你推荐一下。”

“行！诗不长，你等会儿，我马上编成短信发给你。”

这首诗是伟乐在晚自习的时候写的，诗的题目是“桥”：

我走上桥的一端
你从桥的另一端走来
我们擦肩而过
我们或许并不相识

也许有那么一个时刻
我们又将在桥上擦肩而过
可是谁又能说
我们不曾相见

编完短信后，伟乐又附了几个字，“学姐，这首诗也送给你。”

看完这首诗，欣然回复道：

“嗯，写得不错！有点朦胧感，有点味道。我帮你推荐到学校文学刊物《追风的季节》上。”

“好啊，你觉得这首诗能发表？”

“应该能，还是挺有哲理的。你果然很有文采，怪不得高星老师那么喜欢你。”

“谢谢学姐夸奖！睡吧，你可以让好梦过来了。”

“好！顺便宣传一下，明天晚上，学校心理健康中心邀请了一位心理学专家来校做讲座，你要不也去听听，听说这位专家还挺有名的。”

“好啊，反正明晚我也没事。学姐晚安！”

“嗯！以后睡不着了就找我聊吧，我可以当你的听众。”

伟乐很激动，孤独的心、漂泊的心，似乎有了一个停靠的小码头。他入睡的时候，东升的呼噜声和建邦的磨牙声都已起来了，组成了一曲二重奏。

第二天晚上，伟乐提早十分钟到了专家讲学的罗山大礼堂。礼堂里来了很多人，他挤到第三排找了个位置。坐定后，他四处张望，看到欣然坐在第二排的最左边。主讲人是北京来的一位心理学专家，名字叫杨池，题目是“东方文化背景下大学生的恋爱观”。

杨老师的讲座果然特别精彩，他说：“恋爱中的男生爱作诗，恋爱中的女生爱做梦。”伟乐一听，觉得很在理，自己当初给茹茹的情书就是一首诗。其实，杨老师讲得不全面，不仅恋爱中的男生爱写诗，失恋后的男生也爱写诗。

杨老师说：“做人与示爱是不一样的。做人，退一步海阔天空；示爱，退一步人去楼空。”伟乐一听，觉得有点道理，茹茹就是被人抢先了去。而且，不会表达爱，就得不到爱，但前提是两情相悦。他想到了小璐，想起小璐对自己虽是一片真心，只是，自己真的没有那种来电的感觉。

杨老师又说：“大学生谈恋爱的浪漫指数很高，但是成功率很低，尤其是异地恋爱。只靠声音的恋爱是很脆弱的。”伟乐想到了海强，海强仍然每天坚持与远方的女朋友通电话，但是，谈话中，笑声、说话声越来越少，沉默的时间越来越多。

杨老师还说："爱情要顺其自然，要两相情愿，不要强求。缘分到了，自然就相爱了。追求对方时，不要死缠烂打；失恋后，也不要垂死挣扎。做人要豁达一些。"听完讲座之后，伟乐有一种茅塞顿开的感觉。他完全放下了茹茹，也不再因为自己拒绝了小璐而惴惴不安。一切随缘！

散场的时候，伟乐看到小璐也在礼堂里，但是小璐没瞧见他。小璐的身边站着一位高大的男生，男生的手里拎着她的包，她的手牵着男生的手。看这情形，傻子都猜出三分。伟乐感觉很无语，心里暗自思量：太快了！这也太快了！

大学里，不只有爱情意浓，也有室友情深。但是，伟乐、维善、建邦他们的室友之情却经受了一场严峻的考验。

一天下午，两个可怕的消息在校园里疯传：有一个女生寝室，六位同学全部得了肺结核，全寝室都被隔离了；另外一个男生寝室，六位同学中，有三位同学得了甲型肝炎，寝室六个人也全部被隔离。这两个消息叠在一起，弄得全校师生人心惶惶。

据说，得肺结核那个寝室是新生寝室。寝室里的一位同学咳嗽了很多天，但她没在意，不知道是肺结核的症状。结果，全寝室都给传染了。得肝炎那个寝室也是新生寝室，因为那三位室友多次共用一个杯子泡方便面吃。结果，他们三人全部感染了。

对于伟乐他们501寝室来说，后面这个消息更显可怕，因为得肝炎的男生寝室就是他们楼下的401室。说得夸张一点，如果401室有谁打呼噜，或者放个屁，估计就能把空气中的病毒吹到楼上来。至于女生寝室被隔离的事情，伟乐他们倒不担心，男女生住在不同的宿舍楼，病毒不可能跑这么远。而且，男生宿舍，女生免进。宿管员眼尖，别说是女生，就是母老鼠也休想随意进出。

很快，另一个传言随之而来：蚊子会传播甲型肝炎！这下可好，伟乐他们几个更是担心，因为这段时间大家几乎都被蚊子咬过。也不知这几只蚊子是不是像直升机一样，从401室垂直升上来的。东升更是担心，因为他总是待在寝室里，到过501寝室的蚊子几乎都喝过他的血。

晚上快熄灯的时候，一天不见踪影的建邦回来了。建邦说："你们有没有听说学校有女生得肺结核的事啊？"

维善说："有啊，还有得肝炎的事呢。"

建邦说："得肝炎，什么肝炎？"

维善说："我们楼下401室有三位同学得了甲型肝炎，全寝室都被隔离了。"

"不会吧，我还有个更坏的消息哦。得肺结核的寝室就是我女朋友那个寝室。唉，她现在住院了。"

"不会吧！"东升虽然平时反应慢，但这时是第一个反应过来的。

小强说："帅哥，你别搞笑啦。"

伟乐说："就是啊，楼下401室的肝炎就够我们受的啦。"

建邦一本正经地说，"我说真的，骗你们是野狗！"

小强半开玩笑地问："帅哥，最近有没有跟女朋友kiss过啊？"

建邦说："你要听真话，还是听假话？"

东升说："这还用说，肯定打过 kiss。"

建邦默认了。

维善不吭声，一个手指顶着篮球，另一只手拨弄着球，让球一直在旋转。看得出，他也很焦虑。

听说得了甲型肝炎后，尿尿的颜色跟黄酒很相似。肺结核的早期症状是咳嗽。东升被寝室里公认为是最有可能得甲型肝炎的，建邦被公认为是最有可能得肺结核的。因此，维善、伟乐、海强三个人有意无意地回避着他俩。东升和建邦也相互提防着，生怕对方的病毒会在自己身上安家落户。

吃饭的时候，建邦仍然一个人吃。东升虽然还是和维善、伟乐他们一起吃，但是，每个人只吃自己的饭菜，手上的筷子不再相互串门。他们也不敢多说一句话，仿佛病毒就在各自的嘴里整装待发。恐惧像一个魔鬼，吞没了寝室里的和谐气氛。伟乐因为焦虑又便秘了；东升不再唱"吹、吹、吹个球……"而且，他晚上睡觉的时候，呼噜声明显小了，估计是焦虑造成的；建邦的磨牙声却大了，估计也是焦虑造成的。

接下来的一个星期里，他们每个人尿尿的时候，都要先看尿的颜色。他们每时每刻都要竖起耳朵，捕捉咳嗽声。当然，有时也会敏感过度，把放屁的声音当成咳嗽声。

可是，半个多月过去了，大家尿尿的颜色依然无色，但有味。这半个月里，除了东升打过一个喷嚏，维善放过几个屁，海强打过两次嗝，其他什么声响也没有。这说明，他们既没得肺结核，也没得肝炎。室友们终于舒了口气，东升的呼噜声和建邦的磨牙声又恢复了往日的风采。

这时，学校才终于辟谣：蚊子不会传播甲型肝炎。

确认寝室里没有人被传染疾病后，室友关系又变得和谐了。建邦又重新跟室友一起吃饭，因为他跟女朋友已和平分手。建邦说，他不想跟女朋友之间有第三者，这个第三者就是肺结核。

暂停了半个月的四国军棋大战又在寝室里拉开战幕。伟乐已经想不起来四国军棋是什么时候被引入寝室的，好像是运动会之后。四国军棋真是寝室里的第一大娱乐项目，既好玩，又能提高寝室的凝聚力。下棋的时候，需要五个人共同参与，四个人下棋，一个人当裁判。四国大战基本都安排在晚上九点之后，否则也凑不齐人。室友们商定，周一至周四晚上各下一盘，周五、周六每晚熄灯后，点上蜡烛继续战斗，直至下到手抽筋为止。四国军棋带来的副作用之一是，小强跟女朋友几乎不通电话了。

一个周六的下午，秋高气爽，阳光普照。伟乐把被子铺在楼下的绿化带上面晒太阳。绿化带上晒着很多被子，花花绿绿的，让人眼花缭乱。晒好被子以后，他就去参加学生会的活动去了。

为了增强团委、学生会干部之间的凝聚力，高星老师请来了学校心理咨询中心的张英老师为学生干部做团体辅导。这是伟乐第一次接触团体辅导。上次刘洋发病后，高星老师也是邀请了张英老师过来。

张老师首先给学生干部分了组。到场的共有三十六人，张老师按他们的出生日期，分了六个组，每组六个人。这时，伟乐才知道自己与欣然的生日居然只相差一天，因此，他们被分到了同一组。伟乐比欣然早了一天，欣然比伟乐大了一年。

张老师安排的第一个活动叫“滚雪球”。小组内的同学分别做自我介绍，即第一个人介绍完自己的名字、籍贯、爱好等信息后，第二个同学要先回顾一下第一个人的这些信息，然后介绍自己的情况。第三个同学要在回顾了前两个人的信息后，然后介绍自己，依此类推。这个游戏让伟乐得知，欣然是南京的，喜欢刺绣，还喜欢做手工。他之前只知道欣然喜欢文学。

接着，张老师又做了好几个游戏，有“信任座椅”“心有千千结”“盲人引路”等。伟乐最喜欢的是“盲人引路”这个游戏。该游戏的规则是：两个人一组，一个人扮演“正常人”，一个人扮演“盲人”。“盲人”的眼睛用布蒙着，“正常人”牵着“盲人”的手，给“盲人”带路。“正常人”要带领“盲人”绕过很多的障碍，哪一组最先到达目的地，说明配合得最好。张老师说，这个游戏的目的是培养人与人之间的信任感。

由于伟乐和欣然挨着，因此，他们俩被分到了一组。伟乐扮演“正常人”，欣然扮演“盲人”。活动开始前，伟乐竟然有点害羞。自从上初中以来，记忆中好像还没有牵过女孩子的手。欣然竟然有些害怕，她的心中一直藏着一个秘密：好像也是从初中开始的吧，她的手只要被异性牵着，就会感觉浑身很痒，而被同性牵着则不会。即使到了大学里，还是如此。因此，她从不敢跟异性有直接的手部接触。这就像一个魔咒。

活动开始后，伟乐的右手牵住了欣然的左手。牵上手的那一刹那，伟乐感觉一股电流通遍全身。欣然的手很小巧，特别细腻、特别温柔。他从来没有过这种感觉。他小心翼翼地牵着欣然的手，生怕弄疼她。在伟乐牵上自己手的那一刹那，欣然颤抖了一下。但是，她感受到的不是浑身发痒，而是力量与温暖。她觉得很奇怪，伟乐竟然破解了魔咒。欣然心中波澜起伏，莫非这个叫伟乐的男生会与自己有缘？

活动中，伟乐很小心地给欣然引路，欣然则很放心地把自己交给伟乐。这么多年来，她从没有遇上过一个能牵她手的男生，也从来没有一个男生能让她如此信任。最终，他们这一组第一个到达目的地。两个人都有点依依不舍地把手分开了。

最后一个活动是画“生命线”。画完以后，张老师让同学们分享自己对生命的认识和理解。分享时的气氛很好，同学们都谈得很深入，很多人还分享了自己的隐私。轮到欣然分享的时候，她很动情地说：

“我觉得生命需要经受磨炼，从小到大，我在磨炼中不断成长。我来自江苏南京的一个小农村，家里条件不好。我从小就很独立，读小学时，我每天放学后去捡牙膏皮和空罐头瓶，以此赚取零花钱。读初中时，我家离学校很远，家里没有闲钱给我买自行车，于是我每天很早起床，走半个多小时到学校。我每天中午吃冷饭、冷菜，这些饭菜是早上去上学时带去的，这些饭菜让我落下了胃病，我现在偶尔还会胃痛。每天走路虽然辛苦，但我的双腿练得很有力量，我跑八百米跑得很快，就是这样练出来的。到了高中，我才开始住校，因为高中的学校离家更远，没办法走路。我在高中时开始打工，到学校附近的一家小饭馆里当服务员，每天中午十一点四十忙到十二点四十，下午五点忙到六点，一个月可以从饭店老板那里领三百元的工资，这点钱就是我每个月的生活费。由于我的成绩好，高中学校免了我的学费和住宿费。到了大学后，我有两份家教，还在学校教工食堂里当兼职服务员，我的学费和生活费全是靠自己赚的。有时，我每个月还要给家里汇点钱，因为家里没有别的收入来源……”

听完她的故事后，很多同学产生了共鸣，一些女生在擦眼泪，伟乐也被深深地震撼了，他从没想过欣然这样优秀的女生，背后却有如此心酸的故事。他回忆起了刚开学时的那件事，那次看到她的饭桌上只有一碗免费汤时，他还很纳闷。如今，他终于明白了，有种心痛的感觉。他突然觉得茹茹少了内在美，欣然却内在美、外在美兼修。他想起父亲给他起名“杨伟乐”时，就是希望他能跟隔壁村的“杨伟乐”一样，娶一位贤淑的妻子，欣然不正是这样的人吗？想起开学以来自己跟欣然的种种交集，他感觉他们俩很有缘分，难道这是上天冥冥中安排好的？

在结束仪式上，张老师让大家围成一圈，手牵着手，依次用一句话总结本次活动的心得。伟乐的右手再一次牵到了欣然的左手，他感觉那股电流再一次涌遍全身！这真的会是来电提醒？他有点情不自禁，于是加大了握手的力度。没想到，欣然也加大了握手的力度，给了伟乐一个反馈。伟乐很激动，欣然也很激动。

活动结束后，伟乐的智商似乎下降了，降为零。但是，情绪一路高涨。他久久沉湎在那股电流之中，不能自拔。同时，他产生了小小的恐慌：接下来该怎样处理与欣然的关系，他能放得开吗？她能放得开吗？

那天是周六，没有晚自习。伟乐那颗激动的心却始终无法平静下来，在图书馆学习的效率也不高，老走神。因此，他催促小强匆匆结束了学习，一起回到寝室里。

建邦、东升和维善都已在寝室，见到伟乐和海强回来，东升说：

“你们今天回来这么早的啊。我以寝室长的名义，宣布今晚的四国大战提前开战。”

建邦、维善表示赞同，伟乐、海强也不反对。

四国军棋大战一直持续到熄灯，之后，点上蜡烛继续战斗。直斗得天昏地暗、昏昏欲睡、双手抽筋方才罢休。散场睡觉的时候，伟乐的智商似乎恢复了正常。他一拍大腿说：

"妈呀，我的被子还晒在外边呢。"

那时已经深夜零点多了。伟乐急忙跑到楼下，楼下的门锁着，出不去。宿管员早已鼾声大作，那呼噜声比东升的大多了，真是强中更有强中手。伟乐眼睁睁地看着自己的被子盖在草身上，又不忍心叫醒宿管员，只得返回寝室。走到二楼的时候，他突然想起开学初那个学长猝死的事情，心里一发毛，发了疯一样，飞一般跑回了寝室。

梳洗完毕后，伟乐打开手机一看，已经快夜里一点了。手机里，欣然不知什么时候给他发了两条短信。伟乐喜出望外，赶紧打开了。一条短信是："伟乐，恭喜你！你的那首诗《桥》发表了，有三块钱稿费，我帮你领了，下次碰到了给你。"另一条短信是："伟乐，你睡了吗？"短信的发送时间是夜里十一点六分，那会儿还是四国大战的高潮。伟乐有点自责，怪自己没有早点看到短信。

由于天冷，他向东升和海强各借了一条毛毯，准备胡乱睡一夜。躺在床上，伟乐思考着该怎么回复欣然。他先回复了一条："好的，谢谢学姐！"

之后，他又想了很久，回想过去的十八个年头里，欣然是第一个能让自己产生来电的感觉且没有拒绝自己的人。可是，很快有两个想法站出来对抗：第一个想法是，欣然比自己大，而且高一个年级，这不合常理；第二个想法又马上推翻了第一个想法，有那么多人都是姐弟恋，白素贞和许仙还差了一千岁呢，何况他和欣然才差了一岁。他想起了北京那位心理学专家杨池的话："做人，退一步海阔天空；示爱，退一步人去楼空。"想到这里，伟乐心潮澎湃，他鼓起勇气，给欣然又发了一条短信：

"欣然，牵你手的感觉真好，我还能再牵吗？"

这次，伟乐不再称她学姐，而是直呼其名。他感觉自己这句话表达得既朦胧，又清晰。发出短信的时候，寝室里的磨牙声和呼噜声已经蔚为壮观。

伟乐不知不觉睡了过去。夜里，他做了一个梦，梦到欣然被黑山老妖掠走了，当了压寨夫人。他跑去救欣然，却被黑山老妖吃了。他猛然惊醒过来，天还是黑的，一看手机，才凌晨三点半。于是，他又沉沉睡去。

第二天是周日。伟乐醒来的时候，天已大亮。欣然回复的短信早已乖乖地躺在手机里。他一下子清醒了，心中却又紧张万分。要是欣然拒绝了，该怎么办？要是欣然答应了，又该怎么办？最终，伟乐打开了短信，她回复的内容是："呵呵！你捏得我好痛。"

她既没有答应，也没有拒绝。伟乐不知该怎么揣摩她的心思。可以肯定的是，两个人的关系显然还有戏。想到这里，他一骨碌坐了起来，情不自禁地吹起了口哨。他一吹口哨，室友们全醒了。小强说：

"帅哥，今天怎么啦，什么事这样高兴啊？"

伟乐一笑而过。

东升说："你一吹口哨，我都想尿尿了。"

全寝室一阵哄笑。

穿好衣服，伟乐赶紧跑楼下去收被子。还好，被子还盖在草身上，被子上面则躺着两片树叶。他把被子拿回宿舍，准备叠被子的时候，突然发现被子里有一条棕色的虫子。他心里一惊，哪来的虫子？于是，他把被子翻开一看，里面又钻出一条虫子。这条虫子和刚才那条是一个品种的。伟乐说：

“妈呀，小强，你的亲戚啊！”

“帅哥，什么我的亲戚啊？”

“虫子啊，被子里有虫子啊，它把家安到我被子里啦。”

建邦说：“小强，虫子是你远房表弟吧？蟑螂和虫子可相距不远。”

“帅哥，别搞笑啦。我是胎生的，虫子是卵生的。”

东升说：“高蛋白啊，伟乐你的早饭有着落了嘛。”

维善说：“原来东升是吃这个长大的啊，怪不得营养丰富，长得这么膘。”

“又说我胖。”

伟乐赶紧拆开被子，一寸一寸地搜索。最终，他在角落里又找出一条虫子。伟乐说：

“要是再找着一条，都可以凑着打麻将了。咱们学校真是原生态啊。”

建邦说：“不对啊，学校里经常有工人打农药的啊。”

伟乐说：“那就只有一个解释了，敢情是农药品质下降，虫子不怕农药，把农药当可乐喝了。”

伟乐和欣然都没有去捅破那一层纸，其实，那层纸已经很薄、很薄了。他们心照不宣，都选择了顺其自然。

元旦放假前的两天，建邦利用卖锁和收购迷彩服赚的钱买了一台电脑。这是寝室里的第一台电脑。自从电脑到了寝室，四国军棋正式退出了寝室的历史舞台。

买电脑的时候，建邦期望电脑能促进学习、增加商机。可是此后，这台电脑几乎没有做过多少对得起学习的事情，反而成了同学们性教育的启蒙老师。

几乎每个寝室都有一个所谓的"性爱专家"，男生寝室有，有些女生寝室也有。伟乐的寝室里，建邦是这方面的专家，他受到了表哥的影响。除了建邦外，其他四个人都不懂男女之事。伟乐对性的认识，仅仅停留在初中的生理课。而且，当时老师是让全班同学自学的。那次自学课时，班上一位男生问一位女生："月经是什么？"女生羞得当场就哭了。

初中三年级的时候，伟乐看过电影《泰坦尼克号》，那是他第一次见到了女性裸露的上半身。高中二年级时，他看过一部电影《勇敢的心》，梅尔·吉布森主演的。里面的男女主人公在月色下野合。这些影像经常出现在伟乐青春期的梦里。

之前，在寝室的"卧谈会"上，室友们讨论的内容也常常涉及男女之事，什么包皮过长啦，什么初夜见红啦等。每次谈及这类话题，总是建邦一个人滔滔不绝地讲。从他的嘴里，伟乐、维善他们听到了很多关于这一话题的奇闻逸事。

"在宿舍里不准观看黄色电影"这条校纪校规，一些寝室并没有遵守过。元旦放假前的那个晚上，"卧谈会"的内容又提到性这个话题。建邦说：

"我表哥有一些关于男女之间那个事的片子，你们想看吗？看了长见识。"

维善说："行啊，什么时候也让我们见识一下嘛。"

海强说:“是啊,是啊,帅哥,科普一下。”

伟乐一直没吭声,实际上是默许了。谁能没有好奇之心呢?若是在旧时代,十八岁这个年龄早已婚配且子女成群了。何况,人类社会之所以能生生不息、世代更替,还不都是性的结果?

果然,趁着元旦放假回家之际,建邦还真的弄到了一张VCD碟片。收假那天晚上,当建邦从包里掏出碟片时,寝室里那个激动啊。碟片封面是一个一丝不挂的女性,搔首弄姿。建邦说:

“我们把门窗先关好,把灯也关掉。”

大家对他的提议都表示赞同,毕竟这东西是禁止在宿舍里播放的。

这时,伟乐反而有点不敢面对。亚当和夏娃也就是因为知道了男女之事后,才受到了上帝的惩罚。但是,他又找了很多理由来说服自己。古人将“洞房花烛夜”排在四大喜事之首,这充分说明了男女之事的美好。看到另外四个人都趴在电脑前面等待,伟乐从众了。

五个人紧盯着屏幕,眼都不敢多眨。影片一开始出现的是字幕。当女主角出现时,大家都屏住了呼吸。伟乐感觉四周的呼吸声变得粗了,变得急促了。又过了一会儿,男女主角的距离从正距离变成零距离,又从零距离变成了负距离。所谓的春宵一刻值千金,所谓的鱼水之欢,所谓的房中之事,尽在这个片子中赤裸裸地展现。

可是,看着、看着,伟乐有点淡淡的失望。他只觉得,影片中的男女主角像发情的动物,跟路边的阿猫阿狗没什么差别。没看片子之前,伟乐还常常会幻想着,就像蒲松龄《聊斋志异》中的情节一样，他渴望着也能有那么一个夜晚，一个女孩翩然而至……总之，想象中的各种美好在看了影片后荡然无存。伟乐有点后悔了，如果再让他选择一次，他一定不看。

“卧谈会”时，建邦又把这个话题延伸开来。他问：

“你们有没有包皮过长啊？如果有，得割掉，不然以后会发炎的。”

东升说：“多长才算过长啊？我好像有点长。”

建邦说：“都是男人，你让我看一下。”

看完后，建邦说：“你这就是过长了，得割掉，以后找机会割吧。”

东升从没想过，自己在大学毕业前还要因此挨上一刀，当然，这是后话。那一晚，伟乐觉得自己似乎突然长大了，思想突然解禁了，从少男变成了男人。但是，他宁愿保持那种朦胧感。

第八章 / 考试风云

初见“禁果”的真容之后，伟乐体内的荷尔蒙开始上蹿下跳，搅得他翻来覆去睡不好觉，仿佛一夜之间又回到了青春期。不过，荷尔蒙很快就被期末考试“招安”了。

元旦一过，期末考试的脚步声越来越近。马浩老师又来开班会，他说：

“同学们，腾不出时间来休息的人，一定会腾出时间来生病；腾不出时间来学习的人，一定会腾出时间来补考。所以，从现在起，你们要‘放下杂事，立地学习’。”

马老师这一席话，一下子把同学们的状态设置成了备考模式。马老师又说：

“现在的大学生都很有才华，有的人属于才华乱窜的那种。但是，不要把才华用到考试作弊上，这一点，学校是有过‘先烈’

的。我们都要诚信考试,诚信做人。希望大家洁身自好,好自为之。”

这一席话,匡正了同学们的思想。说到诚信考试,伟乐想起了高中时的往事:高一那年,他对数学考试没把握,于是学着班上个别同学,把公式抄在小纸条上。考试结束后,他上讲台交试卷。哪承想,由于紧张,那张小抄还握在手心。交卷的时候,监考老师发现了。老师悄悄没收了小纸条,由于她和班主任是老乡,而且还是“老相好”,所以把小抄交给了班主任。班主任徇了私情,没上报学校,但是把伟乐批评教育了一通。伟乐心中又羞又臊,自那以后,自知没有作弊天分,他再也不敢了。

班会之后,班里的学习气氛骤然紧张起来,仿佛又回到了高考时那激情燃烧的岁月。连东升、建邦他们都调整了学习状态。之前,小强让东升一起去图书馆学习,他总是说:“我抛硬币决定吧,正面,躺寝室里睡觉;反面,在寝室里看小说;立起来,跟你去自习。”结果,硬币从没立起来过。如今,他每天跟着小强去图书馆。

学习气氛如此紧张,主要是受到了威逼、利诱。威逼,指的是考试压力。《学生手册》规定,一学年累计不及格超过十二学分的,需要降级;期末不及格的课程,如果补考没过,必须重修。利诱,指的是大学里的奖学金。与高中不同,大学的奖学金以班级为单位评选。每个班级奖学金的获奖面为百分之三十,例如五十人的班级,综合考评排前十五名的人都有奖学金。一等奖学金更是高达一千五百元,二等奖学金为一千元。那时的学费是每学年三千五百元。因此,奖学金对学生来说是一笔“巨款”。

为了让学生会干部安心复习迎考,高星老师把学生会工作停了。伟乐也一心一意地投入复习之中。欣然也常常在图书馆学习。说也奇怪,之前,伟乐可以帮小璐占位置,可以很自然地跟她挨在一起学习而毫无顾忌。如今,他却不敢跟欣然坐在一起学习,甚至不敢与她在公开场合多说一句话。这也许是他心里有鬼吧。私底下,伟乐每天晚上都给欣然发短信,有时发天气预报,有时发个笑话,有时聊聊心事。欣然也总是会很热情地回应,她很懂得照顾别人的感受。

其实,与伟乐一样,欣然心中也很复杂。她知道伟乐是喜欢自己的,也知道自己是喜欢伟乐的。可是,她有两个包袱放不下来:一是,自己比伟乐大了一岁,这在心理上难以接受;二是,自己和伟乐都是学生会干部,要是两个人公开恋爱,怕影响不好。她只能处在欲说还休、犹抱琵琶半遮面的状态。

元旦之后,图书馆自习室成了学生期末复习必争之地。自习室的学习氛围特别好,注意力可以长久保持高度集中状态。一本书,平时在教室要看上三天,来到自习室,一天就可以把它看完。这就是自习室的魅力!

东州大学号称有两万名学生。平时,伟乐丝毫感觉不到这个数字。但是,到了期末,这些人都不知从哪里冒了出来,赶集似的。自习室座位告急!为了抢到座位,伟乐他们每天一大早轮流去抢。

期末复习期间,抢座位的那套地下秩序仍然适用。因此,有的人抢位置特别夸张,手上捧一大摞书,自习室门一开,他们“哗哗”一下子把书扔在桌子上,这样很快就能占到好几个位置。

一天,轮到伟乐去抢座位。他六点多钟就起床了,吃完早餐，才六点四十，离图书馆开门还有二十分钟。当他来到图书馆门前的时候，顿时傻了眼。门前已经排了两条长龙，少说也有七八百人。这些人中，有的睡意蒙眬，哈欠连连；有的争分夺秒，边啃馒头边看书。

七点整，图书馆准时开门。“轰隆”一声巨响，前方不知发生了什么事。后面的学生都很好奇，个个伸长了脖子往前看，但是，人山人海的，看到的全是人头。好不容易挤到门口，伟乐这才发现，图书馆的一扇玻璃门碎了，玻璃碎碴散了一地。太恐怖了！太疯狂了！

自习室设在二楼，总共只有一千五百来个座位。对于两万人的规模来说，这简直是杯水车薪。虽然门口排队的只有七八百人，但是好多同学都肩负着为室友抢座位的重任。因此，抢位置的激烈程度不亚于一场小型战争。

其他同学冲进自习室后，都是往里面挤，找里面的位置，门口的座位无人问津。伟乐冲进自习室后，直接在门口占了五个位置。刚才冲到里面但没有占到位置的同学，这时纷纷跑到外面抢。一些没抢到的人只能骂骂咧咧地离开图书馆。伟乐想起了奶奶曾经传授他的一条经验：在吃大食堂那会儿，青壮年至少都会吃两碗饭。机灵的人，盛第一碗饭时只盛半碗，然后快速吃完，这样还可以盛满第二碗。如果第一碗就盛满了，吃完之后，可能锅里已经没有饭可盛了。这叫以退为进，图书馆抢座位的情形与之十分相似。

伟乐正在为自己的小聪明而窃喜时，自习室里又进来一位同学，他的手里拎着一张从寝室里带来的椅子。他四周扫视了一圈，看到伟乐身旁好多位置上还没人，于是走到伟乐跟前说：

"同学，我可以在这里插入一个座位吗？我自带了一把椅子。"

看着他那央求的眼神，伟乐不忍拒绝，说：

"好吧。"同时，他在内心发出了由衷的赞叹：真是人外有人啊！

一天，伟乐也像往常一样在自习室看书。临近中午时，安静的自习室里突然传出一声"吱——"的刺耳声。循声望去，一位女生从椅子上滑到地上了，躺在那里一动不动。边上自习的同学赶紧围了上去。伟乐也跑了过去，只见那位女生嘴唇苍白、面无血色。

正当大家议论纷纷之时，一位同学早已喊来了两个保安。保安把女生背了出去，估计是要送校医院去。伟乐想到上次运动会结束后，自己也曾差点晕过去，敢情这位女生是期末复习劳累过度了。不同的是，自己当时脸色发黑，这位女生脸色发白。生命如黑白无常！

吃过中饭，伟乐没回宿舍休息，而是直接到了图书馆。在楼梯上，他碰到几位女生护着另一位女生，正顺着楼梯往下走。被护着的那位女生口里念念有词：

"我是王母娘娘，你们拜拜我啊，我会保佑你们的。哈！哈！哈！"女生一边说着胡话，一边手舞足蹈。伟乐感觉很怪，偷偷又多瞄了她一眼，只见她头发凌乱，表情夸张，不像是在开玩笑。伟乐心想，怎么到了学期末，会发生这么多意外。

晚上睡觉前，伟乐给欣然发了条短信：

"欣然，今天在哪儿学习呀？没见你在图书馆。"

欣然回复说："其实，我一直在你身后，就差你一个回头。"

“你在我身后？我怎么没看到你呢，今天累不累啊？”

“呵呵！骗你的。不累，我就喜欢这样紧张的生活，我一天都在教室学习呢。”

“哦！今天图书馆发生了两件怪事：一位女生突然晕倒了，不知何故；另一位女生一直说胡话，说自己是王母娘娘。看到她，我就想起了我们寝室的刘洋，以前跟你说过的、掏东升鼻子的那个。”

“是吗？你说的那个晕倒的女生我知道，她是我们寝室的，叫金巧云。”

“啊，这么巧啊？”伟乐很诧异。

“嗯！她学习可认真了，有时她是班里第一名，有时我是第一名，我们是竞争对手。她这几天光顾着学习，营养没跟上。医生说，她是因为血糖太低才晕倒的。不过，现在没事了。你可得多吃点哦，要保住革命的利息。”

“你也是，要保重，不然某某人要担心的哦。”伟乐这里的“某某人”，指的显然是自己。

欣然回复说：“好！但我不保重，我要保轻，胖了不好看。”

“在唐朝，可是以胖为美。再说，你那么苗条，能胖到哪里去啊。其实，算上你，中国有五大美女，其中四个已经是历史人物了，只有你还是现实人物。”

“哪学的啊，嘴这么油，越来越会说话了。”

“嘿嘿，好吧！你要保轻，我要保重。”

期末考试越来越近，天也越来越冷。

考试前一天，复习迎考进入了白热化阶段。期末考的第一门课是“马克思主义哲学”，闭卷考。虽然这门课的老师课上得好，但是考试范围很大。之前，班里一些“考试活动家”早早就向学长、学姐打听，按照他们提供的情报，茹茹寝室的王晓燕整理出一份山寨版的考试内容及答案，用 A4 纸足足打印了六页。

伟乐他们寝室直到那天傍晚时分才得到这份资料，而且是维善向茹茹要过来的。吃过晚饭后，每个人都在专心背这份资料。东升恨不得包上“尿不湿”或者“嘘嘘乐”，这样，去厕所的时间就可以免了。真是“平时不用心，考前假正经”！

晚上十点半，学校准时熄灯。可是，熄灯挡不住同学们背资料的热情。照明的工具，除了灯，还有蜡烛。背书的场所除了寝室，还有走廊，而且走廊的灯通宵亮着。除了走廊还有厕所，厕所的灯除了白天，几乎一直亮着。伟乐背到夜里十一点半，感觉很有把握了，于是躺下睡了。

第二天起床的时候，维善说自己奋战到夜里两点，纸上的内容总算都被囚禁到了脑子里。

吃过早饭，同学们都早早地跑到考场里。大学的考试很严格，像高考一样，得隔座坐着，阶梯教室还得隔行隔座。试卷发下来后，伟乐瞄了一眼，心中暗喜，这些题目基本上没问题。看到这些题目，就像看到爹妈一样亲切。

接下来的两个小时基本只有三种声音：写字的声音，翻试卷的声音，监考老师穿着高跟鞋走路的声音。伟乐认真地在试卷上作答，监考老师穿着高跟鞋，认真地来回巡视，那高跟鞋的声音有点扰脑。

首战告捷！伟乐把试卷写满了，准确率应该也不低。王晓燕整理的参考资料很管用，仿真度很高，起码押到了七成的题目。

第二场考的是英语。英语的听力部分需要用收音机接收学校广播站发射的信号。建邦本来也想过卖收音机，这个项目的销量和利润应该都很可观。但是，经销商坚持要先付完款才肯发货，而建邦的钱都用来买电脑了。因此，这笔生意没做成。

伟乐、海强他们的收音机是从学校超市买的，建邦的收音机则是高中时买的，就是他经常用来收听商业资讯的那台。平时，他的收音机偶尔会串台。

英语考试开始后，先考听力，播放听力磁带前有一段试音。建邦的收音机此刻很不友好，其他同学都能收到信号，而他收到的却是“不孕不育”广告。他调试了几次，都没有成功。眼见着听力马上就要正式开始，建邦急坏了。幸好伟乐就坐在他身后，于是他请示监考老师是否可以跟伟乐一人一个耳塞。监考老师居然答应了。

这时，班上另一位同学的耳塞坏了，他没有多余的，于是索性拔了耳塞，直接用功放播出声音来。这下可糟了，别的同学还好，两个耳朵都塞着，听不到这个声音。可是伟乐和建邦可惨了，由于两个收音机之间存在延时，听起来像立体声，又像两个声音。伟乐的听力本身功底不错，所以马马虎虎应付下来了。建邦的听力底子差，加上心情一团糟，他的听力考试很不理想。

趁着回头还耳塞的两秒钟时间，建邦瞄了一眼伟乐的卷子，发现自己有好几个题的答案都跟他不一样，他的心情更乱了。可是，他不敢多看伟乐的卷子，马浩老师有言在先，一抓到就是留校察看，处罚可严厉了。接下来的时间里，伟乐满脸笑容，答完了试卷。建邦满脸愁容，猜完了试卷。小强则时而笑容满面，时而愁容满面。

第二天考试前，伟乐在考场楼下的通告栏里看到了一排通告，都是昨天考试时作弊被抓的信息。通告上，不仅有学生的姓名，还有学生所在的班级，而且几乎清一色受“留校察看”处分。这正应了那句话：出来混，迟早是要还的！

期末考试在激烈中结束，寒假生活在激动中开始。考试结束那天，海强很平静地跟伟乐说，他与女朋友彻底分手了，而且女朋友有了新的男朋友。伟乐没有安慰他，因为他们的恋情结束得极其自然，属于两相情愿的。

伟乐考完试以后，欣然还有四门课要考。因此，他没有跟欣然告别，就匆匆回家了。

第九章 / 直面阴阳

重新踏上故土，伟乐才体验到“乡愁”这两个字的分量。半年不见，故乡的面貌变了，比记忆中更显亲切。半年不见，妹妹又长高了，而且开始学会打扮自己。

伟乐和贾松明是同一天到家的。贾松明是他高中三年的同桌。所谓“十年修得同船渡，百年修得共枕眠，千年修得同性恋”，据说，三年同桌这种缘分，起码也得修个五十年。因此，他们关系特别好，以兄弟相称。

高考后，伟乐和松明居然考了相同的总分。松明很想去北方看一场大雪，于是，填高考志愿时，他填了东北一所文科院校。松明原先白白胖胖的，皮肤特好，不过身高只有一米六，绰号“乌克兰大白猪”。哪想到去了东北后，天寒地冻，他真被冻得跟猪头一样，而且明显瘦了。松明说：

"伟乐,不痿了吧?"

伟乐说:"不'痿'了,开始'伟'了。你们这些没良心的,老糟蹋我的名字。在大学里,可从没人拿我的名字取笑。"原来,高中时,由于大街上满是男性医疗广告,"阳痿""早泄"这些词随处可见,"杨伟乐"这三个字的谐音是"阳痿了"——不仅阳痿,而且阳痿成功,因此,高中时老有人开他名字的玩笑。

"嘿嘿!那就好。兄弟,东北贼冷,哥们儿我冻得冷缩了。"

"嗯!更像乌克兰的那个啥啦。你头发怎么少了,罢工啦?"

"是啊。到了东北,环境不适,一洗头老掉头发。"

"在东北过得咋样?半年都联系不上你,报个号码,我存手机上。"

"你都有手机啦,你小子,我还没用上,寒假里买一个去。在东北吃得特爽,量贼足。兄弟我点一个菜就能吃撑了。一次我下馆子吃饭,来了一对操广东话的父子,看样子也是来读书的。父子俩一起点菜,点到第三个菜的时候,服务员就说已经够吃了,不用再点了。他们有点不耐烦,以为服务员看不起他们,怕付不起饭钱。点着点着,就点了八个菜。结果上菜后,他俩傻眼了。这几个菜的分量,十个人吃都够了。"

"呵呵!那是北方人豪爽,东北人都是活雷锋。对了,你看到雪了没?"

"看到啦,都看腻啦!雪贼厚,我差点没给冻死。"

"都说北方有佳人,绝世而独立。你有佳人了没?"

"哪有啊,就我这身高,哪个佳人稀罕啊。哥们太惨啦。"

"唉,那就找个男朋友吧,将就一下。"

"你小子,嘴巴越来越厉害了。你在东州大学春风得意了吧？”

“还行吧，比高中的舞台大多了。”伟乐没跟他说更多的秘密。

寒假里，虽见不到欣然，伟乐仍每天与她互发短信，互寄情思。每晚睡觉前的一个小时，是他们最幸福的时刻。假期里，少了学业的压力和学生工作的纷扰，他们聊得更多了，关系也变得更加亲密。

大年三十那天晚上，看完春节联欢晚会后，伟乐发短信说：

“欣然，新年快乐！”

“不太快乐，又老了一岁。”

“真正的女生，敢于迎接美好的人生，敢于正视自己的年龄。”

“你好坏！我再老，看着还是比你要年轻一些。”

“我刚出生的时候，和你刚出生时一样年轻好不好。”

“伟乐，我想问你一个问题，假如我们面对面相隔一千步，如果我后退了一步，你会走完剩下的一千零一步吗？”

“会！即使走不到，爬也会爬到。”

“傻瓜！你又不是乌龟，爬啥啊。清醒点好不好？”

“不好！我是一三五聪明，二四六糊涂，周日呢，留一半清醒留一半糊涂。今天是周六噢。”

“好吧！你糊涂吧，今天说啥都行，今天说的话，明天都不算。”

“然，有点想见你了。”

“怎么叫我‘然’啊？好肉麻。我也有点想见你唉，你想我，我也想你,咱们扯平了。”

“我是用英语想的,不能扯平。”

“你又贫嘴,罚你明天起床后长一颗青春痘。”

伟乐觉得用短信聊天特别轻松,这些话要是当面讲,他肯定讲不出口。

大年初一,太阳似乎特别精神,为人间带来了更多的温暖。见着阳光这么热情,伟乐的奶奶搬了张椅子,靠在墙边晒太阳。奶奶已经八十高龄了,她以前是地主家的女儿。由于家庭成分问题,后来嫁给了当时是贫农的爷爷,接受贫农的教育和改造。奶奶常说自己是随随便便选了爷爷,而爷爷得到奶奶是如获至宝。奶奶生了三个女儿,两个儿子。伟乐本来还有个伯伯的,在对越自卫反击战中牺牲了。那时伯伯连媳妇儿都还没讨。

不一会儿,姑姑、姑父们按家乡的习俗,都来伟乐家里做客。三姐妹久不碰面,一碰面,叽叽喳喳聊个不停。伟乐和妹妹帮着父母准备午餐,好招待客人。

后来,邻居张大娘路过,看到奶奶在晒太阳,打了个招呼:

“她大婶子,晒太阳啊?”

奶奶没反应。张大娘靠近一看,奶奶闭着眼睛,像是睡着了。张大娘没说话,走了。

又过了一会儿,伟乐拿了些蜜橘给奶奶吃。只见奶奶一动不动,双眼紧闭。他有些纳闷,按理说,奶奶这个时候是不会睡觉的。他推了推奶奶,奶奶身子一斜,像根木头桩子,差点摔在地上。他赶紧抱住奶奶,一边大声叫喊:

“快来人啊，奶奶不会动啦！”

伟乐这么一喊，父母、姑姑们都围了上来。姑姑们使劲喊：

“妈！妈！”

可是奶奶一动不动。大姑姑说：

“妈不会没了吧？”

伟乐一听，吓出一身冷汗。还从没见过死人呢，要是奶奶是死人，那不是自己刚才抱着个死人。二姑姑说：

“不会吧，妈好端端地怎么会没掉呢。”

三姑姑没说话，但是眼眶里已经有泪水在打转。伟乐站着，不知该怎么办。

父亲早已把附近诊所里的一位医生请过来了。医生听了听奶奶的心跳，扒开奶奶的眼皮看了看瞳孔，又在奶奶的脖子处摸了摸，然后低沉地说：

“老太太已经归西了，准备后事吧。”

“哎呀我的妈呀，你怎么就走了呢！”医生话音刚落，三姑姑已经开始哭丧了。紧接着，大姑姑、二姑姑都甩开了嗓子哭：

“我的妈呀，你也不留句话就走了。我的妈呀……”

伟乐不由得退后了两步。看到奶奶死了，他很害怕。从小到大，伟乐对死亡一直有恐惧感。这一刻，奶奶以这么突然的方式离开了人世，他一点心理准备都没有。

还是爸爸胆子大，把奶奶抱起来，放到床上。姑姑们又跪到床边上哭。三个姑姑，一个比一个哭得伤心。以前听奶奶讲，爷爷死之前，也没有征兆。那天，他吃了饭，到外边尿尿。尿尿完一回来，人就栽倒在地上，归西了。那时，没人想到要给爷爷解剖，所以也就没法找出真正的死因。老一辈人说，爷爷尿到鬼身上了，因此被鬼给盯上了。伟乐还听说，爷爷死的时候，嘴是张着的，合不拢，不知是想说什么话。后来，姑父找了一块瓦片垫在后脑勺那里，爷爷的嘴才算合上了。

大年初一，哭声震天。邻居们不知道出啥事了，都小跑过来。张大娘说：

"她大婶子去了？哎哟，我刚才还以为她睡着了呢。"

看到姑姑们在哭，张大娘又说：

"这是喜丧啊，老太太走得安详，应该要高兴，别哭啦。"

"是啊，是啊，老太太没病没痛的，是该高兴。"边上的邻居们应和着。

张大娘又说："她大婶子是正月初一生的，现在又是正月初一去的。可喜！可喜！"

伟乐说不出是什么滋味，心中充满了对奶奶的留恋。那么慈祥的奶奶，说没就没了。望着奶奶的遗体，伟乐想起了奶奶生前常说的事。奶奶说，爷爷死得巧，还能土葬。现在死了以后，得烧掉，烧成灰，烧得没有人样，不知烧的时候会不会痛。每每说及此事，奶奶总是叹息。

伟乐依稀记得，十年前，政府公布要在农村实行火葬制度后，张大娘的婆婆为了能赶上土葬，特地在实施火葬的日子前，偷偷喝了农药。结果，虽然赶上土葬了，却成了村民饭后的笑话。

奶奶死后，家里顿时忙开了。伟乐的父亲是总负责人。分工后，有的人去联系火葬场，有的人去联系吹吹打打的礼仪队，有的人去买寿衣、寿被……伟乐是家里文化水平最高的，写写算算的事情自然就安排给他了。

出殡的日子安排在正月初六。为了防止奶奶的遗体腐烂，姑父去火葬场租了冰棺。不过，按照农村的习俗，人死后二十四个小时内是不入棺的，不然无法转世投胎。

晚上，伟乐要跟大姑父一起，留在奶奶的房里守灵。奶奶的遗体就放在床上，脸上盖着一片白布，身上穿着寿衣。床前的小桌子上点着两根白蜡烛，还有三炷香，气氛很恐怖。

伟乐浑身发毛。这是他第一次面对死亡，并且还要陪伴着死亡。他给欣然发了条短信：

“欣然，我奶奶没了，早上没的。”

“啊？怎么突然就没了啊？”

“是啊，走得很平静。她在晒太阳，无声无息地就去了。”

“哦。人死不能复生，你也不要太伤心了。”

“我没有伤心。邻居们说，这是‘喜丧’，应该要高兴。可是我好害怕。”

“怎么啦？怕什么啊？”

“你说，人死后真的会有七魂六魄吗？”

“傻瓜，人死了哪有灵魂啊，亏你还是大学生。”

“问题是，我晚上在守灵呢。奶奶的遗体离我只有三米远。要是遗体突然动了一下，我不得吓死。”

“呵呵！不会动的。我爹当年死的时候，我刚上小学。当时我还趴在我爹身上，巴不得他动一下呢。”

“啊，你那么小的时候，你爹就走了啊？”

“嗯！我爹是病逝的。”

“对不起哦，让你想起你爹了。”

“没关系，我已经习惯了。”

“我鬼片都不敢看呢,好怕夜里有啥灵异事件。”

“没事的,不用怕。自己家人死了不怕的。”

不知过了多久,久违了的呼噜声又起来了。伟乐产生了一点错觉,以为又回到了寝室。不过,这次的呼噜声不是东升的,而是大姑父的。伟乐又一次睡意全无,跟大学入校第一天的情形非常相似。只是,这次要更恐怖。他四周看了一下,一点动静也没有,夜出奇的静,连狗都不叫了。他不敢直视奶奶的遗体,生怕遗体会动起来。于是,索性闭着眼睛休息。后来,他实在太困了,睡了过去。

不知过了多久,公鸡喊起来了,喊得声音嘶哑。伟乐睁开眼睛一看,天已微亮。蜡烛已经熄灭了,他很犹豫,想把新蜡烛点上,可是又有点害怕,因为蜡烛离奶奶的遗体只有半米的距离。

他的脑子里闪过很多事情。以前听奶奶说过,人死后,蜡烛要一直点着,不能熄灭,不然魂魄就会被恶鬼带走。于是,为了奶奶来世的幸福,伟乐壮着胆子,一步步靠近小桌子。每走一步,心里都更加紧张。走到小桌边点蜡烛的时候,伟乐的手抖得厉害。他打了三次打火机,才把火点上。

一夜过去,什么事情也没有发生,伟乐的焦虑感降低了一些。面对死亡,其实也没有什么。

奶奶的遗体放到冰棺里后,生前的衣服、枕头、被子这些物件都得烧掉。父亲在张罗着出殡的事,因此,烧这些衣物的事情就由大姑父和大姑姑来办。他们把这些衣物拿到村里祠堂边的一块空地上,洒了点汽油,直接点上了。

顿时，青烟四起。伟乐有点莫名的伤感。疼爱了自己十九年的奶奶，如今西去了，以后再也见不到了。他第一次面对这种生离死别。

不一会儿，大姑父眼尖，突然发现枕头里漏出一叠烧了一大半的百元纸钞。他赶紧用木棍把枕头从火里挑出来。可是，大部分钱已经烧得只剩下灰。没有人知道奶奶的枕头里到底有多少钱。

伟乐心想，这可能就是奶奶的棺材本吧。只因死得突然，奶奶没来得及交代。奶奶之前虽是地主家的女儿，可是嫁给爷爷后，一直省吃俭用。只是可怜了这些钱，在场的人都觉得可惜。

出殡那天，伟乐和亲戚们一起把奶奶的遗体送到了火葬场。他从没想过自己要在活着的时候进火葬场，那是一个想象中让人恐惧的地方。火葬场松柏森森，寒气逼人。不过，来来往往人很多。

火葬场的工作人员把冰棺撤掉了。亲属们可以最后看一眼奶奶的遗容，然后就要火化了。奶奶身上裹着三床被子，头上盖着一块黄颜色的布。工作人员把布掀开了。

胆小的几个亲戚都站得远远的，不敢看。胆子大的亲戚走到奶奶的遗体前，端详着。妹妹的胆子比伟乐大，围在奶奶的遗体边。突然，大姑姑说：

“你们看呐，我妈长胡须了。”

亲戚们都很好奇，一看，果然，老太太的嘴边长了一圈长长的、黑黑的胡须。天下会有这等奇事？胆小的几个亲戚也都好奇地围过来看。

看到这么多人在围观，伟乐也不害怕了，走上去看个究竟。只见奶奶仍然跟睡着了一样，只是脸上的肉都塌陷了下去。她的脸上有点潮湿，仿佛刚洗了脸。奶奶的嘴边确实长了一圈胡须。伟乐很困惑，女人怎么会长胡须？这时，一个年长的亲戚说：

“老太太下辈子怕是要投胎做男人了。”

后来伟乐才知道，这是由于人死后皮肤收缩，肌肉、脂肪萎缩造成的假象。死之前，奶奶没露出皮肤的胡须，此刻露出来了。

告别仪式结束后，伟乐和父母、姑姑、姑父们一起，推着奶奶的遗体进入火化间。火化间门口排着队，伟乐数了数，等待火化的遗体还有六具。这个世上真是哪里都要排队，人死了火化也要排队。

每一具遗体边上都放着一张遗像。有的年长，有的年幼。排在奶奶前面火化的是一具年轻女性的遗体。看遗像，这个女的很漂亮。听说她是出车祸死的，伟乐不由得感到惋惜。

看到这六具遗体，伟乐庆幸自己不是躺着的，而是站着的。他发誓以后要好好珍爱生命，因为，一旦死去，就什么都没有了。

这个火化间共有三个火化台。火化一具遗体，短则半小时，长则一个多小时。边上有人说，如果是得癌症死的，火化的时间要长一些。

每具遗体的亲人们，告别的方式都不一样。有的一声不吭，有的哭得呼天抢地，有的跟火化工人扯尸体，不让火化。火化工人也见怪不怪了，他们相当宽容，规范地操作着他们的工作流程。

奶奶生前常跟儿子、女儿们讲，火化的时候要站在边上喊："妈，快跑，别回头。"奶奶说，这样她的魂魄就能够跑得快，不会被烧掉。

当奶奶的遗体放到火化台上后，妈妈、姑姑们大喊：

"妈，快跑，别回头。"

喊了几声后，她们都静静地站在边上，看着遗体被推入火化炉。

过了半个小时，等火化台的门再次打开的时候，奶奶已经变成了一堆骨灰。看着奶奶从人变成了一堆粉，伟乐感悟到了"人来自尘土"这句话的真谛，他的心里再一次落泪。

从生到死，从守灵到点蜡烛，从遗体到骨灰……经历了这么多事情后，伟乐不再害怕死亡。生死是自然规律，有生必有死。欣然说得对，死后不会有魂魄，死并不可怕，但是可惜。

丧事结束后，父母都很疲惫，憔悴了不少。不过，日子很快又恢复了往日的平静。

这时，伟乐才又重新想起欣然的身世。真不敢想象，她不仅家境贫困，而且父亲还去世得那么早。他对欣然开始多了一份怜惜。

第十章 / 爱情花开

寒假过得好像比想象中的要慢一些。伟乐人在家里，心却早已沿着铁轨，奔向了遥远的东州大学。由于手机没有彩信功能，没法传照片，也不知道欣然一个假期有没有什么变化，因此对她的思念与日俱增。伟乐之前心中留给茹茹的地方，现在都腾出地来，全给了欣然。茹茹就像《诗经》里的《蒹葭》，成了遥远的记忆。

奶奶从坐在椅子上到挂到墙上只用了短短的几天，这让伟乐更加懂得要去珍惜生命，也更加懂得要去珍惜与欣然在一起的每一分、每一秒。同时，他也更加渴望与欣然在一起的时间能够多一分、多一秒。

这年的情人节刚好是开学的前一天。因此，伟乐与欣然约定都在情人节那天回学校。虽然他们还不算真正意义上的情人，但过了情人节，可能就变成情人了。

情人节那天下午三点，伟乐就到了学校，欣然则要下午五点才能到。回到宿舍里，小强、建邦他们都还没回来。小强的女朋友已经另有新欢，他现在单身了；建邦的女朋友在得了肺结核后被他甩了，他还没有新女朋友；维善、东升则还是单身青年。因此，情人节对他们而言就像重阳节一样，没有任何意义。

宿舍里仿佛装了感应器，伟乐刚把包放下，高星老师就打电话过来了。高老师说：

“伟乐啊，新年好！你什么时候到学校的啊？”

“高老师好！我刚到学校。您真是神了，我刚放下包。”

“呵呵！那刚好，新学期的第一个任务来了！你跑一趟‘学四楼’好吗？去一下林芳的寝室。她妈妈刚给我打电话，说林芳被蟑螂包围了，现在正在寝室里哭。我还在家里，赶不过去。”

“哦，好！我马上去看看。哪来那么多蟑螂啊？”

“我也不清楚。你要不去超市买一瓶杀虫剂带上，回头上我这报销。”

“好的，高老师，我现在就过去。”说着，伟乐锁了门，往“学四楼”走去。他怎么也没想到，回学校后所做的第一件事竟然是杀生——打蟑螂。

伟乐知道林芳是有点娇气的。上学期军训那会儿，她来了大姨妈，痛得脸色苍白。那时还是他和维善陪着她去的医务室。后来，经过一学期的交往，林芳给他的总体印象就是身体柔弱，有点内向，不过学习挺认真。伟乐想不通，她为什么遇到蟑螂也会哭。还有茹茹，遇到青蛙也一惊一乍的。她俩在一个宿舍，真是物以类聚，人以群分。

原来，林芳也是下午刚到学校的，比伟乐早到了十分钟。她本来想在家里多待一会儿，但是妈妈催着她回学校，因为家里到学校的火车一天只有一趟，车票很难买。

虽然过了一个年，但是，寝室里跟她离开的时候没有什么两样。林晴、茹茹她们都还没回来。林芳想稍微整理下，躺床上歇会儿。她先把衣服拿出来，挂到了衣柜里。接着，又把妈妈为她准备的零食取出来，想放到抽屉里。当她拉开抽屉的时候，一只蟑螂突然窜了出来，速度极快。

“啊……”林芳大喊一声，跳到了椅子上。接着又爬出了第二只，第三只……这只能怪蟑螂没实行计划生育。

林芳很怕蟑螂。高中的时候，她也住校。一次，一只蟑螂爬到了她床上，还在她的床单上拉了两颗屎。她三天不敢睡那张床，回家跟妈妈挤在一起睡，把她爸爸挤到了沙发上。直到后来，妈妈把寝室的被子全换了，她才又回到学校住。

林芳站在椅子上不敢下来，感到很无助。还好，手机在口袋里。她给妈妈打了个电话，边说边哭，想要回家，让妈妈来救她回去。妈妈又怜惜又很无奈，于是向高星老师求助。

见伟乐来了，林芳松了口气，眼角的眼泪又缩回眼眶里。她不好意思地说：

“你怎么来啦？我的书桌下面有两只蟑螂，茹茹那个书桌下面有一只，林晴的书桌下面也有一只，是刚爬过去的，也是个头最大的。抽屉里面可能还有很多蟑螂。”

“没事，不用怕，我小的时候，把蟑螂当宠物养。况且，我还有杀虫剂，保证让蟑螂无生存之地。”

“好恶心啊，我最怕蟑螂和老鼠了。”

“没事，我来送它们一程。”

伟乐把林芳的抽屉拉出来后，发现里面果然还有很多蟑螂，场面蔚为壮观，有大的，有小的，有些还很小，估计刚出生。老老少少加在一起，至少有十只。

自从看了周星驰的电影《唐伯虎点秋香》后，伟乐对蟑螂的感情很复杂。那句“小强，小强，你死得好惨啊！”深深地留在了他的脑海里。另外，寝室里的李海强，小名也叫小强。因此，看到蟑螂后，伟乐动了恻隐之心。可是，面对林芳，面对高老师的嘱托，伟乐必须要把蟑螂消灭掉。

伟乐使出了十八般武艺，战斗持续了半个小时后，蟑螂被杀得片甲不留。在灭杀茹茹书桌底下那只蟑螂的时候，伟乐俯下身子，发现书桌下有一张元旦贺卡。贺卡上写着：“恭祝亲爱的茹茹元旦快乐！——维善”伟乐心里嘀咕，维善这小子还有这等心思？迟啦，茹茹早有男朋友啦。他没想过，打蟑螂还有此等意外收获。

收拾“战场”的时候，伟乐发现林芳的抽屉里有好多吃的东西。原来，上学期末时，她在抽屉里放了个面包，还有些零食。估计是这些东西让蟑螂有了生存的养分。它们在这片乐土繁衍生息、乐此不疲。但是，它们怎么也没想到，过了年后，居然会被满门抄斩。

消灭完抽屉里和书桌下的蟑螂后，林芳让他再全面检查房间的各个角落以及她的衣柜。伟乐照做了，就像美国大兵在搜索恐怖分子。检查衣柜的时候，伟乐把里面的东西一件一件取出来。突然，手上抓住一块软软的东西，拿出来一看，上面写着“安尔乐卫生巾”。伟乐触电了一般，赶紧把它放到一边，很尴尬。林芳见状，脸也瞬间红了。

在确认没有蟑螂后，伟乐在房里喷了杀虫剂，以防不测。走出林芳寝室的时候，欣然发来短信，说已经到学校了。伟乐和她约好晚上六点一起吃饭，地点在学校后门的“美味情缘”咖啡店。

走出“学四楼”，伟乐跑到学校后门的鲜花店，他还没来得及给欣然买玫瑰花呢。站在鲜花店门口，伟乐东张张西望望，怕遇见熟人，他还不想让别人知道自己在谈恋爱。其原因除了欣然的特殊情况外，再一个就是自己上学期末刚被发展为预备党员，可不能在谈恋爱上起模范带头作用。

买花的人很多，有的男生买很大束的花，里面有九十九朵玫瑰，有红玫瑰，也有蓝玫瑰。蓝玫瑰也称“蓝色妖姬”，光听名字就很浪漫。有的男生买一朵玫瑰花，外面有很精致的包装。确认没有熟人后，伟乐匆匆买了一朵玫瑰花，藏在背包里。他不敢买一束，那样太张扬了。

来到咖啡店，里面已经坐了好些人。伟乐发扬了期末考试时在图书馆占位置的精神，打算直接在咖啡店里等欣然。

时间越来越接近六点，伟乐的心情也越来越激动。毕竟已经一个月没见欣然。思念像一群蚂蚁，在脑袋上乱窜；等待像一只乌龟，每迈一步都要好久。

门口，一个熟悉的身影出现了，是欣然！她穿了一件粉红色的羽绒服，围着漂亮的、有流苏的围巾，戴着毛茸茸的帽子，看起来很美，像一幅移动的画。伟乐微笑着，心跳持续加速，他有点不知所措，也有点羞涩。他明显感觉到，在现实中见面不像短信中聊天那样轻松、自然。

等欣然落座后，伟乐端详了一下这个日夜思念着的姑娘。

一个月没见，欣然精神状态很好。见伟乐盯着自己看，她羞涩地说：

“咋啦，这样盯着我看，怪不好意思的。”

“呵呵！你像一首诗，我在品诗。”

“品诗？品出是哪个朝代的诗了没？”

“像宋朝的，莲脸嫩、体红香……”

“瞎说，越来越会贫嘴了。以后不许看李敖的书，学坏了。”

吃饭的时候，他们聊起了各自家乡过年的风俗，聊起了伟乐的奶奶，聊起了下午打蟑螂的事情。渐渐地，两颗心放下拘束，变得轻松、自然而又俏皮。

天色已经很暗了。用完晚餐后，伟乐提议去学校的操场上散步。操场边上有木椅子，能坐着聊天。南方的天气不像北方那么寒冷，这个时节，天气已经非常舒适。

操场上有雾，朦朦胧胧的，隐约还能看见一些人影在晃动。伟乐看到，前方不远处就有两个人影。一开始，两人之间只有一点连在一起，看样子是手指勾着手指。接着，两个黑影越靠越近，贴在了一起，仿佛一段皮影戏。这里正是恋爱的胜境！在东州大学，操场一直是恋爱的胜境。离操场不远的地方有一块很大的草坪，看起来像一个小山坡，学生们称之为“情人坡”。上学期始业教育时，欣然还带着伟乐他们班的同学去过那里。不过，那里人多，不适合说悄悄话。

伟乐与欣然肩并着肩，在这样的雾海里，谁也不知道一米之外走过来的人是谁。因此，他们俩都放飞心灵，尽情地享受着一起散步的感觉。走着、走着，他们来到一张椅子边上。欣然提议坐一会儿，伟乐点点头。坐椅子上能模糊地听到远处传来的轻微的说话声，但是，那些人“只在操场中，雾深不知处”！

坐下来后，伟乐轻咳了一声。寒暄了一两句之后，他突然伸出一只手，情不自禁地握住了欣然的手，顿时，一股电流涌遍了他全身。欣然也不反抗，张开手指，与他的手指扣在一起。他们就像团体辅导的时候那样，都不说话，只是静静地感受着对方，感受着对方的心灵。

过了一会儿，伟乐从包里掏出刚才买的花，轻轻地，又有点颤抖地说：

“欣然，这朵花送给你。”

“傻，你还买花了呀！”说着，欣然接过花，放在鼻子底下闻了闻说：

“这花真香！”

“嗯，都说赠人玫瑰，手有余香，我手上也有香味。”

“今天只给我一个人送了花呀？”

“当然啦！不知道这是你这辈子收到的第几朵玫瑰花，反正是我这辈子送出的第一朵玫瑰花。”

“除了退回去的，这是我收到的第一朵花。”

伟乐的嘴角掠过一丝笑意。欣然的意思分明是已经接纳了自己。欣然也从包里掏出一个礼物送给他。伟乐说：

“你也有礼物给我啊？这是啥？”

“傻瓜，巧克力啊，情人节都这样送的。男的送女的花，女的送男的巧克力。”

“哦，我又不懂。第一次谈恋爱唉。”

说着，伟乐把手搭在欣然的肩上，然后顺势把欣然的头揽到自己的肩上。两个人情不自禁地紧紧相拥在一起。这是他们第一次拥抱在一起，在大学里的第一个情人节的夜晚。寒假里一个月的思念，在这一刻全面爆发。

伟乐闻到了欣然身上的一股清香。很自然地，拥抱之后，两个人都下意识地开始凝望对方，四目相顾，含情脉脉。四周变得很静，静得能听到花开的声音，能听到树叶在轻轻抖动。

伟乐体内的荷尔蒙又开始乱窜，他想起了之前建邦在寝室里播放的破片子，他有点控制不住自己的行为。突然，伟乐把头往前一倾，嘴唇像盖章一样，盖在欣然的嘴唇上。欣然静止了，一动不动，但是心跳加快了，她被伟乐这突袭惊得不知所措。她没想过，平时那么稳重、保守的伟乐，此刻会这样大胆、主动。

伟乐一半凭着爱和本能，一半凭着幻想。在青春期的时候，他不知曾有过多少次类似的幻想。如今，心爱的姑娘就在怀里，在这样迷人的情人节的夜晚，他情不自禁……

伟乐由于近视，戴着眼镜，欣然没有近视。吻了一会儿，他嫌眼镜碍事，取下眼镜后，接吻才渐入妙境。欣然的激情也被伟乐点燃，她眼睛闭着，少女的心扉却敞开了。他们的舌头本能地在一起嬉戏。欣然的嘴唇非常小巧，舌头非常柔软。伟乐感觉浑身麻酥酥的。欣然陷入了深深的幸福。

不知吻了多久，最后，两个人的嘴唇很不舍地分开了。伟乐感觉嘴巴有点疼，欣然也感觉有点疼。也许都是第一次吻，相关的肌肉都是第一次如此剧烈运动。

"伟乐，我刚才都没有心理准备呢。"欣然靠在伟乐的肩上轻声说着，表现出了少女的矜持。

"对不起哦，呵呵！刚才有点情不自禁。不过，我的心里已经双重准备了，我不仅自己有心理准备，帮你也准备好了。"说着，他紧紧抱着欣然，附在她的耳边说：

“我爱你！”说这句话的时候，伟乐的声音很轻，但是，他说得很认真。

欣然的心跳还是很快，她还沉醉在刚才的初吻之中。她曾无数次幻想过自己的初吻，没想到初吻就这样发生了。想象中，初吻之前，似乎还应该有更多的铺垫。不过，她愿意把这个初吻以这种方式，在这个神圣的节日里献给伟乐。

这一吻之后，两人的关系算是确定了，一吻定终身！不过，他们都是比较传统的人，接吻已经挑战了他们的极限。伟乐把巧克力给拆了，先剥了一颗，递给欣然，自己又剥了一颗。这是伟乐所经历过的日子里最幸福的一刻。吃着巧克力，欣然偎依在伟乐怀里，幸福地放纵着自己的感情。天气虽有点凉，可是两人坐在椅子上却并不觉得冷，因为爱情……

“伟乐，我想告诉你个秘密。”

“好啊，啥秘密啊？银行卡密码呀？”

“坏，你看过周星驰演的《大话西游》吗？”

“看过啊，我可喜欢了。”

“那个紫霞仙子，不是说谁要能拔出她的紫青宝剑，谁就是她的如意郎君嘛。”

“嗯，是啊。”

“我也有个秘密，虽然没有那么神秘，可是也很不寻常。我之前从没有被男孩子碰过，因为除了小男孩，只要是其他男的把手放我身上，我就特别敏感，浑身会发痒。”

“啊，还有这样的事？”

“是啊，那天做团体辅导活动，我本来很担心。可是，当你牵我手的时候，我居然很平静，浑身也不痒。”

“哦，那你怎么不早说啊？这样说，我应该是你命中注定的那个人啰？”

“坏，”欣然在伟乐胸口小捶了一拳，羞涩地说，“那你愿意吗？”

“愿意！我愿意一辈子陪伴你！骗你是野狗。”说完，他在欣然的脸上亲了一口。

欣然一下子不说话了。伟乐看不清她的脸上写着什么样的表情，但能感觉到她的身体在颤抖，她抱着伟乐的手也更紧了。在这个美好的夜晚，他们偎依在一起。两颗漂泊的心，从此有了依靠……

第十一章 / 春情躁动

回到宿舍后，伟乐觉得嘴巴仍然有点痛。看来，接吻也是个体力活。室友们都还没返校，一个个都赖在家里，哪怕多蹭一秒钟也好。

收拾好床铺后，伟乐就躺到床上了。回想起刚才与欣然一起的时光，他的嘴角不经意地微微翘着。多少年来那颗孤单的心，如今算是拥有了停靠的港湾。诚如欣然说的，自己有点猴急了，才第一次正式约会就亲了她。这还是得怪建邦。在浓雾中，他和欣然做到了零距离，甚至负距离。但是，在阳光下，他们得继续保持距离，就像两条平行线，不敢相交。人世间比较痛苦的事莫过于此：相爱，却不敢公开。

第二天，室友们都陆续回来了。东升的腰围又大了一个尺码，看来这个年过得不错。小强有点郁闷，他的英语考试还是挂科了，皮秋生老师给了他五十九分。如果说六十分万岁，那么东升、维善、建邦、伟乐他们都万岁了，而小强像个太监，才九千岁。东升的成绩都在六十分到六十五分之间徘徊，马浩老师说他是“超低空飞行”，当然这是后话。寝室五个人里面，伟乐的总成绩最好。

新学期里，“大学英语”和“高等数学”照样要学习，其他科目则都换成了新的，任课老师也都换成了新的。尤其是学院里的王九常教授，居然屈尊给本科生上课，讲授“宏观经济学”。在始业教育时，伟乐曾听许正英院长介绍过王教授。他可是给国家领导讲过课的人。听欣然说，学院里曾有本科生集体罢课，罢课的原因就是“宏观经济学”这门课必须要王教授来上，从中可见他老人家在学生心目中的地位。而且，听说王教授上课只带一杯水，从不带任何资料，因为教材就是他写的。

果然，王九常教授一到教室门口，就让人感觉到他的非同寻常。他步态轻盈，中等个头，偏瘦，头发花白，而且聪明“绝顶”——头发的造型属于“四周支援中央”。他的笑容极富亲和力，目光炯炯有神，举止优雅，像一位英国电影中的老绅士，让人如沐春风。他看起来已是花甲之年，但是讲课时条理清晰、案例丰富、语言幽默风趣，看问题一针见血且入木三分。班级同学的学习积极性极速膨胀，这对其他课程的学习都产生了积极的影响。伟乐联想到原清华大学校长梅贻琦先生的名言：“所谓大学者，非谓有大楼之谓也，有大师之谓也。”王教授应该就是这种大师。

南方的三月，草长莺飞，春暖花开！春意萌动之时，也是春情躁动之日。猫的叫声回荡在宁静的校园里。不知这些野猫进校时，是如何逃避保安哥哥的眼睛的。每一幢寝室楼下都有一个自行车棚，那是猫们时常出没的地方。白天还好，猫懒洋洋地在太阳底下闭目养神，偶尔很娇情地叫一声“喵——”，一到夜里，一只只猫像武侠片中的刺客，飞檐走壁，边走边叫“喵——喵——喵……”。那声音，男生们听得情迷意乱，女生们听得毛骨悚然。

花初绽放，天刚回暖，一些女生便迫不及待地穿上裙子，甚至超短裙，让大腿也在春日里摇曳。裙子与鞋子之间的空白处，则由黑色丝袜来修饰。丝袜里的大腿若隐若现，这让男生们的目光难以躲避，一些男生情不自禁地激动了。只是，正如作家李敖说的，有的女生穿上丝袜后，腿更美了；有的女生穿上丝袜后，腿是腿，丝袜是丝袜。

伟乐想起上学期听过的一个关于大学生心理疾病的讲座。心理老师讲了一个案例：一位男生在高中时，一次上课走神了。他的斜对面坐着一位女生，那位女生穿着短裙，露出了白皙的大腿。这位男生不经意间看到了大腿，并且盯着大腿想了一些青春期的男生都会想的那些事儿。等他回过神时，发现那位女生正红着脸瞪着他。男生发现自己的行为失态，特别尴尬，从此很害怕看到该女生。此后，他常常在内心里谴责自己没有道德、下流，最终，患上了社交恐惧症。在这个讲座中，伟乐还听到了许多类似的、难以想象的校园心理个案。原来，在平静的校园背后，有很多变态心理的暗流在涌动。不过，他没预料到这股暗流会流经他的身旁。

一天晚上，全班同学都在教室里上晚自习。林芳起身去卫生间方便。不一会儿，她急匆匆跑回教室，哭着说：“厕所里有个变态，恶心！恶心！……”

回到座位后，她不停地抽泣着。全班同学都被这突如其来的一幕惊呆了，不知发生了什么事情。林晴走过去问：

“林芳，怎么啦？发生什么事啦？”

林芳浑身颤抖地说：“我上完厕所，刚要起身的时候，突然伸进来一只胖乎乎的手，手里还拿着一个照相机在对我拍照。”

林芳说话的音量虽小，但是全班都听到了。大家的表情都很吃惊，一些女生的眼里还表现出恐惧。伟乐在吃惊之余，仍然保持了一份冷静，他听心理老师说过，有些性变态的人会去女厕所偷窥。也许，这个人正是个性变态。

“妈妈的，大学里怎么会有这样的败类。”维善低声骂了起来。

林芳还在抽泣着，伟乐决定再次帮她面对困境。只是，之前面对的是蟑螂，现在面对的是活生生的人。于是他对维善、建邦说：

“咱们去趟女厕所，把那个变态的找出来。”

小强自告奋勇说：“我也一起去！”

伟乐瞬间对小强刮目相看，平时小强对别人的事可没这么热心，尤其对这种具有高度危险性的事情。不过，他很快回忆起上学期卖完军训服后聚餐的时候，小强说过林芳很漂亮。这小子心里可能想英雄救美。

维善说：“好！要不找个女生带路吧，万一里面还有其他女生呢，我们几个男的冲进去，会吓着别人。”要说这维善，真是粗中有细。

林晴说：“我来带路吧。”她又问林芳：“你看清那个男的长什么模样了吗?”

林芳说:“我都吓死了,我一尖叫,他就不知躲哪儿去了。”

林晴心里也有些害怕,她叫上茹茹一起过去。两个女生、三个男生,五个人浩浩荡荡来到女厕所。林晴和茹茹查看了每个蹲位,发现什么活物也没有。这说明那个变态男早就跑了。

第二天,伟乐和林晴一起,分别向马浩老师、高星老师汇报了此事。高老师又向学院里的其他老师通报了此事。一时间,班上的女生们人心惶惶。此后,女生都不敢单独去教学楼的卫生间,每次去时,都要约同学一起。

伟乐跟欣然也讲述了林芳的事情。欣然说,以前没听说学校里发生过这样的事。

此后的一个多星期里,再也没有任何的风吹草动,师生们都慢慢放下了警惕。

一天晚上,轮到学院的另一位辅导员胡苗老师值班。她检查完晚自习状况后,去厕所小解。等她刚起身提裤子的时候,突然看见一只手从隔壁的蹲位伸过来,手上还拿着一个照相机。胡老师心里一惊,本能地想惊叫出来。不过,她很快想起上周高星老师通报过的事,估计这就是那个变态狂。最终,胡老师没让惊叫声钻出喉咙,而是立刻盘算着怎么应付。

她想起两年前参加辅导员岗前培训时,一位心理专家曾举过类似的例子。专家说,这种偷拍或者偷窥的人,一般胆子比较小。女孩子在遇到这种情况时,一定要镇定。专家举例说:一天下午,某高校一位女生走在校园里一条比较偏僻的小路上。突然,一个中年男人出现在她面前,并且迅速拉下了自己的裤子,露出了生殖器官。不过,这位女生够泼辣,她说,这么一点大也敢拿出来吓老娘！结果，那位暴露狂一愣，赶紧跑走了。其实，暴露狂最享受的就是女生的那一声惊叫。偷窥者与之类似，一般不会伤害女生。

想到这些，胡老师鼓足勇气，决定要跟这个变态狂斗一斗。那天，她刚好穿着高跟鞋。于是，她找准时机，使劲踩了下去。

“啊！”那个变态狂一声惨叫，那只手松开相机，迅速缩了回去，他伸进另一只手，想把相机抢回去。胡老师又给了他一脚，然后大声呼叫：

“救命啊，救命啊！”她知道，边上有很多自习教室，里面都有学生在自习，能听到她的声音。

变态狂一看情况不妙，赶紧跑了。不一会儿，胡老师就听到厕所门口有些学生在议论刚才的呼救声。她走出厕所，说明了缘由。

回到办公室后，胡老师联系了保卫处的同志。治安科张科长亲自处理此事。他仔细检查了相机，发现里面还有很多照片，看样子都是在厕所里偷拍的。不过，因为搜寻不到有关变态男人的蛛丝马迹，张科长也一筹莫展。

由于两度发生偷拍事件，师生们不禁又开始恐慌起来。

在春风春雨的滋润下，东州大学呈现出勃勃生机，校园内百花齐放，仿佛后宫的妃子在皇帝面前争宠。

不知从哪天起，维善每晚睡觉前都要发很长时间的短信。不久后，他连吃饭也开始脱离室友，问他干吗，他又不说。如今，吃饭的时候，大多数时间只有伟乐、东升和小强三个人，因为建邦也陪女朋友去了。他的女朋友还是原来那一位播音员，情人节之后，他们又莫名其妙旧情复燃。这是因为什么呢？不知道，也许是因为寂寞吧。之前，建邦甩了女朋友后，伟乐觉得爱情有时是个笑话。如今，建邦和女朋友和好后，伟乐觉得爱情仍然是个神话。

一天，伟乐和东升、小强他们三个人吃饭的时候，东升神神秘秘地说：

“维善好像也谈恋爱了，怪不得不跟我们吃饭，原来是陪女人去了。”

“跟谁谈啊？”伟乐好奇地问。

小强也抬起头来看着东升。其实，男生有时也挺八卦的。

“好像是我们班的茹茹。你们俩老待在图书馆，落伍了吧。我好几次路过河边的时候，看到维善与茹茹坐在一起聊天。”

小强说：“帅哥，聊聊天不代表就是谈恋爱啊。我们还三个人一起吃饭呢，不会有人认为我们仨搞同性恋吧？”

东升说：“他们两个人都快粘在一起啦，你跟哪个女生每次粘在一起聊天的啊。”

小强打趣道：“维善帅哥真搞笑，兔子都不吃窝边草。”

东升说：“你那棵远在天涯的草不也是窝边草吗？”

小强没吱声，傻笑着，心底对那段失败的恋情还有些无可奈何。

伟乐则坐在一边，心底酸酸的，仿佛打翻了山西的老陈醋。他在琢磨，茹茹不是说自己的男朋友在外校嘛，怎么跟维善好上了呢？原来两个人真有一腿，怪不得上次帮林芳打蟑螂的时候，看到维善给她写的贺卡。想起这些，伟乐心底泛起一点点嫉妒。这个茹茹，莫非与小强一样，跟之前的男朋友分手了？不过，伟乐很快调整了情绪。自己现在有欣然呢，欣然这么好的女孩子，比茹茹还要好。

转眼间，一个美丽的日子渐渐靠近，这个日子属于女同胞。学校的宣传栏里贴出了“三八佳人节快乐！”的海报。“佳人节”这个称呼可比“妇女节”委婉多了，也年轻多了。据说，“佳人节”这三个字就是由东州大学的学生提出来的。

林晴和茹茹她们商量了，想要给男生一个请全班女生吃饭的机会，以此来庆祝大学里的第一个“佳人节”。男生这边，经过伟乐和维善的鼓动后，个个都表示慷慨支持。吃饭的地点就设在“大学食代”，上学期运动会的时候也在那里吃过。不过，上次因为伟乐生病，大家吃得不痛快。

伟乐做了个预算，男生一人出三十块钱，由于刘洋不在，全班二十一位男生，共计六百三十元。按“大学食代”的价位，六百三十元摆三桌绰绰有余了，每桌可坐上十三个人。

“佳人节”那天是周二，班干部们商量后，决定提早一天过节。同时，他们还决定邀请马浩老师一起来过节。马老师担任了很多年班主任，还是头一次听说全班男生给女生集体过“三八节”，因此很好奇，于是很爽快地答应了。

男生们还特意买了个大蛋糕，祝愿女生们今后的人生能甜甜蜜蜜。饭桌上，王晓燕挨着胡立坐着，显示出两人持续恩爱的关系。维善则挨着茹茹坐着，这从侧面验证了东升的话。看着维善挨着茹茹，伟乐心中有种说不出的感觉。一个是自己的好兄弟，另一个是自己此前暗恋的人。

集体聚餐，当然免不了要喝酒。马浩老师酒量一般，但酒风很好，同学们敬酒，他来者不拒。他也高兴，感觉这个班特别活跃，而且班风很好，上学期的运动会又拿了第一名，他觉得很有面子。

伟乐喝了酒后，脸上看不出有什么变化。海强、东升、建邦他们则早已满脸通红，仿佛煮熟的大虾。女生在喝酒前，一个个都温柔文静、轻声细语；喝酒后，一个个都……（你懂的）。她们趁着酒兴，轮流来敬马老师。马老师本已有点醉意，不过他继续发扬优良的酒风，醉意更浓了。建邦和几位男生起哄道：

“马老师，您和师母是不是在大学里谈的恋爱啊？”

马老师没回答。他掏出钱包，从里面取出一张照片说：

“这是我的前女朋友。”

学生们“啊！”一声惊叹。建邦语无伦次地说：

“马老师，你是爷们！纯爷们！前女朋友的照片都敢放钱包里。”

马老师指着相片说：“那是！她是我前女朋友，现在是我老婆。”

学生们“哦！”一阵应和。女生们更加敬佩马老师，觉得他有情有义，出门也不忘带着老婆的相片。

马老师说：“我和她是大四的时候谈的。大四的恋爱，按现在的话说属于黄昏恋。”

有几位女生心里酸酸的，恨自己没早生几年，好男人都被嫁光了。林晴也乘着酒兴说：

“马老师，谈谈你们怎么开始的嘛，给我们点经验。”

“哦——班母也思春啦！”众男生欢呼。自从伟乐当团支书、林晴当班长后，男生们开始喊她班母，意思是“母班长”。

马老师打了个嗝说：

“好，教教你们！你们以后要是哪一对成了，可要请我吃喜糖！在一个阳光明媚的上午，我骑着自行车从这边过来，她骑着自行车从那边过来。那时，她刚学会骑车。‘咣当’一声，她的自行车撞到了我的车上。我一点儿也没生气，反而去问她疼不疼。她的手掌擦破了点皮，有些血丝渗出来。我赶紧掏出纸巾给她擦血。后来，我看了她一眼，她也看了我一眼，我又看了她一眼，她也又看了我一眼。再后来，我们就到一起了。”

“好浪漫啊！”女生们在边上羡慕得直赞叹。

茹茹怂恿说：

“马老师，给师母打个电话吧，说句三八节快乐。”

这下，维善和边上的同学也一起怂恿。建邦出了个歪点子说：

“我提议，打电话的时候打开免提，让我们也听听师母的声音吧。”建邦一说完，同学们都在一旁坏笑。

马老师也不推脱，也许真是喝多了的缘故。他果然拨通了电话。

“喂！哥哥！”对方的声音很温柔。

同学们听得一愣一愣的，以为马老师拨错电话了。马老师说：

“老婆！三八节快乐！”

听罢，同学们才相信这个人的确就是师母。师母一改刚才的温柔，有点小发飙地说：

“你是不是喝多啦？明天才是三八节。”

全班同学都憋着坏笑。马老师又说：

“老婆，明天你自由了，孩子我来带。”

“哇！”同学们再次发出了赞叹。

也许是师母听出了异样，她一改刚才的语气，重新又温柔地说：

“少喝点，晚上早点回来吧。”说毕，师母挂断了电话。

聚餐结束后，同学们各自散了，女生们对男生充满了感激。马老师虽然喝多了点，但是还有自理能力，可以一个人回家。

走出餐厅后，当着很多同学的面，维善与茹茹手挽着手离开了。同学们一开始都有点诧异，不过没有多说什么，因为关于他俩的传闻已经比较久了。回宿舍的路上，伟乐给欣然发了条短信：

“亲爱的欣然，佳人节快乐！”

“呵呵！谢谢！傻瓜，明天才佳人节呢。今天聚餐愉快吗？”

“嗯，挺愉快的，气氛很好，我喝了点酒。”

“不碍事吧？这个节日，我们俩只能有一个人过，而且只能是我过。”

“好，呵呵！这次给你过节，下次‘六一’的时候你给我过吧。我比你小，还是儿童呢。”

“行！下次给你买糖吃。”

“不吃糖，吃多了得糖尿病。给我买个变形金刚的玩具吧。哈哈！”

“没问题！伟乐，明天我要陪寝室的敏华去趟医院，她现在很担心。”

“敏华？是咱们学生会文娱部的敏华吗？怎么啦，她生病了？”

“不是，她的大姨妈已经推迟了一个多星期了还不见来。今天早上她用验孕棒验了一下，两条红线，可能是有了。所以，她想去医院再检查一下，让我陪着去。你千万别告诉别人哦。”

“啊，怀孕了啊？”

“可能是怀了。情人节那天，她和男朋友去旅馆过的，她说没有采取安全措施，事后第三天才服了毓婷。”

“毓婷？这是什么啊？”

“哦，呵呵！这是紧急避孕药。她可能服得有点晚了。”

“哦，那你明天好好陪陪她吧。”

对这件事，伟乐起初有点震惊。不过，回过神来想想也符合逻辑。情人节嘛，自己和欣然也冲动过，不过在允许的尺度内。敏华的事情，不仅条件上符合逻辑，时间上也符合逻辑：情人节播种，佳人节发芽，圣诞节收获，这也是生命孕育的规律。不过，敏华是不可能让这颗种子结果的。这正应了那句话：“情人节怀孕，三八节打胎。”问世间情为何物，只叫人置生死于不顾。玫瑰花虽然漂亮，巧克力虽然甜蜜，但是容易让人误入感情深处——还没结婚，先有结晶。

第二天下午，欣然告诉伟乐，敏华的确怀孕了。医生说要实施药物流产，让敏华住在医院里。因此，三八节那天夜里，她得陪敏华在医院度过。伟乐想象得出敏华的内心该有多么恐惧。只是可怜了这个小生命，还没成形就要被剥离母体，他甚至连哭的能力都还没有。当然，如果他有了哭的能力，敏华也绝对笑不出来。

第三天上午，欣然说，敏华已经流产了。药物很神奇，敏华只吃了几颗药，肚子一痛，上了个卫生间。等她出来的时候，她手上已经拿着掉下来的那个细胞组织，红红的，圆圆的。她说，敏华哭了，仿佛自己谋杀了自己的孩子。

伟乐庆幸自己在情人节那天没有过于冲动。否则，躺在医院里的可能就是欣然了。

吃过中饭，伟乐去学生会办公室值班。路过食堂旁边的桥时，他看见河边柳树下有好几对情侣在晒太阳。在三月的春风中，情侣们绝对是校园里的一道风景线。不同的是，几家欢乐几家愁。在一对对情侣中，伟乐只觉得有一对儿的背影特别熟悉，他定睛一看，原来是茹茹和维善，茹茹把头靠在维善的肩上，两个人在窃窃私语。这的确是一个美好的季节，也是一个躁动的季节！

来到办公室时，他遇到了高星老师。高老师说，女厕所里的那个变态狂被抓到了，是在东州政法大学被抓的。当时，变态狂正在厕所窗口偷拍，刚好被路过的两位保安发现了。保安将其扭送到了派出所。原来，这个变态狂是当地的居民。妻子跟他离婚后，他逐渐染上了偷拍的毛病，并且常到学校偷拍，因为学校里女生多。他供述还在东州大学偷拍过，他的描述与当时林芳和胡老师被偷拍后的情景基本吻合。最终，公安机关对其处以拘留五日的惩罚。自此，惊扰了女生半个多月的偷拍恶魔终于得到惩罚。

第十二章 / 上海印象

如果说“爱”与“恨”是一个硬币的两面，那么“冲动”是抛硬币的那只手。敏华不仅吃到了爱情的禁果，也尝到了爱情的苦果。她很惶恐，除了欣然，她没有跟其他人说起流产的事。流产后，为了不让老师、同学们起疑心，敏华只请了一天假。因此身体没调养好，这为她之后得的脚后跟皲裂、腰酸、胃寒、头痛等身体不适埋下了病根。

四月一日那天夜里，欣然给伟乐发短信说：

“敏华的男朋友跟她分手了，她快要疯了，我不知道该怎么安慰她。”

“分手了，为什么啊？他们不是关系挺好的吗？”

“嗯，自从流产后，敏华经常做噩梦，梦里常常能听到一个婴儿的哭声，她很害怕、很自责，常跟她男朋友诉苦。”

“啊,有这么恐怖?”

“可是她发现,男朋友的话越来越少,对她也越来越冷漠。”

“是不是她太敏感了啊?也许她男朋友也很自责呢。”

“才不是。今天下午,她男朋友跟她挑明了,说他们家三代单传,以后还想传宗接代。而流产会增加不孕的风险,他不想自己传宗接代的事情有变数。”

“不会吧,这么绝情?简直是畜生!不对,用‘畜生’两个字来形容他,都只能形容出他的无情的万分之一。”

“太绝情了!敏华意外怀孕还不是因为他。她现在想死的心都有,我不知道该怎么办。”

“以后你多陪陪她吧,我也帮不上忙,也不知道该怎么帮。敏华那么开朗,应该很快能挺过去。”

“嗯,但愿吧。你以后可不能欺负我哦。”

“绝对不会!如果我欺负你,我死无火化之地。”

“傻瓜,不许胡说,你要好好活着。”

“行!不会让你守寡的。以后我死在你怀里,你活在我心里。”

“又瞎说。我先死,我可不想参加你的葬礼。”

虽然是愚人节,但是敏华要面对的并不是命运开的玩笑,而是现实。这正应了那句话:“离上床越近,离爱情越远。”而且,现实中一些男生天天在过“情人节”,一些女生天天在过“愚人节”,而且常常是被捉弄的那个。

愚人节过后,上学期的综合考评成绩才像蜗牛一样,总算爬到了宣传公示栏。伟乐的综合成绩全班排名第三,能拿二等奖学金。小强本来也能拿二等奖学金，可是英语不及格。学校规定，如果有一门课程不及格，不管其他课程考得有多好，都不能参加奖学金评比。

有的人只有走路踩到狗屎的运气，有的人却常走狗屎运，建邦就属于后者。全班三十九人，按比例，只有十二人能拿奖学金，建邦刚好第十二名。林晴的排名是第十三名，她眼睁睁看着奖学金截止到建邦。

伟乐特意浏览了一下欣然的成绩，她是全班第二名，一等奖学金。他不由得对欣然又增添了几分敬意。她平时又是家教，又是勤工助学，又是学生会工作，还在谈恋爱，居然还能拿一等奖学金，这得付出多大的心血啊。

由于保密工作做得好，他们的恋情仍是悄悄的，没有被人识破。情人节之后，雾气居然消失得无影无踪，操场上能见度极高，"地下恋爱"指数极低。伟乐本来还指望着能再有场雾。结果，那样的天气只能等到明年了。

学生会办公室在五楼，楼内有电梯。电梯成了唯一能为伟乐和欣然遮羞的地方。他们偶尔相约在电梯，不过，电梯里常有"电灯泡"——人来人往的。有一首诗中说："前世的五百次回眸才换来今生的擦肩而过。"对伟乐而言，一百次坐电梯，才有几次电梯里只有他和欣然的机会。当这样的机会来临的时候，他总忍不住要抱住欣然，亲她一下。在电梯里接吻，既有速度又有激情，这是真正的速度与激情！

五一长假前，伟乐领到了一千元的奖学金，这可是一笔巨款啊。建邦领到了五百元。在班上个别"激进"分子的鼓动下，拿奖学金的同学要请全班吃饭，理由是给未拿奖学金的"学困生"

送温暖，“先富”带动“后富”，最终达到共同富裕。而且，“激进”分子很有底气，说什么红花还要绿叶来衬托，他们以后愿意继续当绿叶。

按奖额，一等奖的交一百二十元，二等奖的交六十元，三等奖的交三十元，这样下来，共募集了六百六十元钱。全班又大聚了一餐。本来希望多出的钱捐给“希望工程”。结果，吃到最后，把“希望”全吃没了。

五一长假如期而至。敏华虽然平静了一些，不过仍然没有走出阴影。如果没有欣然的照顾，很难说她现在在天上，还是在人间，还是在“天上人间”。因为，据说一些失足妇女就是因为失恋或者感情受挫才沦落风尘的。

那时，五一有一星期的长假，俗称“黄金周”。欣然说，假期里想陪敏华一起去上海散散心、见见世面。她问伟乐是否愿意同往，伟乐满口答应。此外，他们又找了学生会的刘月兰、李毅、钟海涛三位比较要好的同学。敏华当初因为歌唱得好，进了文娱部。也正因此，她男朋友像疯狗一样穷追不舍，终于追到了她。刘月兰在宣传部，是王小璐的副部长；李毅是办公室主任，是伟乐的上司；钟海涛是学生会副主席，分管办公室、文娱部等部门。六个人中，除了伟乐，其他几位都是大二的。他们也都拿了奖学金，手头都有一些闲钱。说起去上海，个个都充满期待。

上海一直以来是一个让伟乐魂牵梦萦的地方。他对上海的第一印象是由三毛流浪记、上海租界、虹口道场、鲁迅、黄金荣、杜月笙、东方明珠、复旦大学等名词组成的。另外，上海还有个少年作家韩寒，与自己同岁。总之，在伟乐心里，上海是一个很令人神往的地方。

上海离东州不远，坐火车只需八个小时。玩三天，省着花钱的话，三百元足够了。出发前，他们像策划学生会活动一样，考虑得非常周密。为了省一夜的旅馆住宿费，他们特地买了夜里的火车票，打算在火车上过夜。六个人，三个男生，三个女生，他们坐上了开往上海的火车。

火车到了梅陇站，需要乘地铁到市中心。当时正是早上出行的高峰期。这是伟乐第一次坐地铁，欣然他们也是第一次坐，因此，连怎么坐都不清楚。不过，他们适应能力很强，很快就摸清楚了情况。进到地铁站后，伟乐惊叹于地底下居然都能开火车，惊叹于上海的现代化程度。

上地铁的时候，伟乐才发现地铁是如此拥挤。他的身体被挤得呈S形。那阵势，如果说挤怀孕有点夸张，但是挤流产是绝对有可能的。人与人之间几乎没有空间，说得粗俗一点，放个屁都没空间。伟乐的眼镜下滑到了鼻梁上，他想伸手去扶一扶，可是手被挤得不能动弹。

伟乐平素不喜欢拥挤，因此，上海给了他一个下马威，差点把他挤得胃下垂。约莫过了二十多分钟，他们到达了目的地。

出了地铁站，上海大都市的氛围扑面而来，宽阔的火车站广场、林立的高楼、环绕的高架桥、奔驰的车流。身在上海，真正能感觉到什么是水泥森林。

因为地铁里没有厕所，三位女生憋尿憋坏了，差点没给挤出尿来。一下地铁，她们都想上厕所，可是人生地不熟，不知厕所在哪里。看到不远处有一家肯德基，三位女生丢下一句话“我们去肯德基上个洗手间”，转眼间，人立马消失了。伟乐还是第一次听到这样的事，原来肯德基这么友好，可以免费让人方便。

在女生去厕所的间隙，陆续来了好几拨人，问他们要不要住旅馆。依据之前的策划，第一站先去南京路步行街，因此打算住在南京路。女生们在肯德基方便之后，商定要去对面的永和豆浆店用早餐。

到对面去需要过天桥。六个人，六个包，三个男生一人拿两个。天桥上有很多小广告，与东州的天桥一样，办假证、开假发票、高价收药、提取公积金这些项目统统都有。看来，天下火车站一样乱，而且都乱得惊人地相似。

吃过早餐，他们坐上了开往南京路步行街的公交车。一路上，他们欣赏着沿路的风景、建筑。上海果然霸气，取的路名都非同一般，什么四川路、浙江路、湖北路……全国各省、市、区的名称几乎都被用来当路名。首都“北京”也被用来当一条小路的名字。不经意间，伟乐看到了东州路，心里不禁为东州叫委屈。东州好歹也是名声在外，到了上海，这条叫东州的路是条小巷子。巷口一位老大爷在卖香烟，巷子里窄得连马车都过不去。不过想想北京路，他的心里好受多了。

一路上，半殖民地半封建时期的影子依然清晰而具体。伟乐见到了好多欧式建筑，有的被改成银行，有的被改成餐馆。他想起了那句话“出来混，迟早要还的”。如今，那些殖民者不仅归还了租界，还留下了很多建筑瑰宝。

公交车上，上上下下的人很多。在经过十几次的上上下下后，他们终于在南京路附近下车了。下车的时候，伟乐的包里突然掉出来几枚硬币。这时他才发现，包早已被人割了个口子，这肯定是哪个扒手干的。由于车上人多，他没法捡回硬币，只得下车了。钟海涛调侃道：

“小杨同志觉悟很高嘛，刚到上海，先给上海人民捐了几块钱。”

伟乐苦笑着，学着上海富太太的骂法，说了句：

“小赤佬。”

还好，这个包也旧了，刚好找到一个换包的借口，真是旧的不去，新的不来。不过，这扒手一看就不是专业的，不管怎么看，伟乐都不像是有钱人。

一到南京路，伟乐就被迷住了。南京路把“繁华”这两个字解释得很具体。才早上九点多，路上的人群却已川流不息。步行街很长，两侧商铺林立，商品琳琅满目。而且，伟乐发现南京路上拾荒的人都特别有科技含量。他看到一个拾荒者，手上拿着一面镜子，在垃圾桶的洞口往里一照，通过镜面反射，就能知道桶里有没有值钱的东西。如果有，他会伸手进去掏；如果没有，马上去照下一个垃圾桶。这样可以大大提高拾荒的效率。果然是闯荡上海滩的人！没有两面镜子，怎么敢在上海滩立足。

这是伟乐第一次与女生逛街。听说与一个女生逛街，可以让一头驴累趴下。而这次是与三个女生一起逛，其后果不堪设想。不过，能跟欣然一起逛，再累也是一种享受。果然，三位女生像一部永动机，她们从这个店进去，转一圈出来，再去另一个店，逢店必进，只逛不买。伟乐、李毅、钟海涛三个人也跟着走走停停，他们不仅要陪着逛，而且每人还拿着两个包。逛了五个小时南京路，花了六块钱——每人一瓶矿泉水。

可怜这三位男生走得筋疲力尽，女生们却依然兴致勃勃，都下午三点了，居然还顾不上吃中饭。敏华的心情看似好了很多，许久不见的笑容又爬回了她的脸。最后，钟海涛抗议了，他提出先找个旅馆，再吃点东西。副主席发话了，女生们自然无条件服从。于是，六个人顺着南京路，开始找旅馆。可是，南京路上除了个别高档酒店，似乎没看到旅馆。

男生们疲惫极了，于是大家决定去支路上继续找。沿路看到一所国际青年旅舍，名字好听，可是进里面一看，显然不是他们的菜，没住下。他们又绕了一个大圈，最后总算找到了一家性价比较高的宾馆，一个标间一百五十元。李毅说，订两个标间，然后把两张床并在一起，大家都横着睡，这样一个房间能住三个人，可以省出一个房间的房费。大家都被李毅精打细算的能力折服。

吃过中饭，才休息了一小会儿，天色已经暗了下来。所以，分不清这一顿是中饭还是晚饭。按照计划，晚上游外滩。旅馆离外滩不远，他们决定步行。

外滩上人来人往，热闹非凡。有中国人，也有外国人，有黑人，也有白人，当然，更多的是黄种人。这些白人的爷爷辈曾经霸占了这里，如今，该还的都还了。站在外滩，前面就是黄浦江，江上有游船，十分华丽。江对岸就是东方明珠电视塔。电视塔旁边的建筑物错落有致，整体上十分美观，“大上海”的感觉被表现得很到位。往后看，是殖民时期留下的欧式建筑。几十年前，“华人与狗不得入内”；如今，华人做了主人。想到这里，伟乐的内心升腾起一股民族的自豪感。黄浦江两岸的建筑遥相呼应，让人感觉到了历史的厚重感。

在外滩，敏华主动要求拍照留念。每到一处，她都要摆出不同的姿势。她不仅歌唱得好，舞跳得也极好，因此摆出的姿势特别优美。在她的感染下,大家的兴致都很高。看到敏华的变化,欣然和伟乐打心底里高兴。看来,她内心的伤痕正在慢慢愈合。

伟乐跟欣然也合了张影,这是他们的第一张合影。合影的背景是黄浦江和东方明珠塔,一艘游船刚好经过,照亮了江面。伟乐很开心,这张合影记录下了他们的爱情,背后的黄浦江能够见证他们的爱情。

第二天,按照原定计划,他们去了上海城隍庙。伟乐本以为城隍庙是一个烧香拜佛的地方,结果,到了城隍庙后才发现原来是个风景区。城隍庙有一排古色古香的宏伟建筑群,非常壮观。而且,建筑物上挂满了灯笼,非常喜庆。站在路口一眼望去,洋人的面孔很多,仿佛不是外国人到中国旅游,而是中国人到外国旅游。

城隍庙融合了中西文化。一边卖嘉兴的粽子,一边卖麦当劳的汉堡。这又让伟乐想起了黄浦江两岸的建筑。城隍庙有很多小吃,伟乐他们六个人边走边吃,仿佛一天内可以吃遍全世界的美食。相比昨天,钟海涛欢实多了。昨天逛街逛得腿疼,今天吃东西吃得嘴疼。昨天一开始是享受,后来是忍受。今天一开始是享受,后来还是享受。

街道两侧有好多卖珠宝黄金、玉器古玩的商铺。橱窗里陈列着由黄金制成的佛像、动物,造型别致、做工精美、栩栩如生,伟乐看得眼花缭乱,流连忘返。玉器古玩店里则陈列着历朝历代的玉器、古玩,这里似乎沉淀了中华民族五千年的历史。刘月兰的艺术天分很高,不愧是宣传部副部长。她懂古玩,也懂玉器。在一家玉器店里,伟乐看到一只玉手镯精致光滑、通体透亮。月兰把这只手镯分析得头头是道,甚至能判断出它的产地来，连玉器店的老板都对她刮目相看。伟乐很想把这只手镯送给欣然，无奈囊中羞涩，一千块钱奖学金还买不了这只手镯的五分之一呢。

一整天里，大家吃好、玩好。吃到最后，钟海涛的胃来不及消化，直接拉肚子了，吃啥拉啥。这一天，是伟乐自记事以来玩得最开心的一天。

第三天的安排是早上去复旦大学游玩，中午坐火车回东州。因此，逛复旦大学的时间很短。伟乐很喜欢复旦大学，在高中时他就知道，“复旦”二字取自《尚书大传·虞夏传》中“日月光华，旦复旦兮”的名句。

从公交车上下来后，复旦大学红色的大门映入眼帘。大门上方，“復旦大學”四个字笔力遒劲、大方，很有毛主席书法的风范。从月兰口中得知，这四个字就是毛主席题的。

走进大门，毛主席的雕像引人注目。他老人家精神抖擞，旦复旦兮看着复旦学子成长成才。在校园里，伟乐看到了一个雕塑《驴背思诗》，感觉很有意境。他还看到了一块李登辉校长迁校时的奠基石。只是，此李登辉非海峡对岸的那一个。同样一个名字的人，做人的差距怎么就那么大呢……复旦大学浓浓的人文气息，深深地感染着伟乐。由于时间较紧迫，他们走马观花似的逛了复旦。李毅、敏华、欣然他们到处留影，伟乐则到处留情。他喜欢复旦！

复旦大学留得住伟乐的心，却留不住火车票上的时间。伟乐恋恋不舍地离开了，他在心里默念着“旦复旦兮，吾将重游”。

从东州到上海时坐的是夜车，因此，伟乐错过了一路的风景。从上海回东州时，他们坐的是中午的车，刚好可以观赏沿途的风光。火车经过松江区的时候，伟乐的脑海里跳出了“松江二中”和韩寒。韩寒是他的同龄人，也是他所崇拜的人。韩寒写了一本书叫《三重门》，他向读者揭示了一个真实的中学生的生活。伟乐也想写一本书，续上韩寒的《三重门》，向读者揭示真实的大学生活。

第十三章 / 香消玉殒

火车到达东州时，天色早已漆黑。回到宿舍后，只有海强和东升在，维善和建邦还在家里度假，因为后天才开始上课。他跟海强他们分享了旅游心得，洗了个热水澡，就躺床上休息了。那一夜，他睡得特别沉，也特别香。他做了一些梦，梦到自己和欣然一起参加研究生考试，梦到他俩都报考了复旦大学研究生。当他梦到自己在网上查看研究生考试的成绩时，突然，手机铃声大作。伟乐睁眼一看，天已大亮。他抓过手机，发现是林晴打来的电话，电话那头的声音很急促且带着哭腔：

“伟乐，出大事了，茹茹出事了，一辆轿车碾到她身上了，你快来啊！在学校南门边上。”

伟乐脑子“嗡”的一声，如五雷轰顶。他以为还在做梦，可是这确实不是梦。他以有史以来最快的速度穿好了衣服，来不及叫醒海强他们，几乎连跳带滚跑到楼下，骑上自行车，飞一般地往学校南门赶去。路上的同学都用异样的眼神看着他，他顾不得失态。伟乐的心里像被火烧一样，自行车骑得比摩托车还快。他的脑子里一片空白。

到了南门，路边已经围了很多人。高教园区派出所的民警已经拉起了警戒线，任何闲杂人等不得入内。学校医院的救护车呼啸而来，几乎与伟乐同时到达现场。

伟乐挤进人群一看，一辆黑色轿车的双跳灯在闪动。轿车右前轮的边上躺着一个人，那个人是茹茹！她已经变形了，一部分肉粘在路上，几根骨头裸露着，血染红了柏油路。边上，一些围观的学生在呕吐。这是一辆奔驰轿车，伟乐看了看车牌，后面五位数字是“22222”！没错，伟乐记得这辆车，去年他来学校报到时，曾吐过东西在它车背上。为什么又是这辆车！真是冤家路窄。伟乐不禁脑子一片空白，耳边所有的声音都听不见了。他拒绝接受现实！为什么偏偏又是这辆车！

伟乐挤到了最前方，有过上次火葬场的经历后，他敢于面对死亡了。可是越靠近茹茹，现场越发惨不忍睹，他的后背直发寒。他不知道茹茹是怎样被抬上救护车的，但他看到茹茹的一些肉是被铲子铲起来的。救护车呼啸着往校医院开去。这时，伟乐才看到林晴，她正无力地靠在路边的电线杆上，双眼写满了恐惧，浑身在颤抖。肇事司机坐在警车上，伟乐真想冲过去给司机一记耳光。不过，他没有冲过去的力气。他走到林晴身边，哽咽着问：

“你给马浩老师打电话了吗?”

“没有。”林晴有气无力地回答，眼眶里的泪水汹涌而出。她说：

“刚才保安给学院的张敏捷书记打过电话。”

“那我打电话向马老师汇报吧。”伟乐拨通了电话，说，“马老师，茹茹出事了。”

“唉，”电话那头传来一声叹息，“我听张书记说了。你先去校医院吧，我一会儿从家里过去。今天张书记在学校值班，他应该正往校医院赶去。”

挂了电话，伟乐心里默默祈祷：“上天保佑，保茹茹一命！”他强忍着悲痛给维善打电话说：

“茹茹出事了，你现在在哪里？”

“啊？出什么事啦？”维善听后很紧张，“十分钟前还在给我发短信唉，她说要去家教。”

“她出车祸了，在校医院抢救，你快过来吧。”

“好，我马上来！”维善的声音突然颤抖了。

伟乐骑着自行车赶往医院，林晴坐在车后面。他们心里都明白，茹茹被救活的希望很渺茫，现场太惨了。一路上，林晴仍惊魂未定。她哽咽着说：

“都是我不好，要是我多跟她说一会儿话，她就不会出事了。”

“她出事的时候，你在边上吗？”伟乐问道。

“嗯，她正准备去家教。我们一起从寝室出来的，我要去理发，她一个人去对面的公交车站坐车。我还没走出多远就听到了撞击声，之后是车子刹车的声音。回头一看，茹茹已经倒在地上。我赶忙跑到她身边，她一动不动，流了好多血，我吓得不知所措。学校的门卫看到了，赶紧跑了过来。此后的事，我脑子里很乱。都是我的错，唉……”

林晴一边讲，一边紧紧地从后面抱住伟乐，在他的背上抽泣。她不停地说：

“假如我再多跟她说一会儿话，也许她就不会出事了。”她的内心充满了愧疚，充满了自责。

当他们赶到医院时，张书记已经在医院的抢救室门口，正与保卫处的同志及民警在交谈。茹茹还在里面抢救。

不一会儿，到医院的学校领导越来越多。林晴无力地坐在抢救室门口的椅子上，两眼无神。伟乐则一直靠在墙上，大拇指的指甲在墙上使劲地抠着，抠出了一道道印迹。他的脑子里全是茹茹的身影：上课时的“横看成岭侧成峰”，军训时陪她去换鞋子，当初给她写情书时的激动，被拒绝后的尴尬，生病时茹茹给他递水，运动会上茹茹获奖时的喜悦……往事一幕幕地在脑海里重播。

从学校老师们的交谈中，伟乐了解到奔驰车的车主并不是学校的老师，而是一个私营企业的老板，他常到学校来打球，这起事故属于交通意外。可是为什么刚好是茹茹？

十多分钟后，抢救室出来一个医生。就像平时在电视、电影中看到的那样，医生很平淡地说了句：

“我们尽力了。”说完后，他朝电梯走去。

伟乐完全明白这句话的含义，心头仅有的一点希望破灭了。他顿觉双腿发软，瘫坐在椅子上。悲伤，还是悲伤……红五月变成了黑色五月，十几亿中国人中，又一个人的心脏停止了跳动。这是他第二次直面死亡，上一次奶奶去世是瓜熟蒂落式的，是喜丧。这一次茹茹死于非命，在不该凋落的花样年华里花落人亡，这是悲丧，是痛丧。

张书记跟学校的一些领导、交警到会议室开会去了，两位民警和几位学校的保安还候在医院门口。伟乐和林晴决定等维善过来,他们怕他接受不了这样的打击。

不一会儿,来了一辆面包车,车身上喷着“东州殡仪馆”几个字。接着,抢救室里抬出一副担架,上面躺着一个人,用白色的布盖着。民警和保卫处的同志维护着秩序,不让别人靠近。很显然,里面躺的那个人应该是茹茹。看到这一幕,伟乐伤心欲绝。他知道,与茹茹绝不是再见,而是永别。想起奶奶当时的骨灰,想到茹茹即将化成灰,伟乐泪水横流。

维善赶到医院的时候,茹茹的尸体被运走已有二十分钟。听了伟乐和林晴的描述后,他一言不发,出奇的平静。他站起身,往医院的小超市走去。不一会儿,他嘴上叼着一根烟回来了,仍然一言不发。他给伟乐递了一根烟,伟乐没要,因为不会抽。伟乐也从没见维善抽过烟,他知道维善的内心一定很痛苦,可是他不知道如何去安慰。

猛吸了几口烟后,维善的情绪突然激动起来,他猛地用手拍打自己的额头,接着双手捂紧了自己的脸。当他松开手的时候,脸上全是泪水。他说,茹茹出事前还给他发过短信,没想到这条短信竟成遗言。看到维善流泪,伟乐的眼眶又湿了。维善抽了一根又一根,伟乐一直默默地陪着。那一天,他们俩都没有吃中饭,因为吃不下。

晚上,班里的同学陆续返回学校,得知这个消息后,全班陷入了悲痛之中。王晓燕、林芳更是哭得伤心,她们无法接受这个现实,朝夕相处的好姐妹,在这个美好的节日里却香消玉殒、阴阳两隔了。茹茹不是维善的茹茹,而是全班同学的茹茹。同学们化悲痛为愤怒,准备到奔驰车主的企业里讨说法。

为了制止同学们的过激行为，高星、马浩老师及时介入。他们临时组织召开班会。马老师一改往日的幽默，心情沉重地把事故情况做了如实说明。他几度哽咽，因为茹茹是他很喜欢的学生。他说，交警部门已认定这是一起交通意外。

为了平息学生的愤怒情绪，高星老师把监控录像播放给全班同学看。监控画面显示，那是一个 T 字形路口，茹茹没有走斑马线，而是直接横穿马路。她边走边拿着手机，看样子在发短信。眼看着奔驰轿车离茹茹越来越近，司机突然猛打方向盘，但已经来不及了。画面上，茹茹像一个巨型的布娃娃被卷入车底。轿车停了下来，司机打开车门，跑到车子右前方察看。紧接着，林晴出现在画面中，之后人越围越多……

看完监控后，林晴又一次落泪了。维善的内心则极度内疚，那一刻，她应该正跟自己在发短信。他深深地自责，要是当时不和她发短信，茹茹也就不会出事了。可他没想到茹茹没走斑马线，更没想到她在过马路时还发信息。看完监控后，全班同学又重新化愤怒为悲痛，他们为茹茹的死感到深深的惋惜，也为茹茹不遵守交通规则表示遗憾和不解。

马浩老师提议，第二天晚上全班到事发地点开展悼念活动。班会结束后，同学们都默默地离开了教室。四十个人的班级，如今只有三十八个人了，因为刘洋休学一年，要编入下一年级。那天晚上，伟乐失眠了。夜里，他听到维善一直在抽泣。

第二天晚上，大家来到事故地点。茹茹的血迹早已被清洗干净。天很暗，路灯不亮，没有星星，也没有月亮，四周凄风阵阵，似乎在为茹茹呜咽。高星老师接待茹茹的家属去了，因此，只有马浩老师和同学们一起参加哀思活动。

林晴买了四十根白蜡烛，其中一根是替刘洋买的，一根是替茹茹买的。全班永远都是四十个人！同时，她还买了一大束白玫瑰。玫瑰花由维善捧着，不过他看起来很憔悴，因为他花了一整天的时间，给茹茹折了九百九十九只千纸鹤。一个大男人，面对生离死别，表现出了他的坚强，也表现出了他的脆弱。马老师交代伟乐要照顾好维善。但是，维善几乎没有说过话，也不愿吃东西。

林晴和一些女生把白蜡烛摆成了一个心形图案。马老师带着三十八位同学，手牵着手围在蜡烛旁边默默哀悼。伟乐在心中默念："茹茹，一路走好！天堂里，你仍是一朵移动的鲜花，天堂里没有奔驰车。"

凄风吹过，烛心在颤动。在场的人无不悲从中来，所有人的眼睛都隐藏在泪水后面，包括马老师。他们怎么也没有想到，还没参加毕业典礼，却先参加了茹茹的悼念活动；还没有把毕业照捧在手里，却要先把茹茹的遗照挂到墙上。每个人都在心底回忆着有关茹茹的点点滴滴……

事故发生后，伟乐见过茹茹的父母一面。那时，她的父母在亲属的搀扶下，来到茹茹出事的地方。他们悲痛欲绝，家里就茹茹一个孩子，她是他们的未来和希望。如今，却是白发人送黑发人。他们为茹茹烧去了冥币和佛经。她的母亲呼天抢地，脸上毫无血色。她的父亲双手捶打柏油路，手上鲜血淋淋……在场的人无不戚然。

茹茹走后的好长时间里，班级都没有开展文体活动。欣然没有因为茹茹的事安慰过伟乐，因为他从没有跟欣然分享过自己和茹茹的故事。从奶奶去世到茹茹离世，伟乐领悟到了一个道理：珍惜当下，因为生命充满了变数。

第十四章 / 台风惊魂

日子一天天过去，时间是治疗哀痛的良药。茹茹的死，让全班同学更懂得生命的可贵，也更懂得遵守交通规则的重要性。维善的内心平静了不少，但他仍经常斜靠在床头发呆，也许在回忆与茹茹一起时的点点滴滴。他打篮球的时间和次数都比以往增加了，这算是他自我疗伤的一种方式。

伟乐渐渐走出了阴影，对他来说，茹茹已只是他的过客，他的内心早就被欣然填满。他对茹茹的感觉仅是初次暗恋女生时那种灵魂深处的战栗。只有林晴一直还沉浸在自责之中，她从开朗变得内向，从对班级工作热情洋溢变得漠不关心。而且，听林芳说，她还迷上了网络，常常去学校门口的网吧上网。伟乐想过一些法子去安慰她，可是收效甚微。

2002 年的第一场台风，比以往任何时候来得都要早一些。

离期末考试大约还有十五天的一个早上，学校发布紧急通知，说是有个超级台风正逼近东州。那天虽是周日，但通知要求全体学工一线教师到校，组织学生做好防台、抗台工作。伟乐对台风的概念仍然停留在去年军训时的那次台风上。他觉得台风也不过尔尔，无非就是风大一点、雨大一点。不过建邦说，超级台风是很恐怖的，风“很大很刺激”，如果在人身上绑根线，可以把人当风筝放飞。他说，去年那场台风只是小菜一碟。

学校开始层层布置抗台工作。由于林晴状态不佳，伟乐主动承担起工作。学校给每个学生宿舍准备了打火机和蜡烛，据说超级台风来时，常常会撕断电线，导致停电。伟乐叫上维善一起，提着这些抗台物资挨个寝室去发放。维善还现身说法，把自己在去年台风中受伤的故事作为反面例子，教育同学们要积极抗台。

来到林晴的寝室，伟乐心里不知被什么抓了一下，有点生疼。茹茹的床铺空着，像一道填空题。看到维善复杂的面部表情，伟乐突然醒悟过来，刚才应该让他在门口等待，因为触景会伤情。寝室里只有林芳、王晓燕两个人在。林芳说，林晴又出去了，可能去网吧了。

吃过中饭，天上的乌云黑压压的，东州市如临大敌。风逐渐大起来了，雨还没有浇下来。海强破天荒没去图书馆，待在寝室里躲台风。建邦也没有出去从事他的商业活动，待在寝室里洗衣服。伟乐走到阳台上，风吹过来，特别凉爽。远望去，群山环抱下的东州大学像一幅水墨画。他把海强也喊到阳台，一起欣赏这别样的风光。

一阵狂风扫过，楼下的树在风中使劲摇曳，像在跳劲舞。伟乐感觉整个人倾斜了，难以站稳。正如建邦说的，要是风再大点，人真的能飞起来。又一阵风扫过，而且传来鬼哭狼嚎的风声。伟乐感觉自己像一面旗，身体在风中飘扬。海强比伟乐要瘦小，风再大点，他保准像风车一样旋转。突然，一件什么东西飘过来，蒙在了伟乐的头上。

“哈哈哈哈，帅哥，你中奖了！”海强幸灾乐祸。

伟乐心想，应该不是尿布，尿布没有这么大的，再说，学校里也没人打尿布。他掀开这件东西一看，是一条女生的裙子。他下意识地说了一句：

“真晦气！”看样子是哪个女生没有把衣服收好。按照家乡的习俗，被女人的裤子、裙子盖在头上，是一件很晦气、很倒霉的事情。伟乐伸出脑袋环顾了一番，想寻找裙子的主人。突然，雨点像箭一样射过来，刺在脸上很痛。于是，他们赶紧退回到宿舍里面。

维善躺在床上看《高等数学》，他对台风已经见怪不怪了。东升在听广播，广播里在说相声，听声音是马季的。

“来电话啦！来电话啦！”手机铃声响起。伟乐一听，是自己手机的铃声。电话是欣然打过来的，她说：

“伟乐，我在南门口的公交车站里。我没带伞，你来接我一下好不好？”电话里，她的声音夹杂着风声，听起来很模糊。

“好，我马上来！你怎么在公交车站啊？”

“我早上去家教了，这学期最后一次家教。”

“哦，你等会儿，我很快就到。”说着，伟乐赶紧取了把雨伞。另外，寝室里还有两套雨衣，是上次搞青年志愿者活动时留下的。他把雨衣也带上了，一来，他怕欣然冷，穿上暖和点；二来，雨很大，打在身上既痛又会弄湿衣服，雨衣可防风、防雨。

路上行人稀少，伟乐加紧了步伐。由于逆着风，他很吃力地往南门口的公交车站跑去。学校的排水系统有瑕疵，一路上不时能碰上积水，伟乐的鞋子全湿了。不过，他顾不得这些，欣然肯定很着急，因为公交车站只有一个顶棚，只能遮细雨，遮不了暴雨，更遮不住狂风。他想起了一个月前那次疯狂骑车，那次传来茹茹的噩耗时，他走的也是这条路。

一阵风扫过，伟乐一个踉跄，跪倒在地上。他手上的雨伞挣脱了，在雨中发了疯似的狂奔。由于雨伞是朝顺风的方向狂奔，所以伟乐也朝着顺风的方向狂跑。他突然发觉，顺风跑步的感觉真好，可以比平时跑得更快。看来，跟对风是很重要的。最终，他重新把雨伞降服了。抓住雨伞后，伟乐感觉膝盖有点火辣辣的，跟上次五千米超长跑后跪倒的感觉很像。不过，他顾不得关心自己的膝盖，继续朝南门口跑去。

南门口的岗亭里空荡荡的，保安可能躲到值班室里去了。公交车站就在门口的马路对面。路上车少人稀，车站里一个人也没有，空荡荡的。欣然呢？车站不远处便是茹茹出事的地方。一股不祥的预兆涌上心头，伟乐不由得加快了脚步。

"伟乐，我在这儿！"突然传来欣然的声音。他回头一看，欣然正站在保安值班室的门口。他舒了一口气，跑过去说：

"吓死我了，我以为你怎么了呢，咋跑这边来了？"

"哎呀，冷死我了，衣服湿透了。雨好大，在车站里躲不了雨。"她摸摸伟乐的衣服说：

"你的衣服也湿透了，冷不？"

"我不冷，没事儿。"

"我给你打电话了，想告诉你一声我在保安室，可是你没接。"

"噢，刚才跑得急，把手机忘寝室里了。"他赶紧把雨衣给欣然穿上了，自己也穿了一件。刚才他没穿，因为穿上雨衣后跑不快。伟乐心疼地说：

"你昨晚不是说今天不家教，下周再去的吗？"

"嗯，本来是下周的。可是今天早上家长来电话，说他孩子下周五就要期末考，问我可否今天过去。我怕耽误学生考试，所以就过去了。"她紧紧搂着伟乐说：

"傻瓜，这么快就到了，你是跑过来的吧？累不？"

"嗯，一路小跑来的，怕你被雨淋。我不累。"

伟乐一只手撑着雨伞，一只手搂着欣然。不经意间，搂着欣然的那只手碰到了她胸前柔软的部位，他赶紧往下移了几寸。这是他在光天化日之下第一次搂着欣然。这个时刻，他顾不得那许多。再说，谈恋爱也不犯法，是合法的活动。

这时，一个熟悉的身影从伟乐身边小跑而过，他确信那是林晴。她的雨伞已经散架了，伞骨全部朝上。雨点穿过雨伞，直接落到了她身上。伟乐喊道：

"林晴！"

林晴转过身，发现伟乐搂着一位女生，她有些吃惊。不过她很快认出了李欣然。她有点尴尬，伟乐和欣然也有点尴尬。不过伟乐已有了心理准备，大不了以后公开恋爱。他说：

"林晴，你的雨伞都坏了。"说着，他把雨伞递给欣然，脱下自己身上的雨衣给了林晴，说：

"穿我的雨衣吧，我们有伞。"

“谢谢你！”林晴感动地接过雨衣，穿上了。看到伟乐搂着欣然，她心里很明白，所以加快脚步离开了。

欣然不安地说：“伟乐，你的裤子上是什么，是血吗？”

伟乐低头一看，刚才跪倒在地上的膝盖处被血染红了。他说：

“嗯，刚才跑得急，跌了一跤。不碍事，你看才这么一点血，估计只是擦破了点皮。”

欣然摸了摸他的膝盖，心疼地说：

“疼吗？都怪我，刚才不该让你给我送伞。这是上次运动会时摔的那个地方吗？”

“嗯，还是原来的地方，还是原来的味道。”

“呵呵！这时候了还说笑呢。”欣然搂得更紧了，心中充满了温暖和爱。她说：

“刚才这个人是你同学啊？”

“是啊，她叫林晴，我们现在的班长。你应该见过，她原来是临时团支书。”

“好像有点印象。我们的恋情被发现了哦，怎么这么巧碰上她呢。”

“没事，大不了以后我们公开，敢爱你就不怕见光。”说着，他握住了欣然的手，与她十指相扣。

“可是我比你大呢，他们要说闲话的。”

“不怕，你生理年龄比我大，我心理年龄比你大。再说，现在流行姐弟恋呢。我们得把这个心理障碍跨过去。”

“嗯！”说着，她握着伟乐的手那只紧了一下，伟乐也紧了一下。这与去年团体辅导时的情形何其相似。那一次，他们产生了爱的萌动，而这一次，他们的爱破土而出了。

把欣然送到宿舍楼下后，伟乐就回寝室了。东升正在洗澡，建邦早已洗好了衣服，躺在床上听新闻。伟乐感觉很冷，准备洗个热水澡暖暖身子。他拍拍浴室的门说：

“东升，你洗快点啊，冻死我啦！”

“知道啦，谁让你这么大风大雨的还往外跑。”

过了一小会儿，浴室里面没动静了，伟乐又拍门说：

“兄弟，赶紧啦，冷啊！”说着，他不由得哆嗦了一下。

“得慢慢来，让你也尝尝在外面等待的滋味，以报我去年的一手之仇。”说着，他唱起了歌：“吹，吹，吹个球，吹个大气球……”

都说胖子不记仇，看来这句话也不全对。伟乐刚想再次拍门，门打开了，东升笑着说：

“我还有百分之十没洗完呢，你先洗吧，我今天洗澡打个折。”一句话，逗得全寝室的人都哈哈大笑。建邦说：

“你哪部分没洗啊？你小子，要留着包皮含苞待放是吧？”

建邦这小子讲话也越来越有水平了。不过，伟乐顾不上听，马上冲进了浴室，因为他冻得不行了。浴室里面热气还在，他顿感温暖如春。

脱下裤子后，他看了看膝盖，只是一点皮外伤，没什么大碍。洗澡的时候，他想了很多，想到大学这一年来的经历，想到了茹茹，想到了欣然。经历了这么多事，他感觉自己又成长了不少。期望这个雨季过后，能真正雨过天晴！洗完澡出来时，他听到建邦的收音机里飘出一段声音：

“台风将于明天凌晨或中午在我市登陆，可能正面袭击我市……”这台收音机，还是英语考试时出过乱子的那台。建邦准备买台新的,免得又出错。伟乐对正面袭击没有概念,他认为台风只是风而已,难道还会偷袭? 还会要阴谋? 他刚想吹头发,林晴打来电话说:

“伟乐,刚才高星老师通知我,说明天停课一天,男生那边你来通知一下。”

“哦,好的。这么爽啊,还可以停课。”

“反正高老师是这么说的。你有女朋友啦? 好像是李欣然哦。”

“呵呵! 低调,低调。”

“这是好事啊,我刚才在寝室里还跟林芳她们说了。”

“你这嘴,怎么跟广播一样。好了,不跟你说了。”

吹干头发后,他本想静下心来看会儿书,因为期末考试即将来临。可是,他静不下来。风声越来越大,仿佛军训紧急集合时的哨音,越吹越响。建邦关了收音机说:

“前年有一场台风很恐怖,很多房子倒塌,死了不少人。”

“帅哥,比这场台风还大啊?”小强问道。

“那次也是超级台风,跟这次差不多。”

东升说:“维善啊,上次你命大,受了小伤,这次你得小心哦。”

“你是寝室长,觉悟高,要不咱们今晚换床睡?”

“今晚我得降低觉悟,你那个风水宝地还是自己留着吧。”

建邦笑着说:“我跟你换吧,我今天暂时提高觉悟。”

维善说:“我们俩的床都靠窗,换了有个屁用啊,搞不好今晚你那里风水更好。”

海强从抽屉里取出个透明胶带纸说:“我给你们出个主意

吧，用这个把玻璃贴住，哪怕风把玻璃弄破了，碎末也不会飞溅。”

建邦说：“你小子，挺聪明的嘛！”

大家都觉得这个办法好，于是，五个人分了工，伟乐负责剪透明胶，小强负责传送，建邦和维善负责粘贴，东升负责指挥。忙活了几分钟，大功告成。不过，建邦和维善都换了个睡觉的方向，头朝里面，脚朝玻璃。看来，头和脚虽都是人的两端，待遇却是不一样的。

夜里，台风的啸叫声显得更加恐怖，远远盖过了东升的呼噜声和建邦的磨牙声。宿舍的门在拼命抖动，雨打在玻璃上像是织布机在织布。

伟乐感觉自己被风雨声惊醒了。他悄悄起床，来到阳台上。借着路灯，可以看到外面的雨倾泻下来，下得一塌糊涂。树在雨中跳着拉丁舞，跳完后还鞠个躬，起码鞠到九十度以上。他从没见过雨能下成这个样子，树能晃成这个样子，好像世界末日来临了一样。

不一会儿，伟乐发现楼下的水位突然上蹿。刚才还在跳拉丁舞的那些树都被淹没了，而且天空还出现了闪电。路灯也突然熄灭，可能电线被风刮断了。借着被闪电劈的强光，可以看到水面上漂浮着树枝，水已经快淹没一楼。他吓坏了，赶紧喊维善、建邦他们起床。可是他们睡得太沉，怎么喊都喊不醒。

想到欣然就住在二楼，要是她没醒来，很快就要被淹了。于是，伟乐赶紧拿出手机给她拨电话，可是手机一点信号也没有。他急坏了，快速穿好衣服往楼下飞奔而去。跑到二楼时，楼道里站满了人，一楼管宿舍的老伯也在。老伯说，他夜里突然感到床铺湿了，以为自己小便失禁的老毛病又犯了。可是他开灯后，发现屋子里全是水，才明白是发大水了。于是，他赶紧把一楼的同学全喊醒了，让他们到二楼避难。

想到欣然的安危，伟乐顾不得许多。冒着大风、大雨、大水，冒着被闪电劈的危险，他找了一根木头，抱着木头游出了宿舍楼。老伯焦急地说：

“同学，你去哪儿？外面很危险！”

伟乐说：“我得去告诉别的楼栋，他们或许还不知道发大水呢，手机又没信号。”

边上的其他同学也纷纷说：

“同学，外面太危险了，你会被淹死的。”

伟乐说：“不行，他们危在旦夕呢，你们有谁愿意跟我一起去救人吗？”可是，没有一个人回答他。伟乐很失望，可是一想到欣然，他顾不得别的，奋力游了出去。

一路上，伟乐看到水面上漂浮着很多衣服、脸盆、热水瓶。他游得很吃力，也很疲惫。他心里焦急万分，想大声叫喊，可是自己的声音哑了，怎么也叫不出来。

他继续吃力地游着，一直游到了欣然所在的那栋楼。水位刚涨到二楼地板，看样子一楼的同学可能都被水淹了。他直接爬进了二楼的楼道，跑到欣然的寝室门口拼命敲门。欣然开了门，很惊讶地说：

“伟乐，大半夜的，你怎么在这里啊？”

他上气不接下气地说：“快，赶紧让寝室里的同学逃命，外面发大水了，很危险。”

欣然看了看外面，洪水滔天。她吓得赶紧跑回寝室，把室友全喊醒了。接着，她们又挨个敲其他宿舍的门，把二楼的同学全都喊到三楼避难。

得知是伟乐救了她们的命，女生们都对他充满了感激。得知欣然是伟乐的女朋友，她们都纷纷夸欣然找了一位如此神勇的男朋友。想到还有更多的人需要去救，伟乐匆匆与欣然道别，又游了出去。这时，耳边突然传来东升的声音：

“雨停啦，好多树被风刮倒啦！”

伟乐睁眼一看，天已大亮。原来自己刚才在做梦，他无奈地苦笑了一下，还好只是一个梦。他的枕巾上湿湿的，应该是口水，看来这一觉睡得太深了。这时，建邦又打开了收音机，里面飘出一位女主持人的声音：

“各位听众朋友，台风已于今天凌晨一点二十三分在我市宏港县登陆，正面袭击我市。目前，台风已经离开我市北上。据悉，宏港县损失惨重，初步统计共倒塌房屋两千余间，死亡八十六人，受伤五百九十八人，受灾人口达二十万，港口渔船沉没三十二艘，直接经济损失约两亿六千万元……”

东升惶恐地说：“不会吧，有这样严重？”

建邦说：“每年都差不多吧，反正东州每年总会遇上一次很大的台风。”

还好，班里没有同学是宏港县的，也没听说谁家里受灾。风过了，雨过了，一切又恢复了平静。

第十五章 / 大山深处（上）

由于林晴这个广播嘴，伟乐谈恋爱的消息果然成了班里的一大新闻。因为他平时那么忙，而且看起来一本正经的，不像是会在大学里谈恋爱的人。更何况，他谈的女朋友还是大二的学姐，品味有点特殊。甚至有人怀疑他是不是缺乏母爱。因此，这条消息在班里引起的轰动，不亚于去年东升的手被厕所便池卡住那件事。不过，期末考试的压力让这个消息在传了两天后，就悄无声息了。

恋爱这个东西，真让人捉摸不透。你爱的人她不一定爱你，爱你的人你不一定爱她。就算互相爱恋，也会存在很大变数，让人措手不及。海强谈个远程恋爱，四国军棋直接给整没了；建邦谈个恋爱，肺结核事件直接给整散了；维善谈个恋爱，一场车祸，阴阳两隔。恋爱似乎像个豆腐渣工程，危机四伏。虽然建邦与女朋友破镜重圆，可是网上有句话说得也是有道理的："结婚是错误，离婚是觉悟，再婚是执迷不悟。"很难说，建邦与前女友旧情复燃是觉悟还是执迷不悟。

如今，一场台风直接吹开了伟乐和欣然恋爱的红盖头。他倒也想得开了，寝室五个人，自己是第三个谈恋爱，这符合中庸之道，不偏不倚。他对自己的恋情充满了勇气和信心。他不再顾及自己预备党员的身份，因为谈一场高质量的恋爱，也是在为同学做表率。

紧张的期末考试结束后，期待中的暑期社会实践开始了。之所以期待，是因为去年军训结束后，学院专门搞了一个暑期社会实践交流会。学长、学姐们谈起社会实践，个个眉飞色舞、意犹未尽，让人听了心驰神往、欲罢不能。如果不参加一次社会实践，仿佛没有读过大学一样。

社会实践采取点、面结合的方式进行。在点上，学院组织了几支实践队伍，由几位辅导员全程指导；在面上，学生们可以自由寻找实践岗位。海强、维善、东升都各自回家实践去了。建邦说要跟他表哥一起做一个项目。不过，他没有透露项目的内容，说是商业机密。伟乐和欣然则参加了由学院学生会干部组建的实践队伍，到一所山区的初中支教，时间是三十天。这意味着，他可以与欣然朝夕相处一个月。海强打趣说，他们俩可以在那里度蜜月，因为刚好一个月。

这项支教活动有它的特别来历。据说，许多年前，学生会里有一名学生干部的父亲是这所初中的校长。那时开展了第一次支教活动后，反响很好。本来不打算继续开展，毕竟所学专业并非师范专业。但是，乡亲们自发跑到乡政府要求继续开展这项活动。后来，乡长亲自给学校打电话，这才让支教活动延续了下来。这项活动也成了东州大学反哺社会的经典项目。

实践队员主要是学生会干部。此外，又从医学专业和物理学专业分别特招了两位同学。特招过来的同学主要做两件事：给大山里的乡亲们维修电视机和家用电器；给乡亲们量血压，帮乡卫生院建立健康档案。实践队员共有二十八名，其中，男生十六人，女生十二人。

李毅、钟海涛、敏华还有刘月兰他们几个也都参加了。自从上海回来后，敏华的状态总体不错。不过偶尔还会做噩梦，偶尔中的偶尔还会在噩梦中哭泣。敏华本来不打算报名的，但是在欣然的劝说下最终参加了，欣然觉得社会实践可以帮助她康复。

实践活动开始前，伟乐填了一首词，模仿的是《满江红》：

期末考后，稍整顿，烈日如火，理行装。向西遥望，心驰神往。暑期何处去实践，身在大学心在深山。莫在家，虚度光阴，空长叹。

算而今，快大二。苦心志，劳筋骨，饿体肤，方可成圣。欲知人生先受苦，想增才干须实践。再回首，经历风雨后，铁成钢！

写完之后，伟乐有点得意。这首词虽然平仄狗屁不通，断句韵律也是错的，但是读起来朗朗上口，挺励志。

他们是包了校车去那个山区的。出发那天，没有锣鼓喧天，没有彩旗招展。学院张敏捷书记送了实践队八个西瓜，很简短地说了十二个字："同学们，一路平安，等你们凯旋！"

七月的东州，天气猛于虎狼！很热，而且是湿热，人仿佛在蒸笼里，伟乐想起了军训的日子。不过，车上有空调，倒也很凉快。上车后，他直接坐到了欣然边上。

车子先是上了高速公路，一个多小时后，又下了高速公路，过了十几分钟后，接着是上山路。山路不算宽阔，但是山路十八弯。司机技艺超群，有时一个急转弯，全车的人“啊!!!”一声怪叫。又一个急转弯，全车的人“哦!!!”又一声怪叫。怪叫声让司机异常兴奋，因为平时老师们坐在校车上，个个斯文儒雅，笑不启齿，司机开着车容易犯瞌睡。

司机舒服了，欣然可惨了，不仅整个人翻江倒海，胃里也乾坤大挪移。看到欣然紧锁着眉头，伟乐关切地问：

“怎么啦？不舒服吗？”

“嗯，头有点晕，车太颠簸了，像坐船一样。”

伟乐打开风油精，往欣然的太阳穴抹了一些。紧接着，又剥了个橘子给欣然吃。欣然有点受宠若惊，她觉得伟乐确实变了，自从台风之后，他不再瞻前顾后，在恋爱问题上变得勇敢了。而且伟乐跟她说过台风那天做的噩梦，她相信伟乐是深爱她的。想到这些，她不由得嘴角微微翘着，沉浸在幸福之中。

过了一会儿，伟乐又关心地问她：

“好点没？”

“好些了，不晕了。”说着，欣然把自己的水壶递给伟乐，说：

“喝点水吧，你好久没喝水了。”

伟乐接过水喝了几口，由于喝得急，呛着了。欣然轻轻地拍着他的后背，仿佛在拍一个婴儿。两个人对视了一下，一切尽在不言中。

车窗外的景色非常优美，时而出现成片的梯田，阳光照下来，梯田闪闪发光；时而出现几条瀑布，水流有大有小，错落有致；时而几只羊在路中间卖萌，时而松鼠在树林间跳跃。一路的田园风光，美得自然，美得原生态。

过了一山又一山，绕了一圈又一圈，经过两个小时的颠簸后，车子渐渐靠近一个村庄。村里人看到大客车过来，都驻足观看。孩子们则跟在大客车后面奔跑，边跑边喊：

“老师来啦！老师来啦！”

他们的到来，让这个宁静的小山村顿时沸腾了起来。渐渐地，校车后面的孩子越聚越多。看着孩子们如此热情，伟乐心中特别感动。

车子在一所学校门口停了下来，校门上方写着“林坑中学”几个字。据说，这里是东州海拔最高的地方，离闹市最远，离天空最近。如果说东州大学的天气如狼似虎，这里的天气则如羊似兔，特别温顺。山上凉风习习，鸟鸣清脆，天空特别蓝，没有一丝白云，没有一点瑕疵。

听到外面的喧闹声，学校里面走出一位中年男子。高星老师迎上去，说：

“杨老师，您好！又见面了！”

“高老师好！同学们好！一路辛苦了。”看起来，这位老师也很热情。

高老师向大家介绍说：

“同学们，这位是林坑中学教导处主任杨老师。”

“杨老师好！”队员们很有礼貌地打了个招呼。

正说着话，刚才跟在校车后面的孩子们已经在帮忙搬行李了。伟乐的内心也从感动变成了温暖。看来，这些孩子对这套业务很熟悉。杨老师指了指不远处一排单层的瓦房说：

“同学们，我们学校条件不太好，得委屈你们了。那是学生的宿舍，比不得你们大学，昨天我和我爱人特意打扫过。”

队员们笑着说：“我们能吃苦！”

可是来到男生宿舍后，队员们还没开始吃苦，脸上已呈苦瓜状。所谓的宿舍倒像是阴冷的仓库，屋内只有两扇小窗户，光线昏暗。床是淡绿色的旧木床，有二十来张。木床上的漆都掉了颜色，布满了岁月的痕迹。有些床的床脚断了，用树枝捆绑起来，仿佛拄着拐杖。墙壁凹凸不平，地面坑坑洼洼，看起来像月球表面。

本以为女生宿舍会好一些，跑过去一看，情况基本一样。女生中，有的队员出现了抗拒的情绪。这也太原生态了，坐车坐了三个多小时，仿佛回到了一万年前。欣然看了看敏华，有点内疚了，本想让她来放松，看样子她得忍受了。钟海涛看出了大家的心事，给月兰使了个眼色，说：

“我们让月兰来美化一下宿舍吧。”

月兰笑着接过话说：“没问题，不出半天，肯定能让大家有回家的感觉。”

高老师也在一旁鼓动说：“很好！下午开展男女生宿舍美化大赛，算是我们的第一个实践内容。”这一来，尴尬气氛被化解掉了，队员们都期待着能有回家的感觉，而不是出家的感觉。

“唉，我的手机怎么没有信号啊？”李毅嚷嚷着。

伟乐赶紧看了一下自己的手机，也没有信号。欣然和月兰他们也都看了一下，也没有！杨主任笑着说：

“忘了跟你们说了，我们这里太偏僻，手机没信号。如果要打电话，得跑到对面的山头上，那里有时会有信号。”

手机不能通电话、发短信，除了当闹钟用，同学们实在想不出还能有什么其他的用途。那时可没有智能手机。杨主任接着说：

“我跟我爱人炒了些菜，今天午饭大家将就一下，晚饭你们自己动手，丰衣足食。”

高星老师过意不去地说：“太谢谢您了，每次都要麻烦您。”

原来，每次实践队过来时，第一顿饭都是他们夫妇张罗的。伟乐仔细观察了一下学校，校园并不大，整个学校只有一排用做学生宿舍的瓦房，一栋两层的教学楼，一栋两层的综合楼。综合楼的一层是食堂，二层是教师宿舍和办公室。离学生宿舍二十米开外的地方有两处低矮的房子。杨老师说，一处是厕所，一处是浴室。学校里所有的空地就是学生的操场。

厕所的方位正是很多队员想问的，因为在车上坐了好几个小时，膀胱鼓鼓的，急待排空。于是，同学们不约而同地向厕所涌去。高星老师和伟乐也跟着去了。说起厕所，外观不像，里面倒像那么回事儿，有便池，有尿池，有洗手台。只是，还没进门，恶臭熏天。

进入厕所，眼睛辣辣的，熏得很难受，鼻子则只敢出气不敢进气。仔细一瞧，便池虽是瓷砖砌的，上面却积了一层黄得发黑的污垢，很厚。有些地方都有褶子了，让人一看到就有一股想吐的冲动。伟乐刚有些尿意，一看厕所的样子，尿意调了个头，又憋回去了。有的同学实在憋不住，完成了人生中最痛苦的一次排泄行为。高星老师苦笑了一下，没说什么。

从厕所出来后，队员们不仅出口的地方没欲望，进口的地方也没有欲望，食欲大减。每个人都硬着头皮吃下了社会实践的第一顿饭。

吃过中饭，高星老师到队员们的宿舍里说：

“同学们，鉴于学校厕所的卫生状况，现在由全体党员负责清洗，钟海涛任清洗队队长。”

“好！”非党员同学发出了喝彩声，这声喝彩其实不怀好意。厕所这么脏，说实话谁也不想干这活。不过，既然高老师指定要党员干，他们自然不推脱，这叫压担子，这叫觉悟，这叫为同学服务。

伟乐数了数，加上自己共六名党员，因为预备党员算在党员的行列。李毅也是党员。欣然、敏华、月兰她们都还是入党积极分子，因此“逃过一劫”。伟乐脑海中浮现了狼牙山五壮士，现在则是林坑中学六君子，感觉也挺豪迈。

钟海涛很快找来了扫把、刷子、水桶，还有洗衣粉。他决定先洗男厕所，再洗女厕所。污垢比想象中的要难清洗。伟乐闭着气，洗一小会儿就跑出来呼吸几口新鲜空气，然后再进去。伟乐突然想到了邹韬奋，淘粪工作确实很不容易。不过转念一想，不对，邹韬奋是搞出版的，淘粪的是时传祥，他说愿意一辈子当淘粪工人。想到人家这种觉悟，伟乐心中很是敬佩。

出了褶子的地方特别难洗，洗衣粉泡、刷子刷都不得劲。这些污垢似乎经历了千万年，都成了化石，与瓷砖融在一起了。伟乐跑到食堂，找到了一把废弃的菜刀。他用菜刀的刀锋去使劲刮，这才慢慢刮开了褶子，露出了洁白的瓷砖。他从没干过这种活，握着菜刀的双手时不时沾上点污垢，看着非常恶心。

其他党员看到伟乐这样卖力，深受感动。所谓“如入鲍鱼之肆，久而不闻其臭”，他们彻底接受了现实，也慢慢地适应了厕所里的恶劣环境。女厕比男厕更恶心，一些用过的卫生巾发出阵阵恶臭。不过，有了男厕所的清扫经验，女厕所清扫起来顺利多了。看来这也是一项技术活，熟能生巧。

六位党员忙活了两个多小时，总算把厕所清理干净了，便池又露出了洁白的身躯。见到厕所焕然一新的样子，伟乐的膀胱又重新鼓鼓的，有了尿意。洗完厕所，党员们迫不及待地回到宿舍，准备洗澡、换衣服。

刚才他们在洗厕所的时候，月兰、敏华、欣然她们则忙着美化宿舍。被她们一布置，宿舍居然姿色有加：室内放了些从外面搬来的盆栽，墙上贴着书画，天花板上挂了一些装饰物，甚是温馨。月兰真是有一手。

看到党员们洗完厕所回来，非党员同学纷纷避而远之，避之如避邪。伟乐笑了笑，取了衣服准备先去洗澡，因为他是伙食组组长，洗澡后还得张罗着做晚饭。月兰打趣道：

“坏了，你们四个男的，以后娶不到老婆了。”她没去开那两个女生党员的玩笑。

钟海涛坏笑着说：“娶不到老婆，娶老婆的妹妹呗。”他的回答惹得大家一阵子哄笑。

贾林反问月兰：“我要娶不到老婆了，你愿意替补不？”

贾林是学生会体育部副部长，也是党员，长得高大魁梧。月兰瞪了他一眼说：

“明天给你画一张吧，画个美女给你。”

伟乐没说话，站在一旁傻笑。欣然拿了条毛巾给他，温柔地说：

“擦擦吧，看你，都是汗。”

伟乐接过了毛巾，手却有点不自然，他还有点不太适应。

“哦——！”边上的队员们起哄了。贾林说：

“你们俩有一腿，绝对有一腿。”

欣然一下子脸红了，但这一刻迟早是要面对的。伟乐选择了沉默。此时此刻，沉默就是默认。其他队员似乎也都明白过来了，因为平时也常感觉伟乐和欣然关系比较亲密，只是没怎么往这方面想。如今看来，他们应该是在谈恋爱。这时，李毅出来打圆场：

“抓紧干活啦！都三点啦，还想不想吃晚饭啊。”

其实，李毅早有这种感觉了。上次在上海游玩时，他就觉得他们俩是有故事的。只不过伟乐是他的下属，他比较护着伟乐，因此没刻意点破。听到办公室主任发话了，队员们渐渐散去。

伟乐是第一个去洗澡的。其实洗澡的地方也不省事，虽有三个小浴室，但是条件很简陋。浴室里只有一个水龙头，没有热水，也没有电灯。室内光线昏暗，天稍黑一点就得点蜡烛。伟乐选择了最右边那个浴室，他偏好右边的方位。在教室里上课时，他也总选择右边的座位。

洗完澡，伟乐带着几位同学去买菜做饭了。伙食组组长，说得通俗点就是一个管买菜烧饭的，跟孙悟空被封为弼马温很相似，是个最小的“官”。如今，好的差使还轮不到伟乐，毕竟他才大一。在林坑中学实践的分工中，钟海涛是校长，主持全面工作；李毅是教导处主任，负责教学管理；欣然是政教处主任，负责德育工作；敏华、贾林、月兰等人则分别负责音乐、体育、美术等活动课程的教学工作。此外，还设了语文教学组、数学教学组、英语教学组等。

按照计划，支教活动预计招八十名学生，小学一个班，初中一个班。从分工和规模来看，像极了一所小型的学校。因此，在所有带“长”的职务中，伟乐是唯一一个大一的学生干部。从中也可看出高老师对他的重视。

伟乐将另外二十七位队员分成了七组，每天一个组，轮流负责一整天的饮食。这样，每个人每周都能轮到一次买菜、做饭、洗碗的机会。这对于培养大学生做家务的能力是极有好处的。

红日西沉、夜幕降临之时，在伟乐的张罗下，第一顿饭还真是有模有样的。虽然厨艺有待提高，但是山区的饭菜都是绿色食品，吃起来特别香。由于中午没吃饱，加上累了一下午，队员们的胃里早就空荡荡的，都能听到回音了。因此，个个都吃得猴急猴急的，所有的饭菜都被一扫而光。伟乐顿时升起一股成就感。

吃完饭后，欣然主动留下来帮忙洗碗，因为可以给伟乐分忧，而且，她想寻找生活的感觉。

天黑后，队员们才发现，厕所也没有电灯，黑乎乎的，怪吓人的，得用手电筒。因此，上厕所时，大家都结伴过去。伟乐曾经看到一则新闻，一个青年在野外大便，结果突然窜出一条蛇，死死咬住了他垂下来的生殖器。还好，那条蛇没毒。如今，在这深山里，万一啥时候历史重演，那可能就断子绝孙了。因此，上厕所的时候，伟乐总是拿着手电筒前后先检查一番，然后速战速决。

山里的夜特别安静，静得能听到蚂蚁爬动的声音。山里的夜特别黑，黑得月亮看起来特别明亮。微风吹来，特别清凉，凉得让人发冷。这验证了一个现象，海拔每升高一百米，温度下降零点六摄氏度。

第二天一早，天刚蒙蒙亮时，伟乐在杀猪的尖叫声中醒来。猪的叫声回荡在山中，听起来特别响，特别凄惨。不一会儿，公鸡也开始打鸣了。伟乐心想，好不容易摆脱了呼噜声和磨牙声，如今却又遇上了鸡鸣猪叫。他奋力睁开眼，起来准备早餐。

早上的实践内容是报名、招生以及营造学校氛围。上山之前，林坑中学的杨主任已把招生的信息张贴出去了。因此，孩子们都在等队员们的到来。经过半天的报名，实践队总共招收了八十二名学生。山区里人少，这些学生已经占了全部学生的一大半了。里面最远的一个学生，从家里走路来学校得两个小时。队员们被感动了，他们从未想过，这个世上还有学生是这样读书的。

医学专业的两位同学则去乡卫生院帮忙，到各家各户上门量血压，诊治一些简单的疾病。物理专业的同学在乡政府里开辟了一个维修工作室，修电视机、收音机以及一些家用电器。山里常打雷，因此，好多电视机、家用电器遭受雷击而损坏。这两项工作坚持了好多年，深受山村民众的欢迎。

在下午的开幕式上，副乡长和村主任都过来讲话了。附近的村民则把学校围得水泄不通，仿佛在参加一项重大的节日活动。

副乡长说，这个开幕式是今年乡里最隆重的活动。他代表乡里，给实践队员送来了四分之一只猪，这只猪是早上刚杀的。

伟乐猜测，应该是早上叫得那么凄惨的那只。村民们还自发地送来了家里种的红薯、丝瓜、大白菜等。

看到乡亲们这样热情，队员们感动万分。他们知道，最好的报答就是把孩子们教好。

开幕式结束后，孩子们很快与实践队员打得火热。几个孩子说，这所学校的所在地以前是个乱坟冈，后来才建的学校。听了这些话以后，几位胆小的女生不由得毛骨悚然。

更加令人毛骨悚然的还在后头。学生说，三个浴室，最右边那个浴室里死过人。今年三月的时候，有个女生在里面上吊了。听完后，队员们开始有点恐惧了。虽然平时在学校里接受了很多无神论思想，可是，当上吊的事情就发生在身边的时候，当住的地方以前是乱坟冈的时候，恐惧感便瞬间出现了，似乎每一脚踩下去，就能踩到一个亡灵。伟乐更是后背发凉，那不就是自己昨天洗澡的那个小浴室？可是昨天洗的时候也没啥异样啊，这说明人都是自己吓自己，这世上哪有灵异鬼怪，何况自己还去过火葬场。不过，最右边那个浴室再没有人敢进去洗澡了，连伟乐自己也不例外。

女生们洗澡时，都找个男生在外面守着，这样可以壮胆。月兰洗澡时，让贾林陪在外面。欣然都是跟敏华一起洗的，伟乐自然被邀请到外面陪着。

“伟乐！”敏华每洗一会儿，就喊一声，生怕这小子啥时候溜走了。

“唉！”伟乐每次都应得很大声。欣然则一声也没喊，她绝对信任伟乐。

伟乐站在外面，内心却激动不已。欣然就在身边，隔着一扇门，而且全身赤裸。他不由自主地进入了无限的想象空间。一个正常男人会想象的事，伟乐全想了。不过，他是照着之前看的那个破片子上的画面展开想象的。他不由得又怪起建邦了，本来是多么朦胧的事，被建邦害得那么现实。

第十六章 / 大山深处（下）

洗完澡后，一些队员坐在办公室外面的走廊上乘凉。微风习习，月色皎洁，萤火虫在四处飞舞，绽放自己的生命之花。这是一个梦幻般的地方。伟乐、欣然、敏华、月兰他们则在办公室里整理材料。欣然除了承担政教处主任的职责外，还负责实践队伍通讯稿的审查和推荐工作，因此工作特别忙。

办公室里有一架老掉牙的旧钢琴，属于一边用脚踩，一边用手弹的那种。敏华弹了几个音符，听起来像是钢琴曲《致爱丽丝》的片段。听到音乐，欣然站起身，双手搭在她的肩上说：

"敏华，给大家弹个曲子吧，你钢琴弹得那么好。"

"敏华还会弹钢琴啊？"伟乐好奇地问，因为他只知道敏华舞跳得好，歌唱得好。

欣然说："她钢琴九级呢。"

原来，敏华自幼学习钢琴，音乐素养极高。自从失恋后，她已很久没有接触音乐了。几个月里，在欣然的陪伴下，她逐渐走出了堕胎和失恋的阴影。因此，看到钢琴后，她有点按捺不住。

月兰也很期待地说："弹一个吧，敏华。"

"好吧，那我来弹首《致爱丽丝》吧，我很喜欢这首曲子。"

说毕，钢琴声响起，美妙的音符从敏华的指尖蹦出，跳进了每位队员的耳朵里。钢琴声在夜空中浮动，像梅花的暗香。不知不觉，刚才在外面乘凉的队员全部挤到了门口。他们沉醉其中，心中仿佛被注入了甘露。一曲终了，掌声雷动！

"再来一首吧，敏华。"李毅也开口了，"你弹得真好听！"

敏华盛情难却，又弹了一曲，听旋律像是《秋日私语》。她弹这首曲子已到了炉火纯青的地步，曲终的时候，大家都沉浸在其中，居然忘了鼓掌。

"给唱一个呗！"钟海涛也被敏华的钢琴声给吸引了，他有点得寸进尺。

"对啊，唱一个呗，你可是校园十佳歌手哦。"贾林也跟着起哄。

看到大家如此热情，敏华沉思了一会儿，说：

"好吧，我以前很喜欢一首歌《我只在乎你》。"她顿了一下，望着欣然说：

"我得感谢一个人，她就是欣然。三个多月前，我失恋了，那时很痛苦、很绝望，感谢欣然一直陪伴着我，帮我走出了阴影。这三个月里，我没有为学生会做过多少事，希望能获得大家的宽容和谅解。"

队员们很诧异，他们只知道近几个月里，敏华看起来很忧郁，但都不知道她失恋的事情。敏华的手指开始在琴键上跳跃，她边弹边唱：

“如果没有遇见你，我将会是在哪里？日子过得怎么样，人生是否要珍惜？也许认识某一人，过着平凡的日子，不知道会不会，也有爱情甜如蜜……”

歌声甜美、琴声缠绵，队员们听得入了神，没有人知道敏华从什么时候开始落泪。唱着、唱着，她的声音慢慢颤抖起来。唱完这首歌的时候，她的泪水早已爬满了脸庞。欣然赶紧为她擦去了泪水。

“我没事，刚才有点激动。这些泪水已经闷在心底好几个月了。”她笑了一下，说，“现在终于释放了。唱完这首歌，我能够彻底放手了。”

听完琴声、歌声和哭声，大家都被感动了。

山上蚊子多，而且很毒，比东州大学的蚊子还要厉害。如果说学校的蚊子是本科水平的，那么这里的蚊子绝对是博士水平的。也许是欣然身上的血液很合蚊子的口味吧，还不到两天，她的腿上已被咬出了很多红疙瘩，很痒。伟乐可心疼了，恨不得跟蚊子单挑。敏华弹琴这会儿工夫，她的腿上又被咬了几个红疙瘩，于是，伟乐亲手帮她上药。

月兰看到了，很是羡慕，情不自禁地说：

“欣然你真幸福啊，伟乐真体贴。”

“呵呵！别逗了。”欣然低着头，幸福地笑着。

月兰打趣道：“伟乐，女生的腿可不是随便被别人摸的哦。”

“我不是别人，是自己人，呵呵！”

“你们啥时候开始的？伟乐你挺厉害啊，追欣然的人可不少哦，可是没人成功过。”

欣然低头不语，伟乐学着笑星范伟的声音说：

“这都是缘分啊！还请月兰姐多多关照！”

这下，伟乐算是公开承认了自己与欣然的恋情。敏华则怪欣然重色轻友，这么好的朋友，欣然居然一直瞒着她。欣然说：

“你之前不是心情不好嘛，怕影响到你。”

敏华没说话，虽然自己失恋了，但她仍相信爱情，也相信伟乐的人品。只怪自己当时眼瞎了，找了那样一个自私的男朋友。伟乐说：

“月兰姐，如果你的脚上被蚊子咬了，某某人也会心疼的哦。”

“什么某某人啊？我不懂唉。”

“就是某某人啊。昨天晚上，小溪旁边，一个男生牵着一个女生的手，坐在大石头上数星星的那个某某啊。”伟乐摆出了证据。

月兰下意识地瞄了一眼坐在椅子上的贾林，说：

“哦，那个啊，我们是普通朋友啦。”

“哪个？哪个？”钟海涛似乎对这件事情很感兴趣，急忙向伟乐打听。

伟乐说：“那个能牵手的普通朋友好像是‘太极林’吧，哈哈。”原来，“太极林”是贾林的外号，因为他会打太极拳。

“贾林，你小子，好事怎么不早说啊。”钟海涛不禁责怪起来。

贾林傻笑着说：“有特务啊，呵呵！我们在恋爱的道路上刚刚起步，等多走几步了，你们自然就知道了啊。”

钟海涛说：“你们四个人都藏得够深啊！还有谁在谈恋爱的啊？以后不要再鬼鬼祟祟的，要谈就正大光明地谈。这样好歹也让别人知道自己还有没有机会。”一席话，说到了好多单身队员的心坎里。不过，没有人再主动坦白交代。

敏华起身说：“今天双喜临门啊，喜事，喜事！我再来弹一首曲子，庆祝一下。”

大家纷纷应和说：“好！”

敏华想了想，说：

“我弹唱一首《枕着你的名字入眠》吧，祝福欣然、伟乐、月兰、贾林他们四个人。”

琴声响起，敏华动情地唱了起来：

“我把我的心交给了你，我就是你最重的行囊，从此无论多少的风风雨雨，你都要把我好好珍藏。你把你的梦交给了我，你就是我牵挂的远方，从此无论月落还是晨起，我日夜盼望你归航……”

这个时候弹这首曲子真是恰到好处，而且简直是点睛之笔！伟乐感觉心头暖暖的，其实，公开恋情，并没有产生想象中的那种压力，如果真是两情相悦，确实没必要压抑自己。他感受到了一种无比的轻松和幸福。

公开恋情后，伟乐与欣然待在一起的时间更多了，也更自由了。白天，欣然有时需要出去采风，伟乐忙完厨房的事情后，常常跟着一起出去。他们有时也跟随医学专业的同学去村民家里走访。

一天，他们走进了一间非常古朴的房子。屋里走出一位老妇人，头发花白，但很有精神。得知他们是大学生，老人显得很激动。老人说，她今年已经八十七岁了。伟乐和欣然目瞪口呆，他们没有想到，八十七岁的老人还可以如此年轻，看起来也就六十岁的样子。欣然对她家的房子很感兴趣，就问她有关房子的事情。老人说，她十六岁嫁到这户人家。当时这个房子已经有一百二十多年的历史了。她老伴几年前生病去世了，孩子们都在城里，她一个人住在山上。她常常去山上砍些柴过来，自己做饭吃。欣然越听越惊讶，越听越敬佩这位老人。没想到，这个世上还有老人如此生活着。她在心里想，这会是自己的未来吗？

晚上，伟乐则常常和欣然漫步在校园外面的小溪边，倾听流水的声音，互诉衷肠。他们天南地北地聊，总有聊不完的话。世间最美好的事情，就是和喜欢的人静静待在一起，或许，这就是爱吧。

日子一天天过去，快节奏的排泄行为和甜蜜的爱情，加速了伟乐体内毒素的排放，他脸上的痘痘居然全部偃旗息鼓，皮肤也变得光滑起来。支教活动开展得很顺利，孩子们上课从不迟到，队员们自叹不如。从孩子们身上，他们学到了一种精神，一种孜孜不倦的求学精神。支教，又何尝不是在教育自己呢？

每天中午，伟乐都会故意多烧一些菜，盛给留在学校里吃中餐的几个孩子。这一点，高星老师很赏识。他觉得伟乐不仅工作出色，而且心地善良，懂得关心人。伟乐还从村民家里借了个捕鱼的网，偶尔从溪中捞点溪鱼，给队员们打牙祭。

队员们渐渐习惯了林坑中学的生活，恐惧感一天天淡去，因为想象中的蹊跷事都没有发生。一些村民住的房子后面就是坟墓，却世世代代，繁衍生息，生的居所与死的居所近在咫尺。乱坟冈的离奇故事只发生在传说中，在现实生活里并未出现。

半个月后，从东州大学寄来了一份《暑期社会实践专刊》。欣然很高兴地把专刊拿给伟乐，因为他的那首《满江红》发表了，而且刊登在第一版，他不知道欣然把这首词也投出去了，感到意外的惊喜。在大学里，如果谈恋爱的动机正确，对两个人都能起促进作用。正如萧伯纳所言："你有一个苹果，我有一个苹果，我们一交换，每个人还是只有一个苹果；你有一种思想，我有一种思想，我们一交换，每个人就有两种思想。"伟乐对文学创作的热情被欣然点燃，之后他又投了好多通讯稿。

一个繁星满天的夜晚，开完例会后，队员们开始自由活动。伟乐与欣然一起，又在溪边漫步。月光洒满了整座山头，虫鸣声回荡在耳畔，大山让他们感觉很宁静。他们背靠着背，坐在溪边的大石头上。享受着宁静，享受着凉风，享受着点点繁星。伟乐说：

"我给你做个脑筋急转弯吧。"

"好啊。"欣然充满期待地回答。

"愚蠢的蠢字下面两个虫子，你说哪个是公的，哪个是母的？"

"啊，这还有公的、母的之分？两个虫子一样啊。"

"不一样，你知道为啥造出个蠢字来？"

"不知道，这也有学问啊？"

"传说，很久很久以前，有两只虫子，一只公的，一只母的，他们发春了，结果，你懂的，恋爱中的人吧，智商约等于零，所以就变成'蠢'啦。"

"瞎说，这个估计又是你杜撰的。跟贾宝玉似的，老杜撰，呵呵。"

"唉，一看就知道你没算过命，男左女右嘛。"

"啊，呵呵，逻辑上倒很符合。"

“你啊，两个天下第一，天下第一善良，天下第一傻。我长得‘俊’，你长得‘傻’，这两字很像，我们也算门当户对。”

“今天嘴巴怎么这么甜啊，是不是在食堂里偷吃蜂蜜了啊。”

“没，我对毛主席发誓，晚上我只喝了茶。这个茶吧，不含激素，只含激情。”说着，伟乐俯下身，在欣然脸上亲了一口。

“别这样，小心让人看见。”

“看见就看见，我不怕。”

“傻瓜！伟乐，你能接纳我所有的东西吗？”

“嗯！爱屋及乌，何况你还是凤凰呢。为什么突然问这个问题？”

“你只了解在学校的我，你觉得我很自信、很优秀。可是，你不了解我的家庭呢，你会介意吗？其实我很自卑的，我曾经很压抑。你知道，我父亲去世得早，我有时会很敏感，也没有安全感。”说着，欣然叹了口气。

“傻瓜，我不会介意你任何东西，我是真心爱你的，我知道你家里的事啊。我奶奶去世时，你跟我提过你父亲去世的事情。我没敢多问，怕你想起不开心的事。再说，那次团体辅导活动时，你不是已经分享过你的家庭了吗？你家里还有别的状况？”

“嗯！那时只分享了一部分，我保留了一些隐私。可是我想告诉你我的全部，你会看不起我吗？”欣然抬起头，凝视着伟乐。

伟乐坚定地说：“我能接纳你的一切！”

欣然有点感动，把头靠在伟乐的肩上叹了口气，说：

“从哪里讲起呢，我八岁的时候，我爸爸就因病去世了。他得了骨癌，我爷爷也是得骨癌死的。医生说这种病有遗传，所以，医生让我过了三十岁以后每年都要去体检。”说到这里，欣然抬头看了看伟乐，她心里很痛苦，她不想失去伟乐，又不想瞒着伟乐。伟乐看似很平静，她接着说：

“爸爸去世后，妈妈带着我过得非常辛苦。我十岁那年，经人介绍，妈妈与现在的叔叔在一起了。叔叔对我妈还算好，因为我妈长得清秀，而且很贤惠。但是，对我的态度不冷不热的，毕竟我不是他亲生的。他自己还有个儿子，比我小两岁。他没有特别的能力，平时打点零工，因此收入微薄，我们仍然过得很清苦。所以我在大学里只能努力找兼职，因为我得筹集学费和生活费。”说到这里，欣然开始抽泣起来，身体在颤抖。伟乐紧紧把她抱在怀里，他很同情她的遭遇。欣然接着说：

“妈妈觉得对不起我，她常偷偷给我弄一些好吃的东西。我读高中前，每当新学期来临时，我妈总是为我的学费愁眉不展。为此，她也常常出去打零工，做牛做马、七拼八凑才能凑齐学费。我曾无数次想过辍学，可是我妈坚决不同意，她希望我能过上好日子。而且，谁也不知道家族的遗传病会不会降临在我身上。你可以想象，我妈把我拉扯大有多么不容易。为此，她的身体状况很不好，常常生病。以后，我要用我的一生去报答她。我稍微大了一些后，叔叔手脚不老实，常对我动手动脚，每次我都紧跟着我妈，怕被他欺负。可是我又不敢告诉我妈，怕妈妈伤心。如果妈妈再跟叔叔闹翻了，她也很难再找到一个新的家了。家庭的这些状况让我变得自卑、敏感。从小，在同学面前我抬不起头来，我害怕他们的目光。可是我努力让自己变得坚强，我很努力地学习，很努力地工作，只有这样我才能有安全感，才能感受到自己活着的价值。伟乐，我从没有跟别人讲过我的家庭。听完这些，你有什么想法吗？如果你介意这些，你可以选择离开我，我丝毫不会怪你。”

伟乐紧紧地抱着欣然，原来她的身世如此坎坷。他从没想过，这么好的姑娘居然默默承受了这么多的磨难。他想起大一这一年里经历了生与死、得与失、损与益，他懂得更要去珍惜当下。因此，他对欣然更多了一分心疼，他说：

“以后我们有福同享、有难我当，我一定会让你幸福的！”

欣然感激地望着伟乐。从团体辅导那次牵手开始，她的梦里就多了一个人的名字，她常常枕着这个人的名字入眠，这个人就是伟乐。而且，自己与伟乐是冥冥中注定的，天底下那么多男生，为何被所有的男生碰到，她都会浑身发痒，唯独被伟乐碰到的时候却能如此自然。

星光下，两个人的脸情不自禁地靠近、靠近……最终，嘴唇又贴到了一起，像情人节那天一样。对伟乐而言，情人节那次的接吻源自莫名的冲动，今晚的接吻则是因为爱，因为诺言。伟乐的脑海中闪过了《勇敢的心》中的那个片段：男女主人公在夜色中浪漫相拥，度过了美妙的一夜。那个诗意的镜头一直深深留在他的记忆中。留在他记忆中的还有影片中苏格兰的风笛，悠扬、动听。

在这个圣洁的夜晚，他的内心很宁静，他闻到了少女特有的体香，情不自禁地去爱抚欣然的身体。他的身子感受到了欣然胸前鼓起的两座山峰。一股来自最原始的冲动开始在全身蔓延，他忍不住解开了欣然衣服上的一个扣子，手伸进去……他的手在颤抖，颤抖中碰到了一团软软的东西，特别温暖。过了一会儿，他停住了，理智让他不敢再有更多的亲热。欣然说：

“伟乐，你真好！我会珍惜你的。我想我妈了，中午我去校门口的小卖部给她打了个电话，她想我早点回去。”

“嗯，反正支教活动很快就要结束了。一结束就回去吧，你妈很伟大，我希望以后也能喊她一声‘妈’。”

欣然感动地在他的脸颊上又亲了一下。

转眼间，支教活动就要结束。离开林坑中学的那一天，队员们哭了，孩子们也哭了。村民们拉着他们的手说：

“明年再来！一定要再来！”

山里人很纯朴，村民们一直把他们送到离村口很远的地方。这三十天里，伟乐觉得自己脱胎换骨了。他想起了一句名言：“做了，才知道是什么。”

暑假剩下的日子里，伟乐与欣然各自回家了。但是，人分开了，心却紧紧贴在一起。因为彼此的幸福而幸福，因为彼此的悲伤而悲伤。也许，这就是真爱吧！伟乐作了一首诗，名叫《爱的力量》：

认识你之前
我觉得我是我　你是你
认识你之后
我觉得你是我　我是你

感叹爱的力量
把我们的肉体保留
把我们的灵魂交换

第十七章 / 断袖之约

大一远去了，大二来临了。

新学期、新气象，东升算是发挥了一次寝室长的作用，破天荒地把大家召集起来大扫除。维善把厕所里的那首小诗换成了：昨夜校园漫步，看见青蛙装酷，呕吐，呕吐，只能拿头撞树；昨晚球场摆酷，忽闻恐龙撞树，恐怖，恐怖，可怜那棵小树。横批：倩女幽魂。在这副对联的下面，维善又加了一句话：站得更高，尿得更远！

开学第二天，班级里进来了一位转专业的新同学，刚好安排在伟乐这个寝室。原先给刘洋的床铺，现在让这位同学住了，这样，寝室再一次完整了。这位新同学名叫郑谦，长得跟小强差不多高，气质也有点像。之前一直觉得小强有一股阴柔之美，没想到郑谦比他更加阴柔，而且声音也有点像女生。

伟乐只知道郑谦原先是读物理与电子信息专业的，不知什么原因转到现在这个专业来。郑谦搬到寝室后，似乎很喜欢跟伟乐聊，伟乐也觉得跟他很投缘，但是，偶尔觉得他的眼神似乎有点异样的热情。那种感觉和小强、东升他们不一样，但是又说不出不一样在哪里。

新学期，寝室里新加了一个人，同时也新加了五台电脑。这样，六个人，人手一台电脑。在建邦的帮助下，伟乐申请了一个QQ号码，网名叫“下里巴人”。

晚上的“卧谈会”上，建邦向室友们公布了他在暑假里做的那个秘密项目——三思家教服务中心。建邦说，他跟表哥在暑期里做了充分的市场调查。他们发现，东州的家长都很重视孩子的教育，因此，家教市场相当活跃。而这座城市里只有东州大学有师范专业，家教市场的师资主体也是东州大学的学生。但是，东州大学又没有相应的家教机构，学生们平时只能坐车去市区的家教机构登记，而且介绍费要收三十元。

因此，建邦与表哥一拍即合，利用天时、地利、人和，在学校后门租了一间店面，办起了这家“三思家教服务中心”，介绍费只收二十元。同时，他们花了点钱，在《东州都市报》上刊登了一个星期的家教广告。家长们对他们这个家教中介很有好感。开业半个月，建邦已做成了一百五十多笔生意。而且，介绍成功后，家长也要付二十元的介绍费，这样一算，建邦他们这半个月的营业额达到六千多元。这令伟乐他们羡慕不已。伟乐说：

“建邦，有没有好点的活啊，给我女朋友介绍个家教呗。”

自从在社会实践时知道了欣然的家境后，伟乐想帮帮她。建邦说：

“哦，对哦，你小子谈恋爱了，我差点忘了。她要找家教啊？”

“嗯，她英语成绩好，语文、数学也都没问题。”

“手头现在倒是有一个，离得近，坐公交车去，二十分钟就能到。雇主家里挺有钱，要求家教老师质量要好，家教费可以多付，要不让你女朋友去试试？”

“好，谢谢！明天要不去你店里登记一下？”

“不用登记，我明天联系好后，让你女朋友直接过去。免费介绍，不许跟我谈介绍费哦。”

没等伟乐回答，维善问道：

“伟乐，谈谈你女朋友吧，我们都还不认识呢。”

“呵呵！找机会给你们认识一下。”

“帅哥，她哪个专业的啊？”小强追问道。

“跟我们一个专业的，也是学生会干部，我们在学生会认识的。”

东升说：“你还有时间谈恋爱啊？现在寝室里就你和建邦在谈了。真想不通，我有这么多时间，却没人跟我谈。”

小强说：“帅哥，你每天待在寝室，你可以网恋啊。”

伟乐感觉手机振动了一下，好像有短信息进来。他打开一看，是贾松明发来的，就是他的那位高中同桌，外号“乌克兰大白猪”。短信里写道：

“哥们我更惨啦，寝室那些人都找着女朋友了，就剩我了。”

伟乐回复说：

“那么悲催啊！男生与男生也能产生感情啊，你懂的。不是有句话说：‘三个月不见女生，看见老母猪都觉得眉清目秀嘛。’”伟乐调侃道。

“哥们没那爱好啊，我要长高，我要长高。”

“你小子可以搞网恋啊，在网上没人知道你是大白猪。”

“哈哈，你啥时候这么喜欢开玩笑了。”

“自从美国9·11以后，历史证明，适者生存，不是强者生存，这个社会适合有幽默感的人生存。”

跟贾松明发完短信时，寝室里已没有讲话的声音了，大家都在酝酿着睡觉。伟乐想起了社会实践时高星老师跟他谈过的事。高老师想提拔他为学生会办公室副主任，以后接替李毅。欣然得知这个消息后，建议他把团支书的工作辞掉，这样既可以更好地协调工作与学习的关系，又可以让班里的其他同学有机会得到锻炼。伟乐觉得欣然的分析很有道理，不知马浩老师会不会同意。

第二天上午，伟乐有些忐忑地找马老师谈了自己的想法。没想到，马老师非常善解人意，他说：

“昨天，林晴也找我谈过，她说茹茹的死在她心里仍有阴影，她无法再当班长。我尊重你们的意见。这一年里，你们两个人都做得很好。下周吧，我们举行班干部重选，刚好上学年的院级优秀班干部、团干部也要评选。”

“好的，谢谢马老师，您到时告诉我时间，我来安排。”

“你在学生会工作的同时，也要注意学习。上学期考得还不错，估计有二等奖学金，以后继续加油！”

伟乐如释重负，以后终于不用两头跑，可以有更多的时间去学习专业理论和专业技能。到了大二后，专业基础课和专业课的门数都增加了，学习的难度也增加了不少。王九常教授继续给他们上课，不过，上学期是小班上课，这学期是大班上课，以讲座的形式讲授“国际金融”。东升破天荒主动要求跟海强去图书馆学习，上学期，他的“高等数学”挂科了，考了五十八分。而海强的付出终于有了应得的回报，“大学英语”这门课，皮秋生老师给了他六十五分。因此，他学习的劲头更足了。

那天下午，伟乐和欣然都没有课。于是，他约了欣然去市区的新世界电影院看电影。电影票是他用手机话费的积分换来的，电影的名称是《断袖之约》。记忆中，他已经很久没进过电影院了，上次看的电影是《妈妈再爱我一次》，算起来，已是八年前读小学时的事了。欣然则从没进过电影院。

坐公交车去电影院时，欣然拿出了随身听。两个耳塞，她自己塞了一个，给了伟乐一个，耳塞里传来了熟悉的旋律——邓丽君演唱的《我只在乎你》：

“如果没有遇见你，我将会是在哪里？日子过得怎么样，人生是否要珍惜？……”

伟乐握着欣然的手，听着美好的旋律，享受着这温馨甜蜜的时光。社会实践时，敏华弹的那些曲子，欣然都很喜欢，尤其喜欢这首歌，因此，她特意去买了磁带。

新世界电影院很有品位，是新装修的五星级影院。伟乐给欣然买了爆米花和可乐，因为很多小说中都是这样描述的，说这是看电影的必备品。影院内，屏幕巨大，座椅柔软、宽松，非常舒适。之所以看这部电影，是因为那时新上映的只有这一部。电影开始后，恢宏的画面、震撼的音效，给他们带来了神奇的感受。电影院里开了冷气，欣然紧紧搂着他的身子取暖。他真想让时间定格，能一直这样亲密地搂在一起。电影还是挺感人的，只是，这部电影让他们有点意外。虽然讲述的是爱情故事，但是，恋爱双方都是男的。

看完电影回到学校时，天还没有暗下来。正当他们往宿舍区走时，对面走来一个人，伟乐看着很面熟，仔细一看是刘洋，他比先前胖了一些。伟乐感到有点意外，于是问他：

“刘洋，你回校啦？”

刘洋慢条斯理地应道：

“嗯。回来了，我现在降了一级，是2002级的新生。”

说完后，刘洋自顾自地走了。走路的时候，动作显得有些机械。这是欣然第一次见到刘洋，之前，她听伟乐说起过刘洋的事，知道他曾经得了精神分裂症，休学了。不过，刘洋比她想象中的要矮一些，胖一些，而且表情怪怪的。

吃过晚饭，伟乐回到宿舍，准备拿上书本去图书馆学习。宿舍里只有郑谦一个人在，当时他在上网，听到伟乐开门进来，他手忙脚乱地把一些开着的网页关闭了，似乎在看一些不能让别人知道的内容。郑谦紧张地说：

“你怎么回来啦？”

伟乐说：“嗯，回来拿点书。东升他们都不在啊？”

“不清楚，从下午三点多到现在，就我一个人在寝室。”

“哦，那我去图书馆啦，还有好多作业没做呢。”

“等下，伟乐，我一会儿想去运动一下，你那件运动服能借我穿一下吗？”

“可以啊，你说的是哪件运动服？”

“那件蓝白相间的，看起来像阿根廷足球队服的那件。”

“行，没问题，拿去穿吧。”说着，伟乐把衣服递给了郑谦。

接过衣服，郑谦把它放到鼻子底下闻了一下。伟乐心中掠过一丝不悦，难不成是嫌弃自己衣服的味道？郑谦说：

“伟乐，你的衣服真好闻。”

伟乐笑笑，没说什么就往图书馆去了。

要说这建邦吧，脑子确实灵光，不仅家教服务中心搞得红红火火，网络游戏也玩得超前。在他的指点下，室友们开始玩一个叫《传奇》的网络游戏。伟乐从心底抵触游戏。读小学的时候，有一次，他跟同学去游戏室玩“街头霸王”。父亲知道后，把他一顿狠揍。此后，他再也不敢玩了，认为那是不良少年才去玩的东西。他甚至不去学打麻将和打台球，因为，这都是最调皮、最捣蛋的学生玩的东西。伟乐很诧异，连一直泡在图书馆的小强，居然也对这种网络游戏感兴趣。他不由得怀疑起自己的观点。

郑谦在大一时，从学长那里学来一个绝招——把牙签放在断电器那儿。学校断电，他们寝室却不会断电。也正因此，他们睡觉的时间比去年晚了很多。

从图书馆回来后，伟乐在 QQ 上和欣然聊天。突然，他看到郑谦给他发了个 QQ 信息。他心里有点纳闷，人就坐在边上呢，为什么不直接讲。于是，他打开 QQ 对话框一看，里面写着几个字：

“伟乐，你的运动服真好闻。”

伟乐会心一笑，回复道：

“我也没用香水啊，这有什么好闻的啊。”

“好闻！有一股男人的味道。”

“你是说，有汗味？”

“不是，是男人味，闻着很舒服的味道。”

伟乐有点起鸡皮疙瘩。从小到大，还没有遇上男生跟他这样说过。不过，他又不想流露出这种情绪，于是回复道：

“你要喜欢，可以常借去穿。”

“好啊！你真好！还有，我想说，你真帅，好有内涵！”

伟乐颤抖了一下，他有点糊涂了，心想，郑谦这些话怎么听着有点暧昧。感觉怎么像下午看的电影《断袖之约》里的那样。莫非，郑谦对自己有那种想法？他有点不敢往下想，于是关闭了QQ，起身洗衣服去了。

躺到床上，伟乐觉得浑身不自在。头天晚上还刚跟贾松明开过玩笑呢，怎么这样的事情突然就降临到自己的身上了。他给欣然发了条短信：

“欣然，我寝室新来的那位同学说我的衣服有男人味，还说我好有内涵，你说我该怎么办？”

“呵呵！傻瓜，那说明你有魅力啊，他崇拜你呢。”

“不是！我感觉这些话很暧昧。就像我们下午看过的那部电影那样，好像是男人喜欢男人的感觉。”

“不会吧，难不成学校里也有同性之恋？”

“所以我刚才正愁呢，他怎么会发这些信息给我。”

“也许人家没那意思呢，你多想了。也好，我也有竞争对手了，呵呵！”

“坏！还开我玩笑呢。”

那一晚，伟乐睡得有点忐忑，但是，他不敢跟室友讲，更不敢跟老师讲。他不知道该怎么面对这件事情。

班干部重选后，维善当上了班长。同时，班级里举行上一学年“优秀学生干部”“优秀团干部”的投票。结果，伟乐以三十七票的高票当选“院级优秀团干部”，林晴则当选为“院级优秀学生干部”。

第十八章 / 夺命网游

"传奇"玩了一段时间以后,建邦不知又从哪里学来了联网技术,玩什么"私服"之类的。对这些东西,伟乐没兴趣去了解。他只知道,之前玩电脑游戏是各玩各的,现在有了这些新技术后,可以拉帮结派地玩。而且,每个男生寝室几乎都有人在玩这种游戏。据说,游戏里的一些道具还能拿出去换现金,让人不可思议。

由于寝室太吵,伟乐明显感觉睡眠不足,但是又不想影响室友关系,于是只能忍着。他特别为难,作为党员,他该主动劝阻同学玩游戏,但是他又怕影响了寝室的和谐关系。不能改变别人,他只能改变自己。晚上入睡前,他常用随身听播放《新概念英语 3》的磁带,老外也许死都想不到,这些英语磁带漂洋过海来到中国后,居然会成为伟乐的催眠曲。

有时睡不着了，他就跟欣然发短信聊天，或者，有时也跟林芳聊天。自从那次打蟑螂的事情发生后，林芳认他做了哥哥，这样在大学里好有个照应。那次她在厕所被偷窥后，也是伟乐安慰她、开导她，最后才让她平静下来。林晴网恋的事，也是林芳最先偷偷告诉他的。其实，大学里，男女生之间的感情也可以很纯洁，纯洁得只有友情。

说到林晴，伟乐总觉得她仍然没有走出阴影，完全没有茹茹去世前的那种意气风发。

林芳还曾告诉他，林晴一开始在网络上找了一位网友，网名叫“一生有你”。“一生有你”很会安慰人，林晴似乎找到了红尘知己，因此很依恋他。“一生有你”自称是一家外贸公司的白领，在杭州工作。林晴还曾在暑假的时候专程去杭州跟他见过面。伟乐很难想象，林晴居然会这样时尚，去搞网恋，不过那时流行网恋。

林芳也常跟伟乐谈自己的心事，因为她觉得伟乐能给她安全感。一天，林芳很兴奋地给伟乐发来短信：

“乐哥，我的兵哥哥要来学校了哦。”

“你是说，去年给你们排军训的那个教官啊？”

“嗯，我跟你说过，我经常给他写信的。”

“呵呵！我知道啊，你跟我多次说过他，还那么崇拜他呀？”

“嗯，他前天给我寄了两张照片过来，好帅的。他还说，他要承担今年的新生军训任务。”

“真不错！林妹妹要长大啦。”

其实，许多人都有军营情结。女生有，男生也有。暑期社会实践的时候，李毅就说过要去当兵。每年的征兵工作都安排在十一月，因此开学后，为了顺利通过体检，李毅常去锻炼身体。在学生会里，李毅仍是办公室主任。伟乐由于工作成绩突出，被提拔为办公室副主任。钟海涛当了学生会主席，欣然、月兰、敏华、贾林他们也都从副职转成了正职。在学生会里有这些人帮忙，伟乐的工作开展得很顺利。欣然在工作职务上得到提升了，但是生活质量却下降了，电脑进寝室后带来的副作用，让她也很苦恼。

欣然告诉伟乐，寝室里除了她和林小凤，另外三个人都有电脑。她的寝室本来也有六位同学，但是一位同学得了癫痫，休学治疗去了，所以本学期只有五个人。林小凤性格内向，家境贫寒，平时比较胆小怕事。敏华虽带了电脑，但是生活很规律，她能处处照顾到别人的感受。金巧云，也就是去年期末在图书馆学习时晕倒的那位女生，虽也带了电脑，但是她的电脑只用来学习，平时从不上网看电影。而剩下的那位室友叫刘亚男，她原是读化学专业的，大二时转专业到了现在的班级。从本学期开始，亚男喜欢上了网络游戏，而且常在寝室里开着音响。她们四个人都受不了这种噪音。最终，一天中午，欣然挑明了说：

“亚男，以后你玩游戏的时候关掉音响好吗？这样会打扰大家休息的。”

也许是欣然的语气有点责怪的意思，亚男听完后，没好气地说：

“我玩我的，关你们什么事？”

欣然说：“我们住在一个寝室里，大家要相互包容、相互体谅嘛，你每次音响开这么大，我们的心都没法静下来。”

“那你们以后少待在寝室，多待在图书馆好了。”

欣然生气地说:“你怎么能这么讲话呢?”

“电脑是我的,我想怎么玩就怎么玩。谁叫你没电脑!”

欣然气得落泪了,不仅因为亚男的蛮横,还因为她的嘲笑。她觉得亚男刺伤了她的心,因为她家里穷,买不起电脑。

由于内心很痛苦,那天下午,欣然找伟乐倾诉,她第一次在伟乐面前落泪。伟乐也第一次看到了她脆弱的一面。其实,再坚强的人都会有脆弱的时候,欣然当然也不例外。伟乐愤愤地说:

“要不把我的电脑搬到你寝室去,反正我也不常用,我们把这口气给争回来。”

“那倒不用,我只是觉着委屈。没事,我能调节好自己,只是以后不知如何去面对亚男。”

“嗯,她也太不讲理了,太以自我为中心了,怎么能这样呢。”

“不知道,听说当时她转专业过来时,就是因为与原来班级的同学关系处理不好。她想转专业,化材学院一开始不同意。她居然把被子拿到学院教学科门口,如果不给转专业,就一直睡在办公室门口,直到转了专业为止。学院没办法,最终同意她转。”

“怪不得,这么说,她本身就是很偏激的人?”

“是啊,以前我跟你说过,我们寝室的其他室友都不太喜欢她。她可能觉着太孤单了,后来就迷上了网络游戏。”

晚上,在图书馆结束学习后,欣然回到了寝室。寝室里只有小凤和敏华在,看到小凤在哭,她诧异,忙问:

“小凤,你怎么啦?发生什么事啦?”

敏华说:“小凤刚才想去洗澡,可是她在脸盆里看到了一张卫生巾，而且上面满是血，好恶心啊。”

敏华说完后，小凤哭得更伤心了，她只是哭，一句话也不说。

欣然说：“啊，有这种事？谁这么缺德啊？”

敏华说：“不知道。小凤脾气那么好，没跟人结怨啊？”

“是啊，巧云不可能干出这种事来，你说会不会是亚男干的？”

“我刚才也这样想过，可是她跟亚男也没发生过冲突啊？再说，亚男的例假一个星期前才刚结束，而且我们也没有任何证据证明是她干的。”

“对啊，如果放在我的脸盆里，那倒是可以考虑是她干的，毕竟中午跟她争执过。”

她和敏华一起帮小凤把卫生巾处理了，并且安慰她不要伤心。不一会儿，巧云和亚男也陆续回来了。亚男表情很平静，看起来若无其事。由于找不出证据，为了避免新的冲突，欣然她们当什么事也没发生过。

两天后，林芳的兵哥哥如期来到学校。也许，每个少女心中都有一把锁，总会有一把钥匙能开启这把锁，就林芳而言，兵哥哥似乎就是这把钥匙。兵哥哥在训练场上挥汗如雨，林芳在教室里望眼欲穿。一下课，她就迫不及待地跑到训练场。她总能轻易地认出兵哥哥所在的位置。但是，部队有纪律，她没法跟兵哥哥说上很多话。不过，能看到兵哥哥，她已经很知足了。

没过几天，欣然所在寝室的宁静再次被打破。敏华是寝室长。后勤阿姨在卫生抽查时，发现亚男的书桌特别杂乱，把寝室卫生的分数扣了好几分。这意味着这个月的“文明寝室”评选会受到严重影响。敏华劝她把书桌整理一下，做好个人的卫生。

没想到，亚男跟上次一样，显得很偏激，这次跟敏华铆上了。她说敏华上学期的失恋是自作自受，活该这样。敏华被气哭了，因为这是她的痛处。在欣然、巧云的劝说下，亚男才停止了言语攻击。

不过，这件事并没完。第二天早上，敏华正准备戴隐形眼镜时，闻到了一股刺鼻的味道，她仔细查找了气味的来源，发现气味竟来自装隐形眼镜的盒子，平时可从来没有这种怪味。敏华当场就哭了，欣然觉得问题严重，于是立即报告了高星老师。

高老师很快到了寝室。他的专业背景刚好是应用化学，他很肯定这种气味是盐酸的气味。这无异于下毒啊，所以高老师很重视这件事情。欣然把寝室最近出现的事情一五一十地向他汇报了。高老师觉得乱丢卫生巾和投盐酸这两件事，亚男的嫌疑是最大的。于是，他打算先找亚男谈话。没想到亚男很爽快，她承认两件事都是她干的。那次放卫生巾的时候，她放错了脸盆，以为那是欣然的，没想到误放到了小凤的脸盆里。她之所以这么干，就因为欣然和敏华都数落过她，她要报复。鉴于事态的严重性，高老师当天就给亚男安排了单身宿舍，亚男也当天就搬离了寝室。而对于这两件事情，学院要专门研究后再做处理。

得知这件事情后，伟乐感觉很震惊，他对人性有了更多的思考。看来，大学生中有些人还真是有心理问题存在的。其实，不仅欣然的寝室出现问题，他所在的寝室也出现了问题，这是他始料未及的。

一个星期一的上午，轮到伟乐做值日。他打扫完地面后，看到郑谦的书桌上有点乱，于是过去帮他整理。无意间，伟乐看到一本杂志《朋友》，封面上画着一个肌肉男，很俊美。他很好奇地翻开杂志看了看，只见里面都是一些关于男同性恋的话题，什么同性恋婚姻合法化历程啦，男男性行为要注意卫生啦，等等。他不由得头皮发麻，郑谦怎么喜欢看这一类杂志？莫非他真是那个？伟乐不敢想下去了。

吃过早饭，他怀着不安的心走进教室。他不敢去看郑谦，可是出于好奇，他又忍不住看了他两眼。郑谦正坐在位置上写作业，从外表看，他确实比较温婉。回想起《断袖之约》，他越来越觉得郑谦像电影里面那个扮演女性角色的男人。伟乐从没有想到过，有那么一天，会有一个男生说喜欢他。

早上是皮秋生老师的"大学英语"。皮老师的课依然精彩，伟乐却无精打采。他哈欠连连，因为晚上没睡好，建邦、维善、东升三个人玩游戏玩得比较迟。皮老师点名要同学起来回答问题时，伟乐突然清醒了，他害怕自己被点到，因为这一堂课他听得云里雾里，没跟上老师的节奏。皮老师先提了第一个问题，What's your goal in life?（你的人生目标是什么?）然后喊了一声：

"王晓燕！"

"吱——"一阵噪音之后，王晓燕滑到了桌子底下，晕了过去。全班一下子骚动了，皮老师也惊得面无血色。伟乐想起了欣然寝室的金巧云，她曾在图书馆晕倒过，听欣然说，她是营养没跟上，属于低血糖。但是，巧云当时没有浑身抽搐，晓燕却不仅浑身抽搐，而且口吐白沫。胡立坐在她身旁，也不知所措。

伟乐赶紧拨打了校医院急诊室的电话。同时，又向马浩老师汇报了此事。不一会儿，医生过来了，他赶紧掐王晓燕的人中，很快，她苏醒了过来。她很纳闷地说：

"你们怎么都围着我啊?"

皮老师说:

"My god! 你总算醒过来了,刚才被你吓到了。"

接着,胡立把刚才的情形描述了一番,她听得目瞪口呆。

马老师这时也赶到了教室。医生私底下跟马老师和伟乐说,晓燕的症状很像癫痫,需要到医院做进一步的检查。伟乐这才知道,原来癫痫是这样的症状。他不知道,晓燕晕倒是属巧合,还是对皮老师点名的一种反应。反正,她和胡立总是有这样的巧合出现,之前胡立在军训那天,突然就脚扭伤了,逃过了军训,也收获了他们的爱情。下课后,晓燕由胡立陪着去医院检查了。

中饭之后,小强直接去图书馆了,伟乐和东升他们则打算回寝室休息。路过宿舍楼三楼的时候,伟乐看到楼梯口站了好多人,大家议论纷纷,看样子好像出了什么大事。

他们几个人挤进去一看,原来也是一位同学晕倒了。听说这位同学在寝室玩游戏玩了三天两夜,周六上午开始玩,一直玩到今天,饿了只吃方便面充饥。上午,寝室另一位同学逃课提早回宿舍,结果发现那个同学倒在地上,一动不动。他吓坏了,立即报告了班主任,那位同学则刚被送到医院去不久。在场的人都很震惊,玩游戏也能玩出命来,这哥们也算是千古第一人。东升则得出了一个歪理:逃课并非只有百害而无一利。

回到宿舍,伟乐又想起了早上那本杂志的事情,他很犹豫,想告诉室友,又不敢说。最终,他还是忍住了,怕那样会伤害到郑谦,也会让寝室人心惶惶。

晚上,消息传来,中午晕倒在房间里的那哥儿们成了植物人。小命算是留住了，精、气、神却被网游网走了，空留了一具躯体在尘世中。事情发生后，东升又一次发挥了寝室长的作用，把郑谦用来阻止断电器工作的牙签拔了。那天晚上，他们睡觉的时间比往常早了一个小时。

同时传来的另一个消息是，欣然说，对亚男的处理结果出来了，鉴于她的行为严重违反校纪校规，学院给予她留校察看处分。据说，得知消息后，亚男哭了。

晚上传来的第三个消息是，晓燕被诊断为癫痫，但是症状较轻，尚不需要休学，可以服药继续学业。医生说，她上次从床上摔下来，可能也与癫痫发作有关。不知为何当时没诊断出来。

第十九章 / 失恋季节

兵哥哥离开学校的那天上午，林芳逃课去送别，这是她第一次逃课。她逃的那两节课是王九常教授的“国际金融”。对她而言，与兵哥哥比起来，这门课的地位不值一提。其实，新生军训这半个月对她来说，既欣喜，又备受折磨。

送别回来的时候，林芳双眼通红，跟兔子眼睛似的。和平时期的离别尚且如此，战争时期军人与亲属的生离死别该有多么惨烈就可想而知了。林芳落座的一刹那，伟乐不经意间瞄了林晴一眼。只见林晴的手臂上有块乌青。再看她的面容，很是憔悴。他猜测，林晴肯定遇到什么事情了。果然，放学的时候，林晴走到他身边，声音低沉地说：

“伟乐，我遇到麻烦事了，帮帮我好吗？”

林晴可从来没有这样央求过，伟乐顿感不妙，忙问：

“发生什么事啦?”

“一起吃中饭吧,我们边吃边聊好不好?”

“好的,行!”

从林晴口中,伟乐得知,林芳曾说起的那个“一生有你”,的确就是她的男朋友。她说自己暑期的时候去跟男朋友待了一个多星期,男朋友对她很好。她刚从杭州回来没两天,男朋友出了车祸,一条胳膊保不住,被截肢了。这个事情她没告诉任何人。

出事后,她几次提出想去看看男朋友,但是男朋友一直不同意,说还不想让家长知道他们的关系。后来,他辞去了工作,而且性格大变。之前,他是温文尔雅的一个人。截肢后,他心理变态了。前几天,他到东州来找她,住在附近的宾馆。几天来,她一下课就去陪他,想抚平他心灵的创伤。可是,“一生有你”动不动就辱骂她,甚至还打她出气,胳膊上那块乌青就是这样留下的。她想躲,可是躲不开,“一生有你”不停地联系她、骚扰她。她受不了,想分手,可是他哪里肯罢休。林晴一再委屈自己,“一生有你”愈加得寸进尺。

听完后,伟乐不由得愤怒了。要解决这个事情,似乎得要经历一番周折。回到宿舍,他把林晴的事情告诉了维善和建邦。听完伟乐的描述后,他们俩也是怒火中烧,连小强都愤愤不平。前任班母受人欺负,哥们几个是得帮帮她。再说维善现在是班长,同学被欺负,他肯定会打抱不平。

可是,怎么帮呢?对方虽不是江湖中人,但是,至少是社会中人。干这种事情他们没经验,在高中时大家都是好学生,从没打过架。而且,对方心理变态,凶神恶煞一般,搞不好拿砖块拍呢。林晴又不让他们跟马浩老师讲,怕马老师怪罪她。于是,伟乐、维善他们决定全寝室团结起来，共同给林晴撑腰。

晚自习快结束的时候，林晴又跟伟乐说：

“伟乐，那个人又来学校了。我这两天躲着他，他很生气，说现在在学院门口等我，无论如何要见我一面。我该怎么办啊？说不定他又会打我。”

“不用怕，我和维善、建邦、东升他们一起给你助阵。”

等别的同学都离开教室后，林晴跟伟乐他们一起浩浩荡荡走下楼梯。伟乐的心中荡起一股豪情，突然感觉自己像是很讲义气的江湖大哥。维善很高大，东升很膘，他们俩的气势是非常足的。不过，从内心里讲，伟乐心中也有担忧，感觉一群人像是去打群架，这可不是自己的风格。他会努力去避免打斗，如果真那样，他会毫不犹豫地向马老师报告。

果然，在夜色中，林晴一眼就看到“一生有你”站在门口不远的地方。由于天黑，伟乐看不清他的脸，但从轮廓上来看，他的个子并不高，充其量跟自己差不多，而且，这个人偏瘦。顿时，伟乐心中的忧虑感降低了，这个人比维善和东升都小了好几号，战胜他几乎没有悬念。

林晴战战兢兢走到“一生有你”跟前，她想说点什么，但又说不出来。看样子，“一生有你”也有点蒙了，他万没想到平日里那么好欺负的林晴，突然之间会出现五个保镖。伟乐立在那里，也不知说什么好。这时，维善走上前去，把右手搭在“一生有你”的肩上，说：

“兄弟，得饶人处且饶人，林晴说了，你们以前的事一笔勾销，以后你别再来找她了。”

这气势果真把“一生有你”给镇住了，他说：

"算你狠!"

然后低着头回去了。走了几步,他又回头看了一眼,之后快步离开了。维善特有成就感,他这句台词是从电影里学的。"一生有你"虽然走了,但是,林晴和伟乐心里都不踏实。这个男人,不知还会干出什么事情来。不过,他应该是欺软怕硬的人,不然就不会这样逃似的离开了。送走林晴后,伟乐他们向寝室走去。

寝室里只有郑谦一个人在。一到寝室,大家又很自然地各自回到自己的书桌前,开启电脑,这已经成为一种习惯。

自从上次看到郑谦的那本杂志《朋友》后,伟乐表面上装作什么事都没有发生,心底却刻意回避着郑谦。虽然他能够理解同性恋,因为心理老师在讲座中曾专题讲过同性恋的历史及形态,他也知道同性恋在中国历史上曾普遍存在,在现实生活中也普遍存在。但是,当这种恋爱倾向出现在自己身边时,他还是不能坦然面对。上次郑谦借他的运动服之后,后来又借了几次,伟乐每次都借给他。但是,他自己再也不穿了。

伟乐登录了自己的QQ,想看看有没有人给他留言。刚登录上去,就见郑谦的QQ头像闪动起来。伟乐心中一惊,头皮发麻。怀着忐忑的心情,他打开了QQ对话框,几个字跃入眼帘:

"伟乐,陪我在QQ上聊几句好吗?"

这句话发送的时间是二十秒前。伟乐犹豫了一下,想找点理由拒绝,可是一下子又找不出来。于是回复道:

"好吧,怎么啦,有什么事吗?"

"你觉得我这个人怎么样?"

"你挺好的啊,挺阳光的,还喜欢运动。"

信息发出去后,伟乐有点后悔了,不该发"你挺好的"几个字，不知他会不会多想。郑谦回复说：

“我觉得你也挺好的，帅气，很有魅力！这几天，我一直想跟你说，我喜欢你，你能做我男朋友吗？”

伟乐不知所措，直感觉后背发凉，他下意识地回复道：

“对不起，我有女朋友的，而且，我喜欢女孩子，不好意思。”

“我不介意，我爱过的人很少，可是第一眼见到你的时候，我就喜欢上你了。你知道，我平时朋友很少，常常独来独往，所以每次跟你聊天的时候，我都感觉很幸福。”

伟乐的头皮更麻了，而且脸上发烫，再加点辣椒，就能成麻辣烫了。自己的热情居然被他当成了好感，这是伟乐始料未及的。刚才那种江湖大哥、威风凛凛的感觉迅速消失了，伟乐陷入了无助之中，可是又不能跟建邦、维善他们说，于是，他回复道：

“啊，别这样好吗？我尊重你，但是我们的爱好不一样。”

他找不到合适的词，便找了“爱好”两个字。

“求求你，别拒绝我好不好？你可以继续跟你女朋友在一起，我不介意，但是希望你能同时接受我。”

“那不行，我真的只喜欢女孩子。对不起！祝福你能够找到更好的。”

伟乐正愁着接下来该怎么办的时候，郑谦的 QQ 头像又闪动了。他打开一看，郑谦发来了一段话：

“为什么要这样对我!!! 为什么我喜欢的人都不喜欢我!!! 你们都不懂爱情，男的和女的在一起有什么好的，恶心，恶心！你们以后都不要来找我，我以后再也不想见到你们!!! 杨伟乐，我恨你，你不该这样对我，这样不公平!!!”

伟乐越看越心慌，他不知道会发生什么事。他还没有看完内容，郑谦已经拿起包，离开了寝室。伟乐心中很乱，可是又不敢对别人说，他不喜欢男生也不是他的错啊。看到建邦、维善、东升他们在电脑面前兴致勃勃地玩游戏，伟乐的内心充满了悲凉。

到了熄灯的时候，郑谦仍然没有回来，伟乐心中有些害怕起来，不过他仍安慰自己："没事的，郑谦很快就会回来的。"

熄灯半个小时后，郑谦仍然没有回来。东升说：

"郑谦怎么还没有回来啊？要被关在门外了。"

维善说："就是啊，这小子，从来没见他这么晚还不回来。他刚才什么时候出去的啊？"

建邦和小强都说不知道，因为他们平时也不怎么关心郑谦。他们越议论，伟乐心中越紧张，躺在床上像躺在热锅上。到了夜里十二点钟，郑谦仍然没有回来。经过激烈的思想斗争，伟乐终于扛不住了，他咳嗽了一下说：

"唉，我想说，郑谦没回来可能跟我有关。"

"帅哥，跟你有什么关系啊？"小强不解地问。

伟乐说："我不知道该不该讲，但是到了这个时候，我也不想瞒大家了。你们觉得郑谦平时怪吗？"

东升说："怪啊，除了跟你聊，他都不喜欢跟我们说话。"

维善说："感觉他有点嗲，女孩子一样，细声细气的。"

建邦说："感觉他看人的时候，从不正眼看别人，好像欠了别人钱一样。"

海强说："十二点多咧，帅哥，他不会出什么事吧？"

大家七嘴八舌地聊着平时对郑谦的感觉。伟乐说：

"我把真相告诉大家吧，郑谦是同性恋。"

“啊?”室友们感觉很意外。伟乐接着说:

“有一次,我在做值日的时候,看到过他书桌上有一本关于同性恋的杂志《朋友》。他之前向我借过几次运动服,说我的运动服有男人味。刚才,他在QQ上跟我聊了一会儿,说对我很有感觉,想让我当他男朋友。我说,我只喜欢女的,明确拒绝了他。之后他就出去了。”说这些话的时候,伟乐感觉自己明显在颤抖。

东升说:“不会吧,大学里真有这样的人啊?”他虽然长得膘,此刻却一骨碌坐起来。

“真的,他刚才跟我说喜欢我,我拒绝了,然后他就拿起包走了。我原来以为他很快就会回来,可是这么晚了仍然没回来。”伟乐显得很不安。

寝室另外四个人都陷入了沉默,不知该如何是好。伟乐平时遇到突发事件时,总是表现得很冷静、很有智慧。而此刻,他却毫无头绪、毫无主见,也许这就是“当局者迷”吧。维善提议说:

“要不我给他打个电话?”

说话间,他已经拨出了号码,可是郑谦的手机关机了。维善说:

“不知道郑谦会不会做什么傻事,还是联系下马浩老师吧,万一有个闪失,我们就不好向学校交代了。”

伟乐觉得有理,于是顾不得已是深更半夜,给马浩老师打了个电话。接通电话的时候,伟乐明显感觉到马老师那迷迷糊糊的状态以及不安的情绪。伟乐几乎带着哭腔说:

“马老师,郑谦不见了。”

马老师似乎突然被电醒了,急切地问:

“发生什么事了?”

“是这样的,……”伟乐把事情的来龙去脉叙述了一遍。听完叙述后,马老师很果断地说:

“我马上来学校,你们先不要声张。高星老师那里,我给他打电话。”

第二十章 / 寻人风波

等待马老师过来的每一秒钟，似乎都特别漫长，简直度秒如年。终于，半个小时后，马老师和高老师一同来到了宿舍。伟乐很愧疚，也很自责。马老师说：

“同学们，情况我已经基本了解，当务之急是先找到郑谦同学。郑谦不见了，这的确让人担心，但这不是伟乐的错，你们也不要有心理负担。接下来，我们分头去找吧，但愿他能平平安安。”

马老师说完后，高老师接着说：

“我们七个人分成两个组吧，我带上伟乐和这位同学。”他指了指小强，因他不认识小强，然后，他继续说：

“马老师带上另外三位同学。我在宿舍区和教学区的楼顶上找，马老师您要不去学校其他各个角落以及校外学子广场看看?”

马老师说:“好的,一会儿我们电话联系。”说完,他先带维善他们出去了。

虽然马老师说这不是伟乐的错,但是伟乐的心中依然充满了愧疚。只是谁也不知道,也不希望会出现这样的结果。高老师从宿管员那里借了手电筒,带着伟乐和小强先去宿舍楼楼顶找。虽然在学校里已经住了一年多,但是伟乐还从没上过楼顶,因为平时根本没想过去楼顶。

楼顶空荡荡的,除了一个水池一样的建筑物,什么也没有。深更半夜的,谁要是一个人到楼顶,估计不用坠落死,也会被吓死。不过,经过火葬场和社会实践的历练后,伟乐不再害怕这些。当然,楼顶上没有郑谦的半点踪影,可能他也没想过要上楼顶来。高老师又带着他们往教学区走去。路过河边的时候,伟乐看到几位校卫队员也在边上寻找。难道学校已经知道了,所以派他们出来一同寻找?伟乐心里很纳闷。

看到校卫队员,高老师跟其中的一个队员打了个招呼,看起来他们挺熟。伟乐一眼认出那位是治安科的张科长,他曾经向伟乐询问过女生厕所偷窥的事。高老师说:

“张科长,这里辛苦你们了,我和这两个学生到教学楼上面看看。”

学校果然已经知道了。他们刚要离开,远处跑来一群人,伟乐一看,是学校另外几个保安在追一个人,被追的那个黑衣男子跑得飞快。莫非找着了?伟乐很纳闷,可是定睛一看,那人一点都不像郑谦。他心里想,这么大半夜的,被一群保安追的人,估计不是什么好人。

这时张科长的对话机里传来声音：

“张队，刚才巡查时发现有小偷，现在在教学主楼附近，请支援！……”

原来这是小偷，伟乐很激动，这是平生第一次目击学校保安抓小偷，有点像电影里面那种惊心动魄的画面。张科长赶紧带着边上的保安队员包抄了上去。那小偷见这边也有保安，又调转方向。

小偷到处乱窜，最后走投无路，扑通一声跳到河里。保安们站在岸上，气定神闲，他们边看着黑衣男子在河里游泳，边在岸边跟着。河道很长，游着游着，黑衣男子渐渐体力不支。这时，一名保安跳入水中，轻轻松松地将他拎到了岸上。

“看你往哪里跑，给我老实蹲着!”

张科长冲着黑衣男子呵斥。这绝对是今晚找郑谦的意外收获!

小偷被抓着后，高老师带着伟乐和小强上了主楼。之所以上主楼，其实是有原因的。学长们常说起，在主楼附近走，要看着点上面，不能低着头走，不然怎么死都不知道。一开始，伟乐理解不了这个说法。后来他才明白，原来，主楼是历年来跳楼自杀的“首选场所”。不仅因为它是全校最高的建筑，自杀几乎可以一次性完成，还因为去主楼楼顶的人稀少，要自杀也不容易被发现。同时，站在主楼楼顶，还可以鸟瞰全校，死之前可以完整地再看一眼校园。

伟乐从没上去过，其实一个人上去也是挺吓人的。高老师走在前面，伟乐和小强走在后面。伟乐手上也有一只手电筒，是上学期刮台风时，学校里统一发的。

楼顶上冷风阵阵，伟乐分不清这是冷风，还是阴风。楼顶很大，而且设备很多，有俗称“锅盖”的卫星信号接收器，有避雷针，有水池，有中央空调的相关设备。

在中央空调那个大型的外接设备边上，伟乐的手电筒照到了一些熟悉的盒子，仔细一看，居然是在超市见过的那些避孕套的盒子，上面写着“杜蕾斯”或“第六感”等字样。边上还有一些散落的橡胶做成的，跟没吹气的气球一样的东西。伟乐心跳加速，他看了一眼小强，小强的眼睛在四处看，并没有看到这些东西。

伟乐没说什么，跟小强一起去别处找去了，但是他的内心却不平静，回想起大一刚入学时，他还曾纳闷学校里的超市为什么卖避孕套，看来，存在即合理！这里成了一些人的伊甸园，大学深处应该还有很多不为人知的事。孔子曾在《礼记》里讲“饮食男女，人之大欲存焉”。莫非圣人所言即此事？

生活区和教学区都被找了个遍，但是，都快到凌晨四点了，一点线索也没有。大家都很疲倦，也不能确定郑谦是否在学校里，因此，决定天亮后再想办法。马老师和高星老师决定先回办公室胡乱睡个觉，伟乐他们则回到了宿舍。

躺在床上，伟乐仍在为自己闯下的祸而自责。他真希望睁开眼的时候，郑谦已躺在床上。如果真能那样，他愿意自己少活一年。此刻，他很希望欣然在自己身边，他很需要一个依靠，很需要得到温暖。

伟乐感觉还没睡多久，宿舍区的音乐就响起来了。这次播的歌曲是老狼的《睡在我上铺的兄弟》：

“睡在我上铺的兄弟，无声无息的你，你曾经问我的那些问题，如今再没人问起……”

伟乐睁开眼睛一看，郑谦的床铺还是空着，像一道填空题，充满了未知的答案。郑谦之前问起的那些问题，以后该再没人问起了吧。建邦、东升他们也都被吵醒了。建邦说：

“我做了个梦，梦到郑谦的抽屉里有留言。要不翻一下他的抽屉看看?”

伟乐一听，觉得有理，夜里光顾着找人，没往这方面想。他一骨碌爬起来，说：

“我来找找看，不过他昨天走得挺匆忙的呀，没觉着他写什么留言。”

郑谦的抽屉没上锁。拉开抽屉，伟乐果然看到一张纸条，纸上写着两行字：“今晚我一定要向他表白，如果失败了，我就离开学校，如果你们看到这张纸，说明我已经离开了。你们不用来找我，我想一个人去过一生。我不想再回到学校，也不想再见到父母。永别了，东州大学!”

伟乐看得胆战心惊，上面写的这个“他”，估计指的就是自己。他大声说：

“你们快来看啊，他还真留下了一张纸条。”

建邦真是神了，还能梦到这个。室友们纷纷围过来看，可是纸条上没说要去哪里，也没说要去寻短见，也没说要回家，看来他是离校出走了。维善又翻遍了郑谦的抽屉，但是没有找到其他任何线索，伟乐又陷入了绝望。不过，他还是把此事报告给了马浩和高星老师。

这样看来，郑谦肯定离开学校了。可是他能去哪里呢? 没有人知道，也无从寻找。马浩老师让伟乐他们先安心上课，并要对此事严格保密。同时，他将事情的经过向郑谦的父亲做了通报。他的父亲很沉默，没说什么话，不过答应会到学校来。

下课后，伟乐约了欣然，让她陪陪自己，因为他感到很无助，也很内疚。他把事情的经过跟欣然叙述了一遍。这次，欣然不再跟他开玩笑，而是搂着他说：

“傻瓜，这又不是你的错。他一个大男人说喜欢你，你已经回答得很冷静了，换成别人，还真不知道会怎样。这只能怪他自己心理太脆弱、太自私了。他应该要明白，同性恋也得两情相悦啊。”

欣然一席话倒是说到了伟乐的心坎里。伟乐说：

“可是，我是这个事情的导火索啊，昨晚我真不该开 QQ，或者我应该装作自己没看到信息，不给他回复任何话。”

“你昨晚不开 QQ，今晚也可能会开啊。何况，有些事情是躲得过初一，躲不过十五的，我们只能去面对。马老师也说了，这不能怪你，何况郑谦还有留言。”说着，欣然抚摸着伟乐的后背，用自己的柔情去温暖他那颗满怀内疚的心。欣然接着说：

“傻瓜，何况我还少了个情敌！”

伟乐苦笑了一下，紧锁的眉毛逐渐舒展开了。每次遇到不开心的事，总能从欣然这里得到正能量。

第二天早上，郑谦的父母来到了学校。看得出，他的父亲很没有主见、很内向、很木讷，一言不发，他的手上有很多伤疤。他的母亲很强势、嗓门很大，而且她的嘴唇四周还隐约可见一些胡须。听完马老师和伟乐的叙述后，郑谦的母亲很是吃惊，嘴里说了一句：

“这个畜生，不好好读书，尽干些丢人的事。”

出乎伟乐的意料，郑谦的父母非但没有埋怨他们，反过来还感谢他们夜里出去找郑谦。学校和郑谦父母沟通后，一致决定去派出所报案。可是人海茫茫，人在何方呢？派出所只是做了笔录，因为这不是刑事案件，也不是什么大案。至于下一步的行动，民警也没有明说。不过民警说，他们会关注省内所有旅馆里旅客登记的信息，只有等郑谦在哪个旅馆里开了房，他们才能查出他的下落。

三天过去了，郑谦仍然没有任何音讯。他的父母在《东州日报》、东州电视台刊登了寻人启事。学校还派学生干部到车站、码头以及人流聚集的地方张贴寻人启事。可是，这比大海捞针还难：针在大海里是静止的，可是人在人海中是活动的。

与郑谦的父母多次交流后，伟乐觉得郑谦很像他的父亲，内向、沉默寡言。他的父亲在他母亲面前像耗子见了猫。由此可以看出，郑谦在家里应该过得也挺压抑的，怪不得他在纸条上说不想见到父母。

由于没有丝毫线索，郑谦的父母无奈地回家了。寝室里又只剩下五个人，伟乐虽然不再愧疚和自责，但说实话还是有点担心郑谦的安危。

李毅通过了体检，应征入伍了，他成了一名海军。李毅参军后，学生会办公室主任的位置空缺了，伟乐被任命为办公室常务副主任。

郑谦失踪后的这段日子里，伟乐经常看到王小璐在学生会办公室愁眉不展。自从大一时伟乐拒绝了小璐的示爱后，一开始，他在小璐面前总觉得不自然，感觉对不起她。那次听心理学专家杨池老师的讲座时，伟乐看到的那个帮小璐提包的男生，确实是她的男朋友。听说这位男生是个富二代，曾追了她好久，她没答应，因为她心里装着伟乐。被伟乐拒绝后，她也是赌气，就跟这位男生在一起恋爱了。此后的一段时间里，伟乐每次遇到小璐时都很尴尬。不过，茹茹出车祸后，小璐主动向他打听过那次交通事故的情况。从那时起，他们的关系才逐渐修复。本来暑期社会实践的时候，小璐也报了名，但是她的男朋友不同意，后来带着她去西藏、云南等地旅游去了。她原谅了伟乐，也接受他有了欣然。

一天，伟乐在办公室又看到小璐愁眉不展。当时只有他和小璐在，于是他关心地问道：

“怎么啦，小璐，最近老觉得你不高兴。”

“大哥，我好郁闷啊。”平时，她仍然喊伟乐大哥。

“发生什么事啦，可以跟我聊聊吗？”

“唉，我的男朋友有了新的女朋友了，我不知道该怎么办。”

“这样啊，你们平时不是挺好的吗？他看似也挺关心你的。”

“他对我还好啦。可是，他想同时拥有两个女朋友，他说要把对我的爱分出一半给别人。”

“那怎么行呢，两个人的恋爱刚刚好，三个人的恋爱太拥挤了。”

“你还真会编词唉。我不能接受他爱上别的女生，我想分手，可是他不肯。”

“那是他没理啊，凭什么他能同时有两个女朋友？”

“其实，他说分手也可以，但是我得归还他之前买给我的手提电脑、MP3，而且还得买新的还给他，还有要还他去西藏、云南那些地方旅游的费用。我怎么还得起啊。”

“不会吧，这是什么道理啊？”伟乐心中有点不平。这年头，到底是怎么了，林晴谈个网恋，既伤心又伤身；小璐谈个恋爱既伤心，又伤身，还伤财。他思考了一会儿说：

“我觉得你得坚定地分手，这哪是爱情啊，家里有钱就了不起啊。你就把现在的手提电脑、MP3还给他得了。如果他不肯，你让他还你初吻，他肯定还不出来。而且，你们在旅游时肯定一起过夜了，让他还你那个什么，你懂的。这些都是青春损失费，他赔不起。如果他还不罢休，那你就找高星老师帮忙呗，他肯定有更好的办法。”

“这倒是个办法，我怎么没想到呢，总是被他牵着鼻子走。反正他只能在我和另一个女生中选一个。”

第二天晚上，小璐给伟乐发来短信，说自己分手了，她男朋友选择了另外一个女生。她说自己有点伤心，同时也有点释怀，因为她觉得这个男生人格有问题，有点变态。至于什么方面的变态，小璐没有说。她说是按照伟乐的思路跟她男朋友谈的，他被问得语塞，但他还是拿回了之前送的手提电脑和MP3。伟乐心想，这算什么恋爱，纯粹是个交易。

那天晚上，欣然又跟伟乐谈起了刘亚男。她说，上次学院给了亚男处分后，亚男哭得很伤心。她们的班主任和高星老师都想帮助亚男改过自新，所以，高老师为其联系了张英老师，希望心理咨询能帮到她。经过张英老师的心理调适后，亚男的心理状况开始有所好转，也深刻认识到了自己的错误行为。为了修复寝室同学的关系，张英老师给欣然、敏华她们与亚男做了一次寝室团体治疗。在治疗的过程中，亚男谈起了自己的身世。

原来，亚男的父母本来有三个女儿、一个儿子，她是最小的女儿。由于家里不堪重负，她的父母在她四岁时，把她送给了别人。她感觉自己被遗弃了，变得很敏感。她十二岁那年，她的两个姐姐和弟弟同时出车祸死了，父母这才又把她领回了家。回家后，她过得很压抑，她不信任任何人，她很恨自己的父母。张英老师说，亚男现在的行为特点与她的成长经历息息相关。听完亚男的故事后，欣然、敏华她们都原谅了亚男的行为，但是她们不同意亚男搬回寝室，因为她们心有余悸。

亚男像一只迷途的羔羊，最终找到了来时的路。可是郑谦却依然没有任何音讯，他像一只消失的羔羊。转眼到了期末，每当想起郑谦时，伟乐仍会内疚和自责。

第二十一章 / 人世沉浮

过了年后，春回大地，万物复苏。对伟乐来说，这是大二下学期，而对欣然来说，这已是大三下学期。

虽是阳春三月的光景，伟乐的内心却并没有阳光普照，他本以为郑谦过年的时候会回家，可是郑谦依然无影无踪。他有几次梦中梦到郑谦出事了，要是郑谦真的出事，他会一辈子不安宁。他希望自己的梦不要像建邦的梦那样神奇。

时下，“非典型肺炎”正在全国肆虐。东州大学严格控制学生外出，因为东州市已经有十五人感染了 SARS 病毒。学生会的文体活动也都停止了，伟乐有了更多的自由支配时间。

一个月朗风清的夜晚，伟乐趴在宿舍阳台的栏杆上发呆。他正在沉思着，突然被喧闹声惊扰。放眼望去，宿舍楼下早已聚集了一群人。一个人穿着奥特曼的道具服，手里捧着鲜花，边上几位男生围着他，还拉着横幅，横幅上的字看不太清楚，因为路灯不够亮。渐渐地，楼下的人越聚越多，各寝室阳台上的人也越聚越多，并且，开始有人起哄了。听到响声，建邦、维善、小强他们也都到走廊阳台上看热闹。

“奥特曼”走到欣然那幢楼下面时，他身边的几位男生开始一起喊：

“月兰、月兰……”

他们呼喊的时候，应和的人也越来越多。伟乐很疑惑，难道是在喊学生会宣传部的月兰？没过多久，一位女生在另外三位女生的陪同下，出现在“奥特曼”面前。远远望去，那位女生很像是月兰。“奥特曼”单膝跪地，把花递给了这个叫月兰的女生。女生很感动，似乎在擦眼泪。之后，她和“奥特曼”紧紧拥抱在一起。这时，“奥特曼”摘下了头套，看样子很像是贾林。边上的同学掌声雷动，发出了尖叫声。

伟乐越看越觉得他们就是贾林和月兰，于是给欣然打了个电话：

“欣然，你看到楼下这一幕了吗？”

“看到啦，是贾林和月兰，真看不出，贾林还这么浪漫。”

“啊，真是他们啊，真不可思议。我可不敢弄这么大的场面。”

“傻瓜，我也不希望你弄这么大场面，多难为情啊。”

“再过几天，我们一起去江心岛上玩吧，听说那里风景很不错。我不喜欢这么张扬的浪漫，我喜欢安静的浪漫。”

“好啊，过几天再说吧，你要照顾好自己，不要感冒了哦。”

“嗯。”

楼下的人群中突然出现了两个穿制服的人，看起来是保安哥哥。保安哥哥不知说了些什么话，接着，人群开始散去。

看到这么浪漫的场景，久违的笑容又回到了伟乐脸上。他跟小强、维善、建邦他们就这个求爱的过程聊了很久。这也算是校园生活的一个插曲吧，贾林真是让人刮目相看。春天真是一个容易发生爱情故事的季节！去年的这个时候，维善和茹茹公开了恋情。只是，斯人已逝……想到茹茹，伟乐的心中又不免惆怅起来。

据说，第二天，高星老师找贾林和月兰谈话了。他严厉批评了贾林的行为。他说，作为学生党员和学生干部，绝不能带头在宿舍区搞这种轰动的求爱，这会影响到党员和学生干部在同学们心目中的形象。而且，在“非典”时期搞这种群体聚集活动，明显与学校的要求不符。不过，高老师恩威并施，他充分肯定了贾林的创造力和想象力。

世事难料，一波未平，一波又起。这边郑谦还不知所终，那边王九常教授又驾鹤西游了。根据学校的消息，王九常教授走得很安详。那天晚上，他正在家里写回忆录，结果刚写到六十岁生日的时候，就睡过去了。医生后来诊断是突发脑出血。他睡过去之后就再也没有醒来。伟乐上学期听的课“国际金融”成了王教授的绝唱。

对学校来说，王教授的去世是个莫大的损失。作为一名大师级的人物，他的去世对学术界来说，也是件天大的事情。虽然“非典”肆虐，但是，鉴于王教授的名望，学校破天荒地在校园里设了灵堂，灵堂设在罗山大礼堂，那里是国内外各类专家开展学术交流的地方，也是王教授生前经常做报告的地方。伟乐在大一时去听的杨池老师的讲座“东方文化背景下大学生的恋爱观”，也是在这个礼堂。

罗山大礼堂第一次挂起了白底黑字的横幅，这是自建校以来未有过的事情。横幅上写着九个字：沉重悼念王九常先生！大讲堂里安放了王教授的灵位，灵位旁边有许多花圈和白色的花，很隆重也很肃穆。伟乐看到，其中的几个花圈是国务院、教育部送来的。一位学者的去世，能够牵动国务院和教育部的心，这说明了王教授的影响力。礼堂四周挂了好多王教授的巨幅照片，当然，他的遗体没有运到学校来。礼堂里持续播放着哀乐，校园沉浸在哀伤之中。

学校首先组织学生参加悼念活动。在大礼堂里，几万人参与的悼念活动被安排得井井有条。学校师生悼念完后，灵堂开始对社会开放。学校里停满了挂着全国各地牌照的车，前来悼念的人络绎不绝，但都被要求测体温。报纸上、电视上也都在回顾王教授生前的事迹。最令人称奇的是，股市居然连续下挫，似乎在为他“降半旗”。这说明，王教授的去世，引发了连锁反应。伟乐第一次深切感受到了王教授在大家心目中的地位。

伟乐更坚定了自己的信念：要成为一位像王教授这样受人尊敬的学者。而要想成为这样的人，似乎首先得考上研究生，继而考上博士。这是伟乐在脑海中第二次闪过考研的念头，第一次出现这个念头是去年在复旦大学游玩的时候。其实，欣然也很想去考研，可是她妈妈的身体很不好，她不想再让妈妈受苦，她想毕业后先工作，等家里生活条件好一些，有了积蓄后再去考研。因此，这个时候，她班上的很多同学在努力备考中，而她却仍然出去做家教、做兼职，赚取学费和生活费。伟乐想帮她，可是他也没有积蓄，平时的生活费都靠父母供应。因此，他也无能为力。

王教授去世后半个月左右，马浩老师带来了一个好消息——郑谦突然有下落了，他在省内的普济山风景区派出所等学校去认领。获知此消息后，伟乐一下子有一种超脱的感觉。喜过之后有忧，忧过之后又有喜，人生似乎就是这样轮回着。但是，郑谦为什么会在普济山？

普济山是毗邻东州的一个著名风景区，离东州市区只有五个小时的车程。普济山是著名的佛教圣地，据说山上有108座寺庙。从唐朝开始，一千多年间，普济山曾几盛几衰。伟乐不知道学校是什么时候去认领的，郑谦又是如何休学回家的，因为他没有见到郑谦本人。从马老师口中，他大致了解到郑谦在这几个月里的生活。

马老师说，郑谦那晚离校出走是有准备的。如果那天伟乐答应了他的求爱，他就继续待在学校里。如果伟乐不答应，他就出走，至于要到哪里，他那时并没有目标。那天，伟乐拒绝了他的示爱后，他背起包走出了校门。沿途他买了一瓶二锅头，想随便找个地方一醉方休。没想到一瓶酒下肚，脑子仍然清醒，这只能怪自己酒量太好。他不知不觉来到了火车站大厅，然后又不知不觉在大厅里睡了一觉。睡觉时，他做了一个梦，梦到自己成了一代高僧。

第二天醒来时，他寻思，反正在世上也找不到知己，不如出家当和尚算了。于是，他花了五十元钱，买了去普济山的车票，决定到寺庙里剃度为僧。到普济山的最后一段路要坐渡船。一想到马上可以脱离红尘、走向佛门，郑谦顿感一身轻松。站在甲板上，他把身份证、学生证全都扔向了大海中，想与尘世断绝关系。

下了船，郑谦随机上了一座山。山上有很多寺庙，于是他又随机选了一座庙。找到庙里的住持后，他表明来意。不过，住持没有收他，劝他再好好想想。他说自己已经看破红尘了。最终，住持以理由不充分为由，将他打发了。边上还有很多寺庙，郑谦又去了下一个寺庙。这个寺庙的住持没怎么多说，只问了一句“有没有派出所的证明”，这个肯定是没有的，何况现在连身份证都没有了，已经葬身大海了。于是，第二个寺庙也拒绝收留他。紧接着，郑谦又连着去了几个寺庙，有的要求有本科学历，有的要求学校出示在校证明，有的要他回去继续好好过凡人的生活。郑谦没想到，想当个和尚也这么不容易，这跟电视上演的很不一样。

可怜他身上仅剩一百多块钱，而且没有身份证，没有学生证。他感觉自己是一个黑户，像一只野狗。饿了，他就买个面包充饥；累了，随便靠在景区的椅子上睡一会；困了，则睡在风景区里的黑网吧。他没想过要回学校，因为他对爱情已经绝望了，对生活已经失望了。他在大学里找不到一个知己，每天过得生不如死。

白天，他在景区里游荡；晚上，他在网吧里过夜。洗澡成了奢望。过了十来天，他身上的钱已经花光了。不过，他发现了商机，因为景区里游客多，人流量大，所以垃圾箱里有很多空的矿泉水瓶和饮料瓶。景区里的一些流浪汉，就是靠捡这些瓶子维持生计的。郑谦放下了大学生的尊严，加入了流浪者的行列。一天下来，运气好的话能赚五十元钱，一天的收入够三天的饭钱。于是，他工作一天，休息三天，这样能勉强度日。他渐渐习惯了不洗澡的日子。在普济山，郑谦过起了自由而又窘迫的生活。同时，他也看尽了世人的脸色和人间的沧桑。

过年的时候，他也一直待在风景区里，为此，还结识了好多志同道合的人。由于长时间得不到良好的休息，加上每天营养不良，郑谦终于有些支持不住了，身体很虚弱。这个时候，他怕客死他乡，无人收尸。想着想着，他似乎又想通了一些事情，觉得人活着，也不一定要谈恋爱，一个人过也挺好的，况且还能有自己的朋友。在生与死的考验下，他走进了普济山派出所。

据马老师说，郑谦的父母以前感情极其不合，他的母亲一直很凶悍，从小到大，郑谦很怕她。自他记事起，父母每天一小吵，三天一大吵，一周一打架，他父亲手上的伤疤都是他母亲打的。为此，他从心底害怕女人，认为女人都是母老虎，都是暴力的。他的内心非常缺乏安全感。这也是他为什么不喜欢女生而喜欢男生的原因。郑谦失踪的这几个月里，他的父母整日以泪洗面，整天在反思自己这十几年来的婚姻生活。他们的关系反而越来越融洽了，夫妻之间也少了很多争吵和打架。见到孩子的时候，他们夫妻相拥而泣，郑谦从没见父母这样和谐过。

在学校的建议下，郑谦决定先休学一学期，之后再编入下一年级。他可能会被编入刘洋那个班。

第二十二章 / 春情暗涌

人间四月天的时候，花香愈发浓烈。想起开学以来遇到的这么多事，伟乐的心情异常复杂：校园求爱，让他感受到爱情带来的生机与危机；教授西去，让他感受到再蓬勃的生命都要逝去；郑谦知返，让他感受到再失落的人也有求生的本能。人世浮浮沉沉，谁人能解其中之味？

“非典”封校结束后，伟乐没有忘记跟欣然说过的话，他要带她去江心岛玩，去享受安静的浪漫。自去年情人节以来，他们一直相处得很愉快，欣然遇到伤心事了，伟乐会去安慰她；伟乐遇到伤心事了，也会向欣然寻求温暖。相恋了一年多，他们从没有怄过气，他也从没有让欣然受过半点委屈。他觉得，只要欣然高兴、快乐，他也会高兴、快乐，也许这就是爱情的魔力吧。当然，欣然也从没让他受过半点委屈，她既是天使般的女朋友，又像一位知心姐姐。书上说，爱情是讲求无怨无悔地付出，而不是讲求回报的。其实，爱情是有回报的，“幸福”就是最好的回报。

一个周六的上午，春风习习，阳光和煦，正是踏青的好日子。伟乐约了欣然一同去江心岛。该岛身在江中，四面环江，声名远扬，人称“小蓬莱”。据说，山水诗鼻祖谢灵运来过此岛，民族英雄文天祥来过此岛，南宋皇帝赵构也曾来过这个岛。沾了这些名人的气息，这座岛在东州人心目中一直是一个文化符号。

移步岛上，但见曲径通幽，古树参天，宝塔林立，宝刹里还传出了梵音。令人欣喜的是，岛上还有一大片临江草坪，青草肥美，如入人间仙境。草地上，一些游客租了席子，躺在上面晒太阳，看江上船来船往，听江水潮起潮落。这是一种极致的享受！伟乐也去租了一张席子，并把席子铺在江边。

离他们不远处的地方也铺有很多席子，席子上多是年轻情侣，他们用阳伞盖住了脑袋，或在窃窃私语，谈情说爱；或在唇舌交锋，耳鬓厮磨。在这个阿猫阿狗都会怀春的季节，伟乐的心中也有过躁动。

欣然把头枕在他的腿上，眯着眼睛，听着船来船往的声音。鸽子在他们身边漫步，微风拂过，凉沁心扉。伟乐注视着欣然，她长得真好看，脸上的皮肤如婴儿一般！他轻轻拍打着欣然，一会儿摸摸她的脸，一会儿又用手指梳理她的头发。此时，一切的烦恼，一切的愁绪，全都消失殆尽。如果说，情人节那晚的初次约会很激情，社会实践时那晚的表白很动情，那么此时时刻，两颗心很安宁，从未有过的安宁。平平淡淡才是真正的生活，这就是伟乐追求的安静的浪漫。

过了一会儿，伟乐轻声说道：

“天下掉下个林妹妹，你知道为啥这么唱吗？”

“为啥呢？说来听听。”欣然半睁着眼睛，温柔地注视着伟乐。

“因为地上长不出这样完美的人儿。”

“呵呵！傻瓜，你喜欢林妹妹吗？”

“从心底说，男人心中都有个林妹妹，才貌双全、冰清玉洁，但是吧，我不喜欢她的性格，太忧郁了。我只喜欢你这样的，你是人间少有的，也算是绛珠仙草。”

“你今天又吃蜂蜜啦，嘴巴这么甜。我哪比得上林妹妹啊，何况比你还大一岁呢，是林姐姐。不对，是李姐姐。”

伟乐坏笑了一下，打趣道：

“你想知道我到底有没有吃蜂蜜吗？实践是检验真理的唯一标准，亲一下，好不好？”说着，伟乐俯下身去，想亲欣然。

“别这样，多难为情啊，边上那么多人呢。”欣然边说，边用两根纤纤手指挡住了他的嘴巴。

“羞啥，你看那边，那几个躲在阳伞下面的，都在卿卿我我呢。我们‘面朝大江，春暖花开’，后面全被阳伞挡住了。除了河里的鱼，没有一个活物能看到我们。”

欣然环顾了一下，貌似伟乐说的那样，她说：

“除了鱼，还有海鸥能看见我们。”

伟乐说：“海鸥是我丢出的白手绢。”

“好有诗意啊！”欣然由衷地赞叹伟乐的才思。于是，她放下了矜持，任由伟乐亲她。一股幸福感涌遍全身，她感到自己快要融化了，浑身麻酥酥的。伟乐亲了嘴，又亲她的耳朵，她不由得呻吟了一声。她紧紧地抱着伟乐，她的脸上很烫，伟乐的身上更烫。亲着，亲着，伟乐附在她耳边轻轻问道：

“我想明天跟你一起起床，可以吗？”

欣然一开始没领会意思，不过很快反应过来了，说道：

“坏蛋，我怕。再过两年，我一定会把自己完整地交给你。”

“嗯！”说着，伟乐又亲了她一口，虽然有一丝淡淡的失望，但他早有心理准备。

“告诉你个事儿，别人都说我适合做媳妇儿，我可是煮饭第一能手。”

“呵呵，知道，社会实践时，就你炒的菜最香。下半辈子，我的胃就交给你了。”

“除了胃，别的部位不给我了啊？”

“也给啊，下半生、上半身、下半身都给你。你看，胃都给你了，也就是什么都给你了啊。这个胃字，上面是个田，代表财富，下面是个月，月亮代表我的心，你看，我把财富和心都给你了。”

“哎——呀，你怎么那么有才呢。”说着，她附到伟乐的耳边说道：

“我好崇拜你，你就像我的皇上一样。”

“好啊，我要当皇上，你得给我配齐两千九百九十九个爱妃，后宫佳丽得三千呢。”

“你吃得消啊，坏蛋。”

“你都封我做皇上了啊。我就委屈一下，笑纳了。再说，我有那么好吗？”

“有啊，你是天上派来的奇才，你怎么出生的时候不含块玉呢？”

“我家穷，没玉，哈哈。我不是天上派来的奇才，而是天上摔下来的大雁。”

“瞎说，你可是一表人才呢。”

“欣然，这辈子你要做我老婆，下辈子我做你爸爸。”

“坏！你占我便宜呢。”欣然娇嗔了一下。

“没有啊，这辈子我十八岁才认识你，太迟了。下辈子，我想从你一出生，就能开始疼你。”

“我都快融化了，傻瓜。”说着，她又主动亲了伟乐一口。

来之前，欣然买了些零食，有薯片、豆腐干等。当她撕开豆腐干时，伟乐抢了一块，含在嘴里，又突然亲到了她的嘴上，把嘴里的豆腐干推了一半到她嘴里，意思是一起吃。欣然又羞又喜，推脱了一下。

吃完东西后，他们决定去逛逛这个岛。江心岛还是挺大的，岛上有两座高塔，一座始建于唐朝，一座始建于宋朝。唐宋繁盛，多出诗词佳作，加上谢灵运，这座岛自然就有了诗词歌赋护体。杭州有西湖十景，江心岛也有十景，什么远浦归帆、翠微残照、沙汀渔火、古刹梵音等，名字取得很诗意。伟乐和欣然一起，去追寻这“江心岛十景”。

岛上有一个很大的人工湖，湖面上有很多游船。欣然驻足在湖边观看，因为她从没有划过游船。她想起了一首歌《让我们荡起双桨》：让我们荡起双桨，小船儿推开波浪，海面倒映着美丽的白塔，四周环绕着绿树红墙。小船儿轻轻飘荡在水中，迎面吹来了凉爽的风……

伟乐看出了她的心思，想租一条游船，与欣然一起荡舟湖中。她一开始不让，怕费钱。在伟乐的坚持下，她最终还是同意了。伟乐和她一人拿了一把桨，船桨碰到水面时，湖面上泛起涟漪。他们慢悠悠地划着船，船在水中荡漾着，像一个摆动的摇篮。微风吹过，熏得鼻子和眼睛里全是水汽。他们在船上探讨人生、设计未来，两颗心贴得也更近了。

岛上还有一座寺庙，名叫东川寺。东川寺建寺已有千年，寺内烟雾缭绕，紫气氤氲，香火鼎盛。伟乐本不想进去，但是欣然坚持要进。在大雄宝殿，他细细品味着十八罗汉的塑像，欣然则跪在大佛前面，念念有词，她在佛前默默许了个愿：

“他日若能与伟乐结为连理，一定感恩戴德，回来还愿。”

直到夕阳西斜时，他们才恋恋不舍地离开了江心岛。在回来的路上，看到路边有一个小贩，摊前摆着一团团棉花一样的东西，欣然问道：

“这是啥呀？是棉花糖吗？”

伟乐说：“是啊！你没吃过？”

“嗯，很久以前见过，但从没吃过。”

“我请你吃。”说着，他已上前买了一个棉花糖。

欣然把棉花糖拿在手里，舍不得吃。

路过一个旅馆时，伟乐放慢了脚步，从心理和生理上来讲，他多么想跟欣然有一次亲密接触，因为这一整天爱意浓浓，情到深处。欣然似乎看出了他的心思，伸手摸了摸他的脸，小声说道：

“傻瓜，不许多想，再等两年。”

伟乐把手搭在她肩上说：“遵命！娘娘！”

晚上躺在床上，回想一天的时光，欣然心中充满了温暖。她给伟乐发了一首情诗：

我亲爱的人啊，
好想听你的呼吸，
那么坚定，那么有力，
一呼一吸似潮涨潮消，
你是海水，我是海边的岩石，
你在我心中，我在你怀里。

伟乐很兴奋地回复：

“写得很好！不过，我还想再亲亲你的小嘴。对不起哦，今天我有几次冲动了，可是情不自禁。”

“没事，傻瓜，如果你没冲动，要么是你不行了，要么是我不够魅力。哈哈！乖，下次再让你亲。”

“好！下次我要亲你的每根头发。”

“你亲完头发，估计都要天亮了。”

“我还要亲你的脸，把你脸上的细菌都亲到肚子里，我就成了养殖专业户了。”

“你又贫嘴！”

“好吧，不贫嘴了，脱贫致富了！睡吧，小宝贝，晚安！”

“嗯，晚安！做个好梦！”

第二十三章 / 生命无常

郑谦休学后，寝室里又只剩下五个人。但是，寝室比以前更团结了，因为大家一起经历了那么多事，彼此之间的感情更深厚了。经过一年多的专业学习和文化熏陶，经历过那么多的风风雨雨，他们对大学生活、对人生有了更深的理解和认识，同时也出现了深刻的变化。

建邦的生意仍然风生水起，但是待在寝室学习的时间比以前增加了。维善进了校篮球队，训练之余，他基本都待在寝室的书桌前。东升学习的劲头也很足，常常趴在床上看书。他谨记马老师的话："腾不出时间来休息的人，一定会腾出时间来生病；腾不出时间来学习的人，一定会腾出时间来补考。"伟乐和海强待在图书馆的时间也更多了，他们每天早上不再是被音乐吵醒，而是被梦想叫醒。

建邦、维善、东升三个人在寝室里待的时间多了以后，居然开始有福同享、有病同担。一天晚上，伟乐和海强回宿舍后，看到建邦他们三个人都坐在书桌前看书。他们每个人都脱了一只袜子，脚丫子放在椅子上，手指在脚丫子上这里挠挠，那里挠挠。挠了以后，还放在鼻子底下闻闻，很陶醉的样子。伟乐很纳闷地问：

“你们仨今天是怎么啦？动作这么一致啊？”

他们你看看我，我看看你，似乎发现了异常，都把脚丫放回地上了。东升不好意思地笑着说：

“脚有点痒痒。”

建邦说：“你也痒痒啊，我也很痒痒，都蜕皮了。”

维善说：“我也痒痒，还有小水泡呢，我还以为是我篮球打多了。”

海强看了看他们的脚说：

“帅哥们，这八成是香港脚，我叔叔以前常跑船，症状和你们一模一样。听他说，这是一种皮肤病，相互接触会传染。”

至于谁是寝室里第一个得香港脚的，谁也不知道。反正，伟乐和海强都没有这些症状。伟乐打趣道：

“没去过香港，得个香港脚也算是一种安慰。”

从这以后，他们开始关心起个人卫生来。他们认识到，寝室是一个私人场所，也是一个公共场所。

清明节来临时，没有人想起李茹茹，总觉得她跟清明节是毫无关联的两件事。但是，五一长假临近时，班级里开始弥漫着淡淡的哀伤，因为茹茹的周年祭日即将到来。其中，维善的情绪波动最大。这一年来，维善虽然渐渐走出了阴影，但是，他对茹茹的爱仍然深沉。他把茹茹的照片贴在自己的床头。照片上，茹茹嘴唇的那个部位发白,没有人知道为什么会这样。也许,在某个夜里想起茹茹的时候,他会给她留下一个吻。

伟乐曾听高老师说起,那个奔驰车肇事司机被判了三年有期徒刑。一起交通意外,多少人的生活被改写。平安是福!

对班级而言,没有茹茹的这一年里,班里总少了一些色彩。

茹茹周年祭日的前一天,班干部们买了蜡烛、订了鲜花,并组织每位同学折了一只千纸鹤。维善折了两只,一只写上自己的名字,一只写上茹茹的名字。伟乐看后,心中突然莫名地有点伤感。

周年祭日那天晚上,月朗风清,上天并没有营造好哀伤的氛围,但是每个人的脸上都写着忧愁。同学们围在茹茹出事的地方,把蜡烛和鲜花摆在她躯体倒下的那个位置。维善把自己的脸盆也拿到了现场,同学们把千纸鹤烧在里面。伟乐突然觉得茹茹离自己很近,他在心底默默地祝福她在天国里继续美丽、继续快乐。

千纸鹤被火焰带走的那一刻,维善的情绪失控了,他的泪水爬满了脸庞。逝者已矣,生者如斯。活着,就有希望,活着比什么都好!

五一长假过后,学生们又进入了期末备考的节奏。欣然有意减少了兼职时间,她想在期末考中再创佳绩,这样才有可能在毕业时获得"省级优秀毕业生"的荣誉称号。这个称号对于直接就业的人来说,具有很重要的意义。伟乐抛弃了小强,开始与欣然日日相伴,同看书、共学习,同呼吸、共命运!

民间有句谚语:"菜花黄,人癫狂。"一天中午,伟乐在图书馆看书,欣然去寝室洗头发了。洗完头发回到图书馆时,她悄悄跟伟乐说：

“图书馆门口有个男生，看样子好像是你以前的同学刘洋，就是之前看了电影《断袖之约》后，我们在学校里遇到的那个人。他现在趴在那里，专盯着过往女生的屁股看。”

伟乐说：“不会吧，是刘洋？我下去看看，该不会又犯病了吧？”

他跑到楼下一看，果然是刘洋。刘洋的眼睛有点迷离，嘴角不自然地笑着，不是微笑，是傻笑。看到他过来，刘洋说：

“伟乐，你来干吗啊？你挡住我的空气了。”

“我来图书馆看书啊，你在干吗啊？”

“我来看美女啊，这里的美女比较多。”

“都快期末啦，你还不去复习功课？”

“不去，教室里面有鬼，它总盯着我看，还总骂我。”

伟乐心里想，坏了，这小子肯定发病了。于是，他赶紧给高星老师打电话说：

“高老师，我看见刘洋在图书馆门口，感觉很不对劲。”

“哦，具体是什么情况呢？”

“他趴在图书馆门口的雕像旁边，盯着过往女生的屁股看，而且胡言乱语。”

“好的，我马上过来，你先稳住他，防止他离开。”

“好的，我等您过来。”

不一会儿，高老师来了。看到高老师过来，刘洋笑着说：“高老师，我认识你女朋友。”

高老师没说什么，把刘洋带走了。一路上，刘洋的眼睛仍然盯着女生的屁股看。冷不丁地，他冒出一句话：

"高老师，你女朋友的屁股比她们都大，以后肯定奶水很多。"

高星老师被问蒙了。于是，高老师赶紧联系了张英老师来咨询诊断。张英老师说：

"刘洋同学的病确实复发了，我建议他住院治疗，这种病在每年的春夏之交时很容易复发。还有，如果连续一段时间不吃药，也很容易复发。不知他最近有没有服药。"

高老师打电话给刘洋的妈妈。这一次，刘洋的妈妈说什么也不愿带他回去，她跟高老师道出了苦衷：在刘洋读初中的时候，她和刘洋爸离婚了，现在是跟刘洋的继父在一起生活。他继父一直怪她上次花了太多钱在刘洋身上。如果这次再把他带回去，他的继父肯定不会罢休，他们母子俩都不会有好日子过。

鉴于此，学院张敏捷书记亲自出面做工作，但是，刘洋的妈妈坚持不带孩子回去。最终，学院与她达成了协议：她过来陪读，直到刘洋期末考试考完。学院给他们母子俩单独安排一间宿舍。

几天后的一个傍晚，伟乐与欣然正准备去吃晚饭。路过食堂旁的河畔时，伟乐看到岸边围着一些人，看样子是发生了什么事情。他立即跑了过去，只见一个人在河里挣扎，一位保安正向他游去。很快，保安拽住了落水的人，并把他往岸上拖。伟乐一眼认出那个落水者是刘洋。他很纳闷，刘洋怎么好端端地会掉到河里。于是，他赶紧摸出手机，给高老师打电话说：

"高老师，不好了，刘洋掉河里了，在食堂这边的河里。"

"啊！那现在情况怎么样？"

"刚才一位保安跳到河里，把他拖到岸边了。他正在不停地吐水，刚才可能被呛到了。”

“好的，我马上来。”

伟乐走到刘洋身边，想跟他说说话，但是刘洋并不搭理他。不一会儿，高老师也赶到了。高老师说：

“刘洋，你怎么掉到河里啦？”

“我不是掉到河里，我是跳到河里，我想看看鬼门关是什么样的。”

高老师说：

“那你看到鬼门关的样子了吗？”

“还没有，我刚才正在找鬼门关的门，这个臭保安把我拉到岸上了。”说着，他指了指刚才拖他上岸的那位保安。

围观的人听到这番对话后，丈二和尚摸不着头脑。为了避免继续被围观，高老师迅速把刘洋带离了现场。伟乐也越想越惊讶，精神分裂症的人怎么老会做一些他无法理解的事。

后来的事情，伟乐并不太清楚。听高老师说，刘洋不喜欢吃药，他说吃了药以后，胸口的肌肉很痛。他妈妈心疼儿子，居然默许他不吃药。出事那天傍晚，刘洋说手机没话费了，要出去充话费。结果，到了河边，他突然想起要去看看鬼门关。高老师说，这是因为刘洋出现了妄想症。

事情发生后，刘洋被劝离了学校。这件事让他的妈妈也很震惊，她没料到自己的儿子会做出这样的傻事。她表示会想尽一切办法，等刘洋康复后，再送他到学校来读书。

第二十四章 / 病房守候

离期末考试大约还有十天，欣然却病倒了。终日的疲劳学习、勤工俭学、校外兼职，让欣然本不太理想的身体状况更不理想了。平时，伟乐常劝她多休息，她总说自己不累。因为小时候家里穷，她落下了病根，常常胃痛。近段时间，她胃痛的频率越来越高，而且出现胃酸、胃胀。

一天下午，伟乐正跟她在图书馆学习。他突然感觉空气里弥漫着一股淡淡的血腥味。伟乐本以为是自己的错觉，所以没太理会。突然，欣然侧过身，在他耳边轻声说：

“阿乐，我肚子不舒服，刚才一直在放屁。”

“啊，那你赶紧去厕所啊？”伟乐以为她又拉肚子了。不过，她的嘴唇有点苍白，跟平时不一样。

“嗯。”欣然带上卫生纸和手机就出去了。

在卫生间，她感觉这次拉肚子跟以往不一样，一直在放屁，而且伴有一股血腥味，特别稀。她低头往便池一看，拉出来的秽物全是黑乎乎的，跟柏油路的颜色很像。她心里有点慌张，之前可从没有见过这样的大便。不过，那天早餐她喝了紫米粥，不知是不是这个原因。起身穿裤子的时候，欣然感觉头昏、耳鸣、四肢无力，于是打电话给伟乐说：

“阿乐，你来一下女厕所门口好吗？我身体很不舒服，全身无力。”

“好，我马上来！”

放下电话，伟乐跑到厕所，只见欣然瘫坐在地上，脸色比刚才更苍白。他焦急地说：

“欣然，我送你去校医院检查一下吧？”

“嗯，不知怎么的，感觉一点力气都没有，耳边嗡嗡响。”

欣然也很焦急，眼见着就要期末考了，要是真出什么事，那就全完了。伟乐扶着她走出图书馆，把她扶到了自行车上。欣然紧紧地搂着他的身子，伟乐则加足了马力，把她送到了校医院。

急诊内科的医生很和蔼，他问了欣然一些基本的情况，然后很肯定地说：

“同学，你应该是消化道出血，我给你开几个单子，你先做检查。”

说着，他很熟练地开了三个单子：一个是血常规，一个是大便常规，一个是电子胃镜检查。

伟乐扶着欣然到胃镜室门口排队。欣然显得很焦虑，她虽对消化道出血没有概念，但感觉这不是小病。她不知自己能否参加期末考，不知要花多少钱，不知自己会不会有生命危险。想起这些，她不由得紧紧攥着伟乐的手。伟乐完全能感受到她的不安与恐惧，他一边轻轻抚摸着欣然的脸，一边安慰她会没事的。

轮到欣然检查的时候，医生不让伟乐进去。于是，他在门口焦急地等待。高中时的强迫行为在此刻再一次出现，他嘴里念念有词：

“希望上天保佑欣然，保佑她身体健康。”

他一直在祈祷着，手指甲使劲地在墙上抠，抠出了深深痕迹。他想起了一年前茹茹出事后的情形，那时他和林晴一起在抢救室门口……他越想心里越焦虑。不过，他安慰自己会没事的，上天一定会保佑她的，医生一定能治好她的！

欣然从没有做过胃镜。医生让她左侧位躺着，然后把一个塑料的圆环状物体塞到她嘴里，让她用牙齿咬着。这个圆环的中间有个洞，医生拿着一根头部发光的管子，并把管子伸进她的嘴里。管子到达喉咙的时候，她一阵呕吐，感觉窒息了一样。医生让她使劲呼吸，管子穿过食管，直达她的胃部。欣然持续呕吐着，她想伸手去抓点什么，可是什么也抓不住。

她感到了绝望，原来做胃镜检查是这么难受的。她喘着气，仿佛在与命运抗争。她依稀听到医生说“十二指肠球部溃疡出血，直接止血”之类的话。然后，她感觉医生把什么东西往管子里倒，胃下方的某个部位感觉凉凉的。此刻，对欣然来说简直是度秒如年。对伟乐来说，也是度秒如年。

不知过了多久，欣然感觉管子在往外移。等管子全部出来后，医生让她出去等报告。这时，欣然发现自己的脸上全是水，分不清是泪水、汗水还是嘴里吐出来的口水，反正整个人像去地狱走了一遭，重新回到了人间一样。

看到她出来后，伟乐长舒了一口气。胃镜报告在几分钟后就有了，报告上写着“诊断为十二指肠球部溃疡出血”。欣然皱着眉头问：

“阿乐，你说我是不是要动手术啊？”

“我也不知道呢，应该不用吧。”

伟乐虽然这样安慰，但是他心里真没底。他们拿着报告单去找医生。欣然迫不及待地问：

“医生，我这个病要开刀吗？”

“过去，这个病是要开刀的。不过，现在不用了，直接挂点滴就可以治疗。”看完化验单后，医生接着说：

“但是，你的情况需要住院，出血量比较大。刚才胃镜室的医生已经做了止血治疗，今天晚上待在急诊室观察一晚，明天转到普通病房。”

听说要住院，欣然急了，问道：

“医生，我再过十天就要期末考试了，我这个病需要多少时间才能康复啊？”

“一般来说，七八天差不多就可以出院了，这个要看个人的体质。”

欣然无奈地接受了现实。伟乐想不出能为她做些什么，他恨不得替欣然生病。不过，医生说了这是小病，不严重，他那颗悬着的心算是落了地。这是欣然第一次住院，急诊室里迷漫着消毒水的味道，让她极不舒服。医生要求她禁食，禁止起来活动，除了上厕所。伟乐则陪在她身边，想尽办法让她宽心。她没有给妈妈打电话，怕她担心。

夜色降临，伟乐决定在急诊室陪她过夜。他匆匆回去洗了个澡，拿了几本书就回到欣然身边了。这也是他第一次在医院里过夜。同时，也是他和欣然认识后，一起度过的第一夜。

晚上九点钟左右，敏华、巧云、小凤她们闻讯赶来看望欣然。姐妹情深，她们想多陪陪她，但是欣然打发她们回去了，因为她们还要复习考试。

伟乐一会儿捏捏欣然的手，一会儿陪她说说话。漫漫长夜，两颗心靠得更近了。生病，让欣然感到很痛苦，看到伟乐在身边，她又感到无比幸福。

由于校医院对社会开放，因此急诊室很繁忙，人来人往。不一会儿，抬进来一位年轻女孩，听说是喝了农药自杀，医生紧急给她洗胃。女孩痛苦的呻吟声让伟乐听了直作呕。女孩身边围了好多亲属，有的扬言要打死她那个男朋友。听起来，大意是那个男的订了婚后，后悔了，要解除婚约，女的死活不肯，于是喝农药自杀。伟乐皱着眉头，一言不发。欣然心疼地摸摸他的脸说：

“对不起哦，都怪我不好，害你在这里陪我。要不你回寝室去吧，我没事的。”

“傻瓜，如果今天是我躺在这里，你回寝室去睡觉吗？”

“不会，呵呵！可是我怕你累。”

“不累，能陪着你，怎样都不累。我不光现在陪你，以后还要陪。”

“以后怎么陪啊？”

“现在陪在你身边，以后陪在你和孩子身边。”

“坏！这个时候还打趣我。”

过了很久，伟乐感觉迷迷糊糊要睡着的时候，急诊室门口一阵喧哗，又抬进来一个病人，这次是个中年男人。随行的另一个人情绪很激动，满脸通红，感觉像喝了酒。他对医生嚷嚷说：

“医生，这个人是我撞的，是我撞的，是我撞的，我是司机。”

医生检查了之后，说：“谁是家属？”

司机说：“家属还没到，是我撞的，是我撞的。”

医生说：“赶紧推到抢救室，病人需要截肢。”

肇事司机一听，两腿一软，瘫坐在地上。一个劲地用手打自己的嘴巴，嘴里一直说：

“喝什么酒，嘴这么馋，喝什么酒……”

过了一会儿，肇事司机出去打电话了，急诊室又恢复了平静。伟乐心里毛毛的，浑身起鸡皮疙瘩。原来，夜里还会有这么多的事情发生。那一夜，他醒了很多次，他突然很想念东升的呼噜声和建邦的磨牙声。

好不容易熬到第二天早上，欣然转入了普通病房。伟乐请了两天事假，专门守在病房里护理她。两天之后刚好是周末，因此，他可以有四天的时间陪着欣然。欣然又心疼，又觉得温暖。她不想耽误了伟乐的期末考试，多次劝他去图书馆复习，但是他坚持要留下来陪她。

医生说，欣然头三天要禁食，水都不能多喝，得靠输液来提供所需营养。她想要尿尿的时候，伟乐就扶着她去病房里的卫生间，然后帮她脱下裤子，再为她提着吊瓶。就这样，欣然第一次在男生面前小便，伟乐也第一次看着女生小便。两个人就像一对相濡以沫的夫妻。

头三天，欣然虽然没吃东西，但是每天仍有少量大便，而且仍是黑色的，依然迷漫着血腥味。第四天上午，医生同意她吃半流食。饿了三天后，当欣然吃到第一口稀饭的时候，她感觉这是天底下最好吃的美食。伟乐一口一口地喂她吃，这是他第一次给别人喂饭。想起刚来大学时，在食堂看到男生喂钢牙妹吃饭的事，他不禁笑起来，并跟欣然分享了这个故事。

欣然也是第一次吃男生喂的饭，她感觉特别温馨。她不再觉得生病是痛苦的事情，反而觉得很开心，因为可以与伟乐朝夕相处。那天晚上，她又上了一次卫生间，这次出现了黄色的大便，这说明，消化道已不再出血，血止住了。

欣然的病康复得很好。在医院里，不时有她班上的同学前来探望，伟乐因此认识了她的很多同学。敏华几乎每天都来看望，她们姐妹俩感情最深。亚男一共来看望了两次，这有点出乎他的意料。亚男每次来的时候，都会跟欣然聊一会儿，她对自己那时的恶劣行为很抱歉，她说她应该受到这样的惩罚。林晴也来看望过一次。自从那次台风过后，欣然记住了林晴，林晴也记住了欣然。由于林晴是伟乐的好朋友，而欣然又是伟乐的女朋友，因此，她们俩常能见面，也成了好朋友。上次林晴被“一生有你”欺负后，欣然还特意去安慰过她。

诚如医生所言，八天后，欣然就顺利出院了。这八天里，她和伟乐一有空就认真备考，因此并没有落下复习的内容。出院后，欣然说服了敏华她们，亚男又搬回了原来的寝室。

第二十五章 / 精雕细琢

大三开学的第一天，维善又把厕所里的对联给换了，换成了“上联：爱国、爱家、爱学妹！下联：防火、防盗、防师兄！横批：恋爱自由。”

其实，茹茹的周年祭日过后，维善心里又平静了许多，哀伤并没有想象中那么持久。新学期开学后，他把床铺边上那张茹茹的照片取下了。他想再找一个女朋友，重新开始一段恋情。他觉得，茹茹应该不会反对。当然，她也不可能反对。

开学那几天里，维善常常在寝室里为自己的新恋情做铺垫。他说，再不谈，黄昏恋都赶不上了；他说，如果不谈恋爱遗憾终身，谈了恋爱伤痕累累，他宁愿伤痕累累；他说，他要是不谈恋爱，这个世上又会少一位女生得到幸福。

由于维善长得壮，还有点帅，球打得又好，因此，很多学妹都是他的忠实粉丝。当他在寝室里通话的时间逐日延长的时候，伟乐知道，他的第二段恋情开始了。问世间情为何物？不过是一物降一物。据建邦说，维善的新女朋友是大二的学妹，中文系的，人长得很漂亮，还很开朗。

上学期的考试成绩揭晓后，欣然仍然有望拿到一等奖学金，伟乐仍然有望拿到二等奖学金。欣然的病不仅没有影响他俩的考试成绩，反而让他们的感情更上一层楼。海强的英语考了七十分，他的付出总算有了回报，他也有望拿到二等奖学金。建邦、维善、东升的成绩也有了明显的进步。尤其是东升，他的平均分达到了七十分，终于不再超低空飞行。

建邦的商运也越来越旺。要说这建邦，伟乐佩服得五体投地。如果有“六体”，他也愿意“六体投地”。建邦与东州移动分公司共同开拓了一项业务——校园虚拟网。为了推广这项业务，东州移动给出了特别优惠的套餐：只要办理这项业务，一个月内，每个手机号码有两千分钟的免费通话时间，而且，超过两千分钟后，超出多少分钟，东州移动就奖励多少分钟的话费。

这下好了，维善乐坏了，打电话不仅能谈恋爱，还能赚钱。伟乐也乐坏了，以前舍不得话费，所以办了包月的短信套餐，一直跟欣然发短信联络感情，如今终于可以经常通电话了。建邦也乐坏了，办理业务的人络绎不绝，每办理一个手机号码，他就可以赚到五元钱。东州移动也乐坏了，业务量猛增，而且从其他通讯运营商手中抢了好多客户。

建邦的财富在快速累积，这项业务为全校的情侣带来了福音，也为全校的宿舍带来了噪音。这项业务迅速提高了学生的恋爱比例，也大大提高了学生的失恋比例。当业务迅速扩张之后，建邦人手不够，又招募了一些业务员。东升、维善都成了他的核心成员。小强没有参与，因为他要准备英语四级考试。伟乐也没有参与，因为学生会工作和平时的学业很繁忙，他没有空闲的时间。

才过了半个月，东升和维善都有了可观的收入，他俩兴奋得做梦都在笑，这可是他们在大学里的第二桶金。第一桶金是帮建邦收迷彩服，当时赚了一百元钱。这半个月里，他们每人都赚了八百元。而且，建邦还打算把这项业务拓展到隔壁的东州政法大学，因此，"钱途"一片光明！

有了钱，自然就能做很多事情。其实，这两年里，东升心中一直压着一件事，就是包皮过长这个问题。建邦曾说过，包皮过长会影响男性功能，而且容易发炎、生病。东升一直在为这个事苦恼，这个事又不好意思跟家里人说。眼见着再过一年就要毕业了，要是工作后去割，怕没那么方便。所以，还不如在大学里割掉，神不知鬼不觉。如今，他赚了些钱，这些钱够他去割包皮了。他把想法跟建邦一说，建邦当即表示愿意陪他去医院，而且鼓励他要勇敢。

东升想去那些常打广告的男性专科医院，感觉知名度高，技术应该好。但是，建邦说什么也不让他去这些医院。建邦这人，就是见多识广，而且够义气。其实，东升心里是很害怕的，从小到大，还没有做过手术呢。割包皮也是一个手术，需要先麻醉，然后把过长的那段皮给切割下来。自打妈妈把他生下来后，除了掉过几颗牙齿，挤过一些青春痘，剪过一些毛发，他身体上的任何一样东西都一直长在他身上，从没离开过。这回，得让一部分"皮肤"提早告老还乡了。

他们在东州市区找了一家三级乙等医院。检查、化验……一系列的工序完成后，东升被推入了手术室。医生说这是随治随走的，不用住院。打了麻药后，东升头脑清醒，能听到医生讲话的声音和手术刀、手术剪发出的声音。他丝毫不觉得下面疼，反而觉得有点害臊。长这么大，第一次把生殖器暴露在医生和护士面前。医生是男的，还好。可是，护士是女的。长大后，他身上这玩意儿还从没给女的看过呢。

过了一会儿，东升感觉钻心的疼，大汗淋漓。医生跟护士嘀咕了一下，好像是说麻药失效了。然后医生又对着他喊：

“小伙子，麻药失效了，会有点疼，你忍着点啊。”

东升疼得脸色发白，还好，手术已接近完成。过了一小会儿，大功告成。可是，疼痛仍在继续。医生还算人道，往他屁股里塞了一颗止痛片。

东升从手术室出来后，建邦看他满脸是汗，赶紧问道：

“怎么啦，怎么都是汗？”

“麻醉失效了，疼死我了。”

“麻药失效了？麻药怎么会失效的。不过，医生之前说二十分钟能完成手术，你小子都三十分钟了，是该失效了。”

“我的它有那么复杂吗？得多花十分钟时间。”

“哈哈！你小子，是不是把你阉了啊？要是阉了，我送你到故宫去展览。”

“疼死我了，你还有心思开玩笑。”

在医院休息了一会儿，建邦陪着他回到学校。他们面临的挑战是，宿舍在五楼，把这一百八十斤的肉身从一楼弄到五楼，这可不是容易的事。东升每走一步，他的它都要疼一下。建邦背不动，也不敢背，因为会碰到那东西，男人的生理结构如此。除非出现变形金刚，直接把东升从一楼举到五楼，可是，这是科幻。

才上了二楼，东升已是满头大汗，他疼得脸色苍白，络腮胡子倒立。没办法，建邦只得打电话把伟乐和维善喊过来。三个人费了好大的劲才把东升弄到寝室。

建邦添油加醋地描述了东升的遭遇后，伟乐他们几个笑得脖子都抽搐了。维善给概括了一下，说这个手术叫“精‘雕’细琢”。东升听后，苦笑着，也不反驳。疼也疼过了，多余的皮也去除了，它像是被掀起了盖头。东升心中压着的那块石头终于可以搬开了。

关于麻药失效的原因，室友们有的猜测是没有给麻醉师塞红包，有的认为是手术时间过长，有的认为是东升的它不屈不挠，与麻药誓死抗争。不过，手术都完成了，也就不计较那么多了。

当伟乐把这事告诉欣然时，欣然诧异了好久，她说：

“还真有人去割这个呀？”

“当然有啦！你们女孩子不也有妇科疾病吗？这是男科疾病。不过我的不用割，它长得很规范。”

“坏！我可还不想见它。”

“告诉你，台湾有一个棺材铺子，每天总放一首歌，你知道那是什么吗？是蔡琴演唱的《总有一天等到你》，嘿嘿！我也想说，它总有一天会等到你。”

东升得卧床休息一个星期。室友们轮流给他买吃的、买喝的。他不敢多吃，也不敢多喝。吃多了要便便，喝多了要尿尿。

尿的时候,那里疼。东升不由得佩服起古代皇宫里的太监,他们整个都给移平了,那是何等惨烈!

既然要卧床休息一个星期,很显然得请假,这是校规。东升得按规矩办事,可是,总不能写割包皮吧。于是,他写了身体不适,请了病假。可是,这么一来,班上的女同学以及其他寝室的男同学就纳闷了:既然生病了,怎么一直待在寝室里,而不住医院里,这是啥病呢?

后来,不知是哪位室友经不住班里同学万分好奇地打听,把这事给讲了出去。这可比东升当初手被卡在马桶里那件事还要轰动。结果,"好事"传千里,连班里的女同学都知道了。

再后来,这个消息又传回东升的耳朵里。这下他可急坏了,在寝室里不停埋怨:

"哥以后怎么在班里混啊。救命啊!谁啊?谁把我的事捅出去啦,救命啊!"

可是,他喊破喉咙也没有人理他。

东升靠着医生的治疗、自己的调理和同学的帮助,伤口一天天愈合。自从手术完成以后,他把那里捂得很严实。换药的时候,他也是等室友都不在的时候才换的。可是寝室里每个人都有好奇心,都想看一看那玩意儿被雕琢后的样子。东升说什么也不同意给他们看。不过,经过这么一雕琢,他的自信心提高了不少,心情也渐渐好起来了。

一个星期后,当东升重新跨入教室的时候,全班同学都抿着嘴偷笑,不过谁也没有出声。看来,寝室是一个藏不住隐私的地方。他叹了一口气:割自己的皮,让别人笑去吧。

第二十六章 / 山盟海誓

所谓“三分治，七分养”，胃靠养，而不是单靠治。暑假里，欣然在家里待了一个月。她的继父到广东打工了，过年的时候才回家。她那没有血缘关系的弟弟已经读完大一，在学校参加社会实践，没有回家。得知她身体不好，妈妈心疼地抱着她哭。她在家照顾妈妈，妈妈也照顾她，母女俩相互照顾着。妈妈劝她要多锻炼身体，增强抵抗力。妈妈不希望欣然她爹的病遗传到她身上。

经过一个月的调养，欣然的脸色逐渐红润起来。可是妈妈患有高血压、心脏病，身体每况愈下。欣然很想快点毕业，早点回到妈妈身边照顾她。其实，她也很快就能回家了，因为大学只剩下最后一年。而且，大四第二学期主要是实习和写毕业论文。因此，她在大学里只需要再待一个学期。

开学以后，欣然又几次问起伟乐今后的打算。伟乐说想去考研，以后当一位王九常教授那样的人。欣然听后，很高兴。她知道伟乐是一位积极要求上进的人，他应该会有一个光明的未来。她希望伟乐考到南京去，这样以后就能经常去看他，因为她毕业后，肯定会回到家乡工作。但是，她知道伟乐更喜欢上海。

伟乐虽然决定要考研，但是考哪个方向，他还没有选择好。自进入大学以来，海强为什么不吃绿颜色的食物？茹茹为什么怕青蛙？刘洋为什么会得精神分裂症？林晴为什么要网恋？亚男为什么那样偏激？郑谦为什么不喜欢女孩子？……这些问题曾深深地震撼过他，他觉得人生太反复无常，他想去追寻生命的意义。他想有机会的时候，再听听欣然的建议。

他和欣然都特别珍惜这大学里可以共处的最后一个学期。伟乐在东州大学已经两年，欣然已经待了三年，但是他们只去过东州市区、江心岛和林坑中学，东州的很多风景区都还没去过。因此，他们准备在国庆长假里出去走走，去感受东州的文化内涵。

东州靠海，海中有一个很迷人的岛，叫东鹿岛。从码头坐船到岛上，得花一个小时。据说，清晨的时候，站在岛上能听到台湾的鸡叫声。当然，这是很夸张的。欣然没见过海，伟乐也没见过海。所以，满怀对大海的憧憬，他们将东鹿岛作为旅游的第一站。

他们在国庆假期的第二天出发。汽笛声响起，快艇开动了。坐快艇可不像坐车，虽然风浪并不大，但是船在海上颠簸得厉害。伟乐感觉自己像筛子上的谷子，被颠来倒去。欣然则感觉胃里翻江倒海，她能想象，当年曹操率兵在赤壁作战时，那些兵士该有多么痛苦。

船上好多人都受不了这样的颠簸，呕吐声此起彼伏。看到欣然面色苍白，伟乐心疼地把她揽过来，让她半躺在自己的腿上。幸好她早上没吃什么东西，要不然这会儿全得吐出来。

不知过了多久，船总算不怎么颠簸了，东鹿岛也到了。伟乐牵着欣然上了岛。一上岛，一股浓烈的鱼腥味扑鼻而来。海岛四周是蓝蓝的大海，风和日丽，云淡天高，海天一色！这是他们第一次看到大海，而且是站在大海之中看大海。他们体会到了什么叫宽广，什么叫一望无际。

码头上有很多小摊贩，有的卖活海鲜，有的卖海鲜干货。伟乐见到了各种奇形怪状的鱼和各种各样的海中植物。欣然一眼就看见不远处的公交车站，这让他俩有点出乎意料，海岛上居然也有公交车。公交车沿途的停靠点都是风景点。离码头最近的一个站名叫“千步沙滩”。伟乐的脑海里立即浮现出一个景象：一片金黄色的沙滩被蓝蓝的大海拥抱着，天空中有几片白云，黑色的海燕在高傲地飞翔。单这一个景象，就有黄、蓝、白、黑四种颜色，这是一幅很美的画。他们决定先去“千步沙滩”。

岛上的路很崎岖，不过坐车比刚才坐船的感觉要好多了。不一会儿，“千步沙滩”到了。伟乐看到的色彩比刚才想象中的还要绚烂——沙滩上有很多游人穿着泳衣在戏水，几艘海上摩托艇正在海面上狂飙。

欣然三步并作两步，向沙滩奔去。伟乐则紧随其后，边走边喊：

“慢点儿！慢点儿！”

进入沙滩后，伟乐不知该把目光放在哪里。沙滩上有好多女游客，有的穿着泳衣，有的衣着更暴露，应该是传说中的比基尼，她们露出了白白嫩嫩的身体。伟乐想起了三年前刚来东州时，在火车站边上看到的内衣广告。当时他是那样地脸红心跳。而今，这里全是活生生的内衣展览。他的心里很忐忑，但是生理上的冲动却让他无法回避。

欣然脱去鞋袜，光着脚丫，迫不及待地往大海跑去。她像一个与母亲分别许久的小女孩，突然奔向母亲的怀抱一样。她情不自禁地张开双臂，拥抱着大海。伟乐紧跟在她后面，他很感动，眼眶里热乎乎的。这个曾无数次出现在书本上、出现在电视里的大海，此刻就躺在他面前，那样宽广，那样纯洁，那样秀美。大自然真是美妙！浪花一会儿慢慢地顺着海水涨了过来，一会儿又慢慢退了回去，像一个小孩子，调皮地在沙滩上来回打滚。

欣然闭着眼睛，张着双臂，用心感受着大海。伟乐的脑子里闪过电影《泰坦尼克号》里杰克在船头从背后搂着露丝的那个场景。他情不自禁地走到欣然身后，双手环抱着她的腰。他们俩都没有说话，边听着大海的声音，边听着游人的喧闹。

他们一直在海边待到中午，直到肚子饿了，才恋恋不舍地离开了海滩。岛上有很多海鲜小排档，排档里的海鲜特别新鲜，全是活蹦乱跳的。伟乐算是理解了“生猛海鲜”这四个字的内涵。不过，虽在海岛，海鲜却不便宜。伟乐点了两个菜：盐水虾蛄、香螺辣螺双拼。同时，他还点了两碗米饭。其实，他们俩平时都不怎么吃海鲜，因为家乡没有海鲜。

吃过中饭，欣然希望在“千步沙难”附近找一个旅馆，这样晚上还可以来看夜景。伟乐帮她实现了愿望。虽是黄金周，房间的价格还算合理，一个房间一百元。伟乐只开了一个房间，房间很朴素，靠海，风景很好。开房的时候，伟乐有点激动，这是恋爱以来第一次真正与欣然一起过夜，在医院里的那些日子不能算。这下，他和欣然终于可以一起起床了。伟乐憧憬着这个夜晚，他觉得应该会发生一些故事。

他们俩洗了把脸，又开始去下一个景点。东鹿岛上有一片天然草坪，鲜嫩肥美，绿绿的一大片，比江心岛上的草坪壮观多了。坐在草坪上，四周是无边无际的大海，海浪拍打着岩石，溅起了白色的碎末。这一刻，伟乐体会到了什么叫“世外仙境”。

他们绕着东鹿岛走了一圈，岛上处处都别有洞天，每个景点都令人流连忘返。在夕阳西下时，他们刚好又回到了“千步沙滩”附近。夕阳的余晖洒向大地，海面上波光粼粼，美不胜收！他们又在小排档享用了晚餐。

吃过晚饭，伟乐牵着欣然，再一次走向千步沙滩。沙滩上已燃起了篝火，游客们在篝火边饮酒、唱歌。岛上的月光特别亮，深蓝色的天空没有任何杂物，月光的碎影洒满了海面，月影沉浮。欣然说：

“阿乐，我闭着眼睛，你牵着我的手，让我在海边盲行好不好？”

“好啊，怎么啦？想回味那次团体辅导的感觉？”

“坏！我想你一直牵着我走，直到永远。”

“当然啦，我会一直牵着你。怎么感觉你今晚有点伤感？”

“没有呢。那我闭眼睛了啊，我把自己交给你了。”

“闭吧，我不会让你有一点点危险。”

说着，伟乐牵着欣然，小心翼翼地一步步迈向大海。欣然紧紧地攥着他的手，像第一次牵他的手那样。不过，那一次她很紧张、很忐忑，而这一次，她很坦然、很坚定，她完全信任眼前这个男人，这个人一定愿意照顾她一辈子。只是，自己心中有太多的事情在翻腾：暑假的时候，妈妈让她毕业后能回家去找个工作，还说要给她找个好婆家，妈妈想看着她结婚，并且早点抱上自己的外孙。这件事情，她一直不敢告诉伟乐。她不敢想象自己与伟乐的未来，她怕自己抓不住未来。

当双脚碰到海水的时候，欣然知道，自己已经站在海水里了。她睁开了双眼，眼前还是刚才的那一轮明月，月亮倒映在海里，海面泛着零碎的银光。海水还在一涨一消，一会儿扑脚而来，一会儿离脚而去。伟乐双手抚摸着她的脸，给了她一个深情的吻。当着大海的面，他在欣然的脸上留下了爱的誓言。他们在沙滩上写下自己的名字，名字后面还有一行字“永远在一起”。

直到夜很深的时候，他们才回到旅馆。梳洗之后，欣然靠在窗边，托着自己的腮帮，静静地望着天空、望着大海。伟乐猜不透她在沉思自己的过去，还是想象他们的未来？他情不自禁地走到她身后，把她搂在怀里。在这里，不再有任何世俗的羁绊，不再有任何其他人的目光，这里只有他们两个人，完全自由、心心相印的两个人。

海风吹起欣然的秀发，几缕发丝调皮地抚摸着伟乐的脸颊。他轻轻地吻了一下她的耳际，欣然颤抖了一下。接着，他又顺着她的脸颊，一路吻到嘴唇。他发现自己的呼吸声变粗了，体内像有千军万马在奔腾。欣然转过身，双唇紧紧地贴着伟乐的双唇，她觉得浑身酥软，忘了所有的事情。她只知道，嘴里含着的是自己生命里的伴侣。他们的舌头在嬉戏，凭着本能，他们忘情地相互抚摸着。伟乐浑身发烫，他充满了生机和力量，任由自己的舌头在她光滑的身体上游弋。

不知什么时候，欣然发现自己已经躺在床上，伟乐脱下了她的睡衣，在亲吻她的胸口。她羞涩地说：

“傻瓜，今天不方便。”

伟乐已经失去了理性，他的脑子里浮现的全是大一时建邦带回来的那个破片子里的镜头。他在欣然的耳畔喘着气说：

“今天想要，求你了。”

他不顾欣然的劝阻，脱下了她的裤子。可是，她的内裤里贴着一条卫生巾，上面一片血红。他顿时明白了，他紧紧地抱着欣然的身子，浑身颤抖着。欣然完全能感受到他那一刻的失望，她的双手抚摸着他的后背，在他耳边连着说：

“对不起！傻瓜，对不起！今天不方便。”

伟乐没说什么，紧紧地抱着欣然。过了好一会儿，他体内的千军万马撤退了，他的身体又恢复了常温。他抚摸着欣然的脸颊，把她搂在自己的怀里，然后沉沉睡去。

早上，欣然醒来后，觉得手上、腿上都有点痒。她用手摸了一下，感觉皮肤变得毛糙。抬起手一看，上面长了好多小疹子，再一看腿上，也有很多小疹子。无缘无故的，怎么会长疹子呢？伟乐也被吓到了。

起床后，他们赶紧找了一个小诊所。医生说这是海鲜过敏，打针吃药后就没事了，不过需要休息。一整天，他们都在旅馆里度过。两个人相互偎依着，聊过去，聊未来，他们有聊不完的话题。到了晚上，欣然身上的疹子全都退去了，皮肤又恢复了光滑。

他们计划中的第二个游玩景点是云荡山。云荡山在东州的北部，海拔一千余米，风景迷人，文化底蕴深厚，山上有很多文人墨客的题字，号称“东南第一山”。

第二天一早，他们就出发了。离开东鹿岛回到码头后，他们坐上了开往云荡山的快客。

经过两个多小时的车程，云荡山风景区赫然出现在眼前。但见山峰奇秀、飞瀑婉转、云雾缭绕、古木参天，果然名不虚传！景区里游客如织。云荡山的主要看点是山峰。山峰之美，贵在“奇秀”二字。有的山峰像“老僧拜塔”，有的像“尼姑思凡”，有的像“举案齐眉”，有的则像“太公钓鱼”，这些景象鬼斧神工、浑然天成，令人赞叹！

所谓“无限风光在险峰”，于是，他们顺着山路拾级而上，想到更高处去寻访美景。直到离游人越来越远，离云雾越来越近的时候，他们才停下来歇息。从山上可以俯瞰大海，真是海有海的宽广，山有山的气魄。前天，他们在海边立下了海誓，如今要在山上定下山盟！

在清幽的山路上，伟乐隐约看见一位僧人，他手持一串佛珠，在远眺大海。伟乐心想，莫非这就是所谓的世外高人？好奇心驱使他拉着欣然一起向这个人走去。

他果然是一位僧人，三十来岁，眉目清秀，超凡脱俗。伟乐主动打了个招呼：

“师父好！”

僧人面带微笑，回道：“施主好！”

也许是看到伟乐手里的袋子上印有“东州大学”的字样，僧人问：

“二位施主是东州大学的学生吗？”

欣然笑着回答说:“大师真细心,我们是东州大学的。”

“嗯,东州大学声名远扬,二位肯定很有才华。施主学什么专业啊?”

“我们学的是国际经济与贸易。”伟乐答道。

“这可是东州大学最好的专业,只可惜九常老师离去了,阿弥陀佛!”

他与欣然都很诧异,一位世外僧人如何会知道这些事情。他想起了郑谦,郑谦正是由于没大学文凭,所以一些寺庙拒绝收留他。于是,他好奇地问:

“听说现在出家人都要求是大学毕业生,您也是大学毕业的吧?”

“呵呵!我是‘家里蹲’大学毕业的。”

欣然听得有点迷糊,说:

“大师刚才说是哪所大学毕业的?我好像没听过,是国外的?”

“善哉!善哉!我是‘家里蹲’大学毕业的,就是蹲在家里毕业的。”

“哈哈!”欣然笑出声来,“大师真幽默!”

在后来的交谈中,伟乐才发现,这位僧人也是东州人。他以前读的是中专,学无线电专业,后来由于感情受挫,才看破红尘出家。在山上修行的时候,他利用无线电技术,天天收听各种各样的节目,因此对天下事了如指掌。

偶遇僧人,算是在云荡山的一个惊喜,一种缘分。僧人气定神闲,与日月为侣,在深山之中伴着云海松涛,伴着青灯古佛,用手上的佛珠去丈量生命。不过,他们俩并不羡慕僧人的生活。

离开僧人后，欣然跟伟乐开玩笑说，以后会好好待他的，免得他也看破红尘。

折回到半山腰的时候，伟乐看到边上有一个景点，名叫“观音阁”。观音阁门口有一条很长的铁索，铁索上挂着很多铜锁。铁索旁边有一些卖锁的小贩在吆喝。欣然说：

“这应该是同心锁，咱们也去挂一个吧？”

伟乐说：“好啊！锁在人在，锁亡人亡。”

“瞎说，尽说些不吉利的。”欣然怪罪道。

“这可不是瞎说哦，你看，这些铜锁不生锈、不腐烂，万古长存，而且还紧紧锁在一起，永不分离。这还不好啊？”

欣然笑着说：“好吧，那错怪你了。”

锁的形状各异，色彩丰富，有心形的、圆形的、四方形的，有红的、黄的、紫色的等。不像建邦那时卖给新生的那些锁，全是一个型号。欣然选了一把紫色的心形锁，她喜欢紫色。他们一起把锁锁在了铁索上。锁上有两把钥匙，欣然拿了一把，另一把给了伟乐。他们一只手十指相扣，另一只手各自把钥匙扔向山谷。这算是他们在云荡山结下的山盟！

他们在云荡山也玩了两天，这样算起来已经玩了四天时间。这四天里，他们毫无牵挂、无忧无虑。这四天里，他们朝夕相处、同睡同起，结下了海誓山盟。唯一的遗憾是，当着“大姨妈”的面，他们不敢更加亲热。

第二十七章 / 发愿考研

在东鹿岛的旅馆里休养那天，伟乐跟欣然探讨了今后考研方向的问题。他想考心理学专业，这样可以帮助更多的人去面对人际离合、恋爱悲喜、命运沉浮以及生命无常。可是他又想考国际金融专业，毕竟这是他的本科专业。欣然很耐心地帮他分析利弊得失、兴趣爱好。最终，他决定考心理学专业，因为这是他真正想要去学的专业，而他选择的学校便是复旦大学。

当有了目标之后，向目标迈进的道路再曲折，再遍布荆棘，那都是浮云。国庆假期结束后，伟乐的内心充满了力量。欣然很欣慰，她欣赏的正是他的这种勇于拼搏的精神。而且，在这件事上，欣然是有私心的。虽然经历了海誓山盟，虽然她对伟乐的爱坚毅笃定，可是未来很遥远，她不知道能否与伟乐一生与共。

她放不下自己的母亲，也不想去伤母亲的心。她毕业后肯定会回到家乡，而复旦大学离她的家乡不算太远。

跨专业考研的压力是非常大的，为此，伟乐花了更多的时间待在图书馆里学习。他决定的事情，总会全力以赴。他开始自学心理学知识，从《普通心理学》入手，到《社会心理学》《发展心理学》《心理测量学》。有时候，学到深处时，他会产生一种忘我的境界，这是一种很奇妙的感觉。欣然一有空就去图书馆陪着伟乐，帮他搜集资料，为他照料饮食，完全是一种夫唱妇随的感觉。这种感觉真好！伟乐有种回到高考前的感觉，只不过，那时是孤军奋战，现在是两个人在战斗——欣然是他亲密的战友。

海强很羡慕伟乐，自从大一时的远程恋爱枯萎后，他的爱情之花再没开过，也没时间去开。他曾对伟乐说，自己曾暗恋林芳，但是后来感觉她太娇气，所以把目标转向了班上的另一位女生吴雪。但是，他不敢表白，他想毕业后再表白。进入大学两年多来，小强通过不懈的努力，英语期末考试的成绩已有了显著的提高。然而，他已经考了三次英语四级，仍然没有通过。因此，他仍然要继续坚持学下去。

小强是坚韧的，也是悲催的。维善、建邦、东升他们都在大二第二学期过了英语四级，伟乐则已经过了英语六级。在英语四级考试的道路上，小强只能单打独斗了。要说这英语，生不带来，死不带去，伟乐不明白学校为什么把英语摆在这么重要的地位。如果小强把学英语的时间花在学专业知识上面，估计他已经很有成就了。可是，这是规则，正如马浩老师说的，这个世界是适者生存，而不是强者生存。

建邦的生意越做越大，东州政法大学的虚拟网业务被他成功拿下，家教生意也是门庭若市。国庆节后，他还被学校评选为“创业标兵”，受到了校长的接见，好不风光！维善的新恋情一帆风顺，在爱情的滋润下，他的球技更精湛了。东升经过精雕细琢后，紧紧追随建邦，积累了数目不小的财富。

日子在紧张和忙碌中一天天过去。寒假来临之后，欣然回家过年去了，伟乐也回家过年去了。只不过，她这一走，可能要到明年论文答辩的时候才能回来。

送别欣然回家的那天晚上，伟乐写了一首诗《今天你将启程远去》：

今天你将启程远去
姑娘啊
昨天夜里　我梦到你了
你在船上　我在岸上
海鸥是我赠你的白手绢
我们彼此挥手告别
不知是你要离开我　还是我要离开你

不知昨夜
你是否也做了同样一个梦
你在岸上　我在船上
我们遥遥相望
早上醒时
我们的手紧紧握着

春节过后，欣然在家乡县城的一个进出口贸易公司里找了一份实习工作。那年的情人节，她和伟乐都是一个人过的。寒假里，妈妈的身体状况仍没有好转，妈妈说，希望欣然一毕业就能结婚，她想在有生之年看到欣然步入婚姻的殿堂，她说自己一定要撑到那一天。欣然的内心很痛苦，她不想违背妈妈的愿望，可是她很爱伟乐，她不想跟伟乐分开。她不敢把妈妈的愿望告诉伟乐，也不敢把自己和伟乐的事告诉妈妈。欣然默默地承受着压力，一个是妈妈的愿望，一个是自己的幸福，她无法抉择。

春节过后，妈妈已经开始张罗给欣然找婆家，因为她知道自己的身体不会撑太久了。欣然知道，伟乐一定能考上研究生，她也希望伟乐能考上研究生。可是等他研究生毕业至少还需四年的时间。妈妈撑得了那么久吗？夜深人静的时候，她常常暗自流泪。

春节过后，伟乐又开始跟小强一起学习。看了那么多的心理学书籍后，他对心理学充满了强烈的兴趣。而且，那时发生了“马加爵事件”，一个大学本科生，何以要残杀自己的四位室友？媒体上大肆宣传马加爵心理有问题，这更增强了他要考心理学研究生的使命感。

欣然在身边的时候，伟乐都能正儿八经地吃上一日三餐，因为欣然总是无微不至地照顾他，他已经习惯了有欣然的日子。可是欣然离开后，他吃饭变得不规律了。有时进入忘我的境界后，他连饭都顾不上吃，随便啃个面包。晚上从图书馆出来后，他便常常与小强一起买两包方便面，然后放到东升煮方便面的锅里煮一煮，胡乱吃上一顿。

可是不久之后的一件事给他们敲响了警钟。一天傍晚，伟乐正在图书馆里学习。忽然听到外面传来消防车的声音，而且是好几辆消防车，声音由远及近。楼下有人喊：

“着火啦！着火啦！”

不知是哪里着火了，一些同学跑出图书馆去看个究竟，伟乐也跟着跑了出去。东州大学的东面火光冲天，看样子是东州政法大学的学生公寓区。大一时，他曾与小璐去过那里，不过后来再没去过了。现场火势很猛，大火把傍晚的天空映得通红。一些同学还骑着自行车过去看，伟乐没有跟过去，他要争分夺秒地学习，因此又转身回到了图书馆。

约莫一个小时后，刚才去火灾现场的同学回来了。他们说，火灾已造成一名学生死亡，三名学生受伤。起火原因是一位同学烧开水时，使用“热得快”，而他本人躺在床上打电话太投入了，忘了时间。不知怎么的，寝室突然着火了。由于天气冷，寝室里的棉被、衣服很多，因此火势蔓延得很快。隔壁寝室一位同学由于生病，躺在床上睡着了，结果来不及逃出，被烧死了。伟乐听后，心里咯噔一下。他心想，这下问题大了，说不定这还与建邦有间接关系，那位烧开水的同学八成打的是校园虚拟网。

问题果然大了！火灾发生后第二天，全校开展寝室安全大检查。东升煮方便面的电热锅被没收。这个锅曾经为寝室同学的饮食做出了巨大贡献，如今要永远下岗了。从此以后，东升居然把吃方便面的习惯改掉了，伟乐的饮食也变得正常起来。

日子仿佛又回到了高中时的样子，一年三百六十五天，伟乐又觉得自己只过了一天，然后重复剩下的三百六十四天。不过，这样的日子很紧张、很充实。

第二十八章 / 临别许身

花开花落，芳菲将尽的时候，欣然回到学校，来参加毕业论文答辩。平时，伟乐每天与她通短信，偶尔还能与她 QQ 视频。但是，现实生活中却已是半年没见了。

见到欣然之后，伟乐觉得她越发秀气了。以前她从不化妆，这次回学校时，却化着淡淡的工作妆。略施粉黛之后，欣然别有一番滋味。这半年里，伟乐日日思念、愁肠百结，如今久别重逢，他乐开了怀。

欣然回来后，图书馆里伟乐身边的位置，自然又被她取代了。欣然说，她实习的那个公司准备正式录用她，一个月的工资有三千五百元，这在当时已是很高的薪酬了。不过，她妈妈的身体更差了，只能躺在床上休养，已不能下地干活。

见到伟乐，欣然心中悲喜交加。喜的是见到了自己朝思暮想的人，悲的是这半年里，妈妈为她相了几次亲，已有男方到她家里提亲。她不敢把这些事告诉伟乐，见到伟乐后，她的心里针刺一样地疼。看着她结婚，这大概是她妈妈生前最后一个愿望了，想起从小到大，妈妈那样辛苦地把自己拉扯大，她不忍心让妈妈带着遗憾离开人世。

由于妈妈需要她回去照顾，因此，论文答辩之后，欣然又匆匆赶回去了。伟乐心中有股淡淡的忧伤，他心疼她，却又无可奈何。她这次回去后，得等到一个月后的毕业典礼时才能再回来。而毕业典礼之后，她又得马上回去。想到这些，他变得不安和焦虑。

一个月的时间，其实没有想象中的那么长。当欣然再次出现在学校的时候，伟乐在高兴的同时，又多了几许的不舍。这次相聚后，此后的一年内都难以再相见，因为他还要读大四。他不敢想象欣然毕业后，他该怎么办。

他很珍惜与欣然在一起的每一分、每一秒。可是欣然每天又有很多事情要做，毕业照、毕业酒会、毕业典礼……所有的事情都要在仅有的三天里完成。

毕业酒会那晚，欣然喝了很多酒。回到学校后，她叫上伟乐，去情人坡边上的操场上逛，像三年前那个情人节的夜晚一样。伟乐责怪她喝了太多酒，她的胃不好，不能那样喝。可是欣然不说话，只是紧紧地抓着他的手，她的心里是苦闷的。一个女生喝酒，要么是太高兴了，要么是太痛苦了。三年前，操场上满是浓雾，他们的感情也很朦胧，但是人很清醒。三年后的今天，操场上月朗风清，他们的感情很清晰，但是人很朦胧。

欣然的脸上全是泪，伟乐的脸上也全是泪。他们靠在一棵树上，相拥而立。他们亲吻着对方，此时的吻，没有激情，很平静；此时的吻，带着泪水，很苦涩；此时的吻，充满忧伤，很不舍。他们都不说话，只是静静地拥抱着，十指相扣，感受着对方的体温，感受着这清冷的夜晚。那一晚，没有别的故事发生。

第二天上午，欣然参加了毕业典礼，她获得了“省级优秀毕业生”的荣誉称号，大学生活画上了圆满的句号。毕业典礼后，她给伟乐发了一条短信：

“阿乐，明天早上我就要回去了，今晚陪我一起吃饭好吗?”

伟乐回复说：“好，晚上我请你吃饭，为你送别。”

其实，他很不希望这一天的到来，但是，这就是现实，他必须得去面对。“最后的晚餐”是在“美味情缘”吃的。三年前的那个情人节的晚餐，他们也是在这里吃的。伟乐早早到了“美味情缘”，他占到了三年前的那张桌子，他希望这顿晚餐能在那张桌子上享用。他点了欣然最喜欢吃的四个菜，还要了两瓶啤酒。送别的晚餐要有酒，这样才称得上送别。

伟乐给她倒了半杯酒，给自己倒了一满杯。他们碰杯后，一饮而尽。他们谁都不提离别的事情，只去回忆这三年里的点点滴滴。三年里，他们有过欢喜、有过哀愁，有过心酸、有过浪漫，有过有福同享、有过有难同当。所有的这一切，此刻都是美好的回忆！

伟乐一杯接着一杯喝，此刻，再没有比饮酒更能宣泄忧伤了。末了，欣然说：

“阿乐，不管以后发生什么，你一定要认真准备考研好吗?答应我好不好?”

伟乐说："嗯！我一定要考上研究生，你也一定要等我！"

欣然听后，泪水在心中止不住地流，但是没有从眼里流出来，她怕伟乐看到。她好想问问上苍，自己与伟乐到底会有多深的缘分。可是，她听不到上苍的回答。

吃完晚饭后，伟乐准备送她回去。欣然附在他耳边说：

"阿乐，今晚我不想回宿舍，我们一起出去过夜吧。"

伟乐紧紧地搂着欣然，没有说话。这是欣然在大学里的最后一夜，他也想陪她一起过。

学校边上有很多旅馆，他们选择了丹枫白露宾馆，这个宾馆的名字很浪漫。到了房间后，伟乐紧紧地抱着欣然，他多想时间能够凝固，这样两个人就能一直在一起了。欣然浑身颤抖着，眼泪止不住地在汹涌。她哭出了声音，哭得很大声。伟乐没有安慰她，任她发泄自己的情绪，也许，让这些泪水流出来反而会更好一些。

当欣然渐渐恢复平静后，伟乐在她的额头留下了一个吻，接着是眼睛，接着是鼻子，接着是脸颊，接着是嘴唇……借着酒劲，他任凭自己的双唇在她脸上游弋。不知吻了多久，当两个人都气喘吁吁的时候，欣然在他耳边反复地说：

"我不想离开你，我不想离开你……"

伟乐一个劲地说：

"嗯！嗯！"

他找不出更好的词来回答，说这个字的时候，他的双眼饱含泪水。他亲吻着欣然脸上的泪水，四周变得非常安静。许久以后，欣然说：

"阿乐，我们一起洗澡吧。"

“嗯。”伟乐点点头，又亲了她一口，然后学着电影里那样，抱起她走进浴室。

当欣然的衣服脱光后，他的呼吸变得急促起来。这是他第一次在浴室里见到欣然。当年在社会实践时，他曾想象过她的身体，也曾憧憬过这一夜。如今，这一夜终于到来了。他抱着欣然，肌肤紧贴着肌肤，温水从喷头洒下，他们像拥抱在雨中，情意绵绵。欣然很羞涩，她不敢直视伟乐的眼睛，不敢直视他曾说过的、长得很规范的那个地方。

欣然的身子滑滑的，很白，柔若无骨。伟乐本能地亲吻着她的耳朵、她的后背，双手在她身子上肆无忌惮地游走。他帮她擦背，她也帮他擦背，像一对鸳鸯在戏水。

洗完澡后，伟乐先出了浴室，因为欣然还要洗脸。床铺有点凌乱，伟乐想整理一下。当他翻开被单整理的时候，底下的褥子露了出来。褥子的中间有几处暗红的颜色，像一朵朵红梅，这应该是前人留下的痕迹，是肉体第一次负距离时的累累伤痕。伟乐感觉热血涌到头上，顿时浑身发烫。他很紧张、很紧张，他感觉自己即将成为大人。

这时，欣然穿着睡衣走出了浴室。虽然，上次在东鹿岛时，他们也同床而眠，但是这次不一样。她觉得脸上发烫、口干舌燥。这是她的初夜，她要把自己最宝贵的贞操，献给这个深爱的人。她在心里默念着：

“伟乐，我把自己的身子交给你了。对不起，以后也许不能再陪着你了，可是我心里是那么爱你。”

伟乐有点失控了，这也是他的第一次。这时，他没有理性，只有荷尔蒙，只有激情。他即将与心爱的人一起体验人世间最神圣、最美妙的事情。他的体内又开始万马奔腾，他的喘气声很粗，像一头驴。他的舌头在欣然的身上游弋，他忘情地亲吻着她胸前那两座耸立的山峰。欣然呻吟着，幸福的暖流涌遍全身。凭着感觉，伟乐撕开了床头的避孕套。大一的时候，他在超市见过避孕套的包装，大二的时候，他在教学主楼楼顶见过避孕套的样子，如今，他要把它戴在自己身上，他不想敏华的悲剧发生在欣然身上。

不知过了多久，伟乐打了几个寒战后，无力地趴在欣然身上。她一个劲地亲吻着他的脸颊，同时，轻轻抚摸着他的后背。那一刻，他们体验到了“春宵一刻值千金”。

冲洗完后，也许是太累了，不知不觉中，他们俩沉沉睡去。那一晚，欣然做了一个梦，梦到伟乐消失在自己的世界里，她到处在寻找。伟乐也做了一个梦，梦到火车票丢了，欣然得在东州大学多留一天……

第二十九章 / 泣血告白

第二天一早，伟乐将醒未醒的时候，感觉有一双眼睛在看着自己。他睁开眼睛，果然，欣然在枕边静静地看着他。她没有抽泣，但是脸上满是泪水，看样子已经醒了很久。伟乐抱着她，亲吻着她的双眼。

醒来之后，意味着要真正离别了，因为欣然坐的是上午十点钟的火车。那天伟乐虽有课，但是为了送别欣然，他生平第一次逃课。他真切感受到了林芳逃课送别兵哥哥时的心情。月台上，无数人曾有过的悲欢离合，此刻正在他们俩的身上重演。千百年来，西楚霸王与虞姬的生离死别，唐玄宗与杨贵妃的生离死别，梁山伯与祝英台的生离死别，一幕幕在伟乐的脑海中闪过。他和欣然虽不是死别，但却是生离。伟乐的脑海里浮现出一首歌，是吴奇隆的歌："那一天，知道你要走，我们一句话也没有说……"

快要登上火车的时候，欣然从包里掏出一个信封递给伟乐，她让伟乐回学校后再打开来看。他顾不得其他的一切，一把搂过欣然，在大庭广众之下与她吻别。当她的一只脚迈上火车的时候，伟乐的眼泪止不住地落下来。这一别，不知何时才能重逢。

伴随着一声长鸣，火车开动了。伟乐使劲挥着手，那一刻，他觉得自己的心突然被掏空了。他在心里作了一首诗《当火车离开的时候》：

当火车离开的时候
我站在月台上
火车填满了我的视线
你的视线被我填满
我看看你　也看看远方

你和我的距离
被远去的火车拉长
我们把彼此的留恋
填在火车移开后的空间

我亲爱的姑娘呀
不管你我相隔多远
我们始终在同一条线上
我在这一端　你在那一端

回到宿舍后，建邦、东升他们在上课还没回来，伟乐迫不及待地打开了欣然给他的信。里面装着她亲笔书写的信，这封信还有一个标题《你是我生命中最美丽的相遇》。伟乐有点感动，开始往下读：

写下标题的时候，我想起了邓丽君的那首歌——《我只在乎你》：如果没有遇见你，我将会是在哪里？日子过得怎么样，人生是否要珍惜？

如果没有遇见你，我是否还把自己禁锢在那个沉重而忧伤的牢笼里，迟迟走不出来……

如果没有遇见你，我是否可以拥有这些年天真爽朗而又无比开怀的笑声……

如果没有遇见你，我是否可以拥有生命中那么多的第一次……

如果没有遇见你，我是否还能看到梳妆镜里，自己那嘴角挂满的、浅浅的、幸福的微笑……

遇上你，是我的缘，还是上天的垂怜？你就像隆冬时节那冲破层层乌云、喷薄而出的太阳，用浓浓的爱包围着我，给我无尽的、不曾有过的温暖。

为了迎接你入校，我们相遇了。在团体辅导活动上，我们第一次牵手了。你的真诚，让我向你敞开了心扉。每天晚上的短信，你满怀怜惜地解读着我的故事，连同我那些淡淡的忧伤。我一直用坚强的外壳包裹着自己，也从不轻易让别人看到我的失落、我的苦楚、我的心痛，直到遇上了你。

忘不了:我满怀忧伤地向你讲述我的一个又一个故事的时候,你给我的鼓励和温暖,你对我说,很希望自己是个女孩子,这样就可以抱着我,静静地听我诉说……

忘不了:你对我是那样无条件地宠溺,明明比我小一岁,但是却从来都把我当成一个小女孩一样宠着,帮我实现了小时候的一个个梦想——看电影,划船,吃棉花糖……

忘不了:团体辅导活动的时候,你牵着我的手时,我居然没有浑身发痒,我感受到了与你的缘分,我觉得你就是我的真命天子……

忘不了:我们在江心岛上度过的那一天,我感到我们的心那么近,仿佛紧紧地贴在了一起,你和我就像是两朵孤独无依的浮萍,漂浮了很久很久,终于找到了对方……

忘不了:你给我的生命中那么多的第一次!第一次有人骑自行车带着我;第一次有人为我弥补童年的缺失;第一次有人让我感觉自己像一个公主;第一次有人带我观海、登山,山盟海誓;第一次有人对我说,我是他心中的女神……

忘不了:一起上自习,并肩走在校园里的林荫道上,明明想要牵手,却要极力忍耐的脸红和心跳……

忘不了,忘不了,忘不了……

这么多年一个人的路,坚强、倔强、执着,不肯轻易向命运低头的我,走得好累。是你不经意间走进了我的生命，是你给了我如此厚重的爱，是你给了我一个坚实的臂膀，是你让我看到原来等待我的，还有那么多的美好和惊喜！而此刻我才知道，原来过去所有的孤寂与落寞，都是为你而等待，你让它们染上色彩、绽放美丽的光芒。

每个人对幸福的诠释都不一样，我不敢轻易给幸福下定义，可是我却深深地感受到你发自内心的怜惜与爱恋，你带给我快乐，也带给我内心的宁静。我曾经抱怨上苍的不公，总是让我命运多舛，可是，你的到来，我又是那么感谢上苍，命运对我是何等地眷顾！

我曾经在短信里面说过："长相依是爱，长相忆也是爱。"如果，时间可以倒转，我愿意早遇见你几年。可是世界上没有如果，我们只能相忆、相思、相牵挂。如果世界上有那么一个人，是你心中无法取代的唯一，是你倾尽一切也无怨无悔的毕生追求，我希望那个人是我！而如果有一个人，她的爱，如海，淹没的是她自己，如天，放飞的却是你，那么那个人必然是我！

可是，这一切，仿佛都已过去。伟乐，如今，我却要忍痛告诉你，我们也许得分手了。我深深爱着你，可是你知道我的过去，我的母亲给了我生命，给了我所有，她已经垂垂老去，她多么想看到我穿上婚纱，走进婚姻的殿堂。她每天都在跟我说，给我找个婆家，她说她不想带着遗憾离开人世。伟乐，我曾无数次在夜里痛哭，我不想离开你。可是，我不忍心看到妈妈带着遗憾离开人世。你一定要好好考研，我不能耽误你的前程。

我知道你很爱我，请一定要答应我，不要来找我，不要放弃考研，愿你的人生更精彩！

亲爱的，忘了我吧，我可能不久以后就要结婚了，没有我的陪伴，我希望你能坚强起来。请一定要尊重我的这个决定。你要知道，我的心与你是一样痛的。我无法当面对你讲。谢谢你！你是我生命中最美丽的相遇！你给了我倾尽一生也无法回报的爱，我很感激你。所以，昨晚，我把自己最宝贵的东西留给了你。我不知道未来会怎么样。爱你！但是，对不起！

看完信以后，伟乐感觉双腿发软。他瘫坐在地上，感觉天塌了一样。他傻傻地坐着，几乎不敢相信自己的眼睛，他宁愿相信这只是一场噩梦。可是，这是现实！这真的是现实！他狠狠地用手捶打着地面，直到双手红肿。他感觉自己胸口很闷，于是爬到床上，静静地躺着，内心却在波涛汹涌。他给欣然打了电话，可是电话关机了。那天中午，他没有吃饭；那天晚上，他只吃了一个苹果。

他在寝室里待了两天，哪儿也没有去，连上课也没有去。他打过无数次欣然的电话，可是都没有打通。他的心里灰灰的，没有一丝光亮。他甚至想放弃考研，立即去找欣然。可是欣然人在何处？不知道。他恨自己为什么没早两年出生，这样就可以帮助欣然。他没有怪欣然，因为他完全能感觉到，欣然是多么的伤心和无奈。

站在宿舍的阳台上，看着楼下人来人往，他心中觉得很凄凉。他有一股想跳下去的冲动，跳下去，什么都解脱了。可是，理智又阻止他这么做。跳下去,就什么都没了,就像茹茹一样。跳下去,欣然会伤心欲绝的,他不想让自己爱的人一生内疚与自责。

后来,室友们知道了伟乐失恋的事情,他们从没想过伟乐的心会被伤成这样。他们知道,这样下去伟乐会生病的,于是,一个个想着法子去开导他。他们顾不上期末考试即将来临,带着他去吃夜宵、喝酒,带着他去唱歌,唱得声嘶力竭,他们甚至玩起了大一时常玩的四国军棋。几年来建立的室友之情,在这时表现得意浓情深,表现得淋漓尽致!

一个星期下来,伟乐的心情终于趋于平静。但是,他仍然不能释怀,他甚至想去云荡山找那位“家里蹲”大学毕业的僧人,去寻找一个清净的庙宇,做一名世外高僧。

得知伟乐的状态后,马浩老师特意找他谈心,之后,又推荐他去做心理咨询。抱着试一试的心理,他约了张英老师。这位曾促成他和欣然在一起的心理老师,此刻该如何让他接受分手?

张英老师很和蔼,她倒了一杯温水给他,伟乐顿时感觉心里暖暖的。张老师说:

“你好!感谢你对我的信任,有什么可以帮你的吗?”

伟乐声音低沉地说:“老师,我觉得很痛苦。”

“遇到什么烦心的事了?”

“我觉得最近很乱,什么事情都不顺。”

“嗯,你可以具体谈谈这些事情吗?”

“感情、学业,很多事情都不太顺。”伟乐顿了一下,抬头看了看张老师,想知道她在不在听。张老师的目光很柔和,而且全神贯注,他觉得很安心,于是接着说:

“我失恋了，老师。我的女朋友要嫁人了。”说着，伟乐心里一酸，泪水从心底涌上眼帘。张老师把茶几上的纸巾推到了伟乐身旁。然后平和地问道：

“能再说具体一些吗？”

“好的。”伟乐擦了一下眼泪说：

“她比我大一个年级，刚刚毕业了。她家里条件不好，妈妈身体很糟糕，想看着她嫁人。我女朋友很孝顺，她不想让妈妈带着遗憾离开人世。可是我还在读书，我还要考研，她说她妈妈的身体状况等不到我研究生毕业。为此，她跟我分手了，我的心静不下来，我甚至想放弃考研了。”

“看起来，你很上进。同时，这件事的确令你很伤心。我总结一下，你跟女朋友本来关系很好，她却因为母亲的原因，无奈要与你分手，而你对她恋恋不舍，并且这件事情影响到了你的生活和考研状态。是这样的吗？”

“嗯，所以我很郁闷，老师。”

“如果女朋友完成了她妈妈的心愿，你会为她感到高兴吗？”

“会，因为她与妈妈相依为命。妈妈为她付出了很多，这是需要报答的时候了。”

“女朋友要完成妈妈的心愿，现在就需要先结婚是吗？不然，妈妈的心愿就实现不了。”

“嗯。”

“如果你放弃了考研，女朋友会伤心吗？”

“肯定会！这也是她的梦想，我如果放弃了考研，她会内疚一辈子的。”

“所以，你想让你的女朋友伤心吗？”

“不想，我只希望她快乐。只要她快乐，我做什么都行。”

“所以，不要放弃考研，可以吗？不然女朋友会内疚。”

“嗯。”

“所以，也不要太难过，你女朋友只有完成了妈妈的心愿，心里才不会内疚，对吗？”

“嗯。”

“女朋友又爱你，又爱妈妈，她肯定也很伤心，对吗？”

“嗯。她跟别人结婚肯定是不情愿的。”

“但是，只有这样做，才能既不让妈妈伤心，又不会让你中断考研，对吗？”

“嗯。”

“所以，你不能放弃考研，她为了你和她的妈妈，做出了很大的牺牲。如果你考上了，我想她会很高兴的。”

“嗯。”不知不觉中，伟乐的心结被张老师解开了，他好像突然想明白了，现在只有安安心心考上研究生，才是真正应该做的事情。

此后，伟乐又跟张老师聊了两次。他的状态开始渐渐好起来了。可是，夜深人静的时候，他心中依然会感到很寂寞、很孤独，比认识欣然之前还寂寞、还孤独。欣然离去后，把手机号码换了，而且从来不上QQ，伟乐没有办法可以再联系到她。

无助，虽然无助，但是日子还得继续，考研还得继续……

暑假里，伟乐报名参加了考研辅导班，开始一心一意地准备考研。

第三十章 / 花开有时

大四刚开学的时候，维善又把卫生间里的对联给换了，换成了：博士生，研究生，本科生，生生不息！上一届，这一届，下一届，届届失业！横批是：愿读服输。

大四来临，意味着毕业季的到来。全班所有人都把状态调成了“毕业班模式”：找导师、做论文、参加就业招聘会、考研复习、考公务员复习、申请出国留学……在就业压力面前，每个人都在寻找自己的出路。

伟乐对心理学的考点掌握得越来越多，对政治、外语的准备也日益充分，他对自己考研的信心越来越足。他要坚持到底，去实现自己和欣然共同的理想，虽然她此刻不知人在何方，甚至可能已为人妻。

建邦想要把家教公司继续做大，使之成为东州市的知名企业。他同时拓宽了通讯业务和客户群体，从而为今后成立通讯公司打好基础。

维善想考公务员，他说要考交通警察，为东州市的交通治安贡献自己的力量。他在球场上的时间少了，在图书馆的时间多了，每天在做公务员考试习题。伟乐采用心理分析技术，推断出维善的选择应该是受到了茹茹发生交通意外这件事的影响。

小强在开学后不久，查到自己英语四级考了82分，他终于通过了四级，并且取得了高分！那天，他异常兴奋，还请全寝室的同学吃了一顿饭——每人一碗鸡蛋面。他说以后要继续读英语，争取能出国深造。

东升对自己的未来还没有想法，不过，他想先去减肥，他觉得身上的肥肉挡了他的财运，因此，他待在操场上的时间多了，每天不停地跑步、打球、节食。除此之外，他仍在继续帮建邦拓展业务，赚取外快。

开学后，伟乐觉得林晴开始关心起他来，经常对他嘘寒问暖。他想，也许是林晴觉得他可怜吧，因为欣然已经离他而去。也许是林晴想感恩吧，因为她之前由于茹茹的离去而深深自责时，他也曾对她嘘寒问暖。

经过大学三年的成长，林芳开始变得坚强起来。她不再向伟乐抱怨生活，而是开始笑对人生，她仍然经常与兵哥哥通信，兵哥哥没有退伍，一直留在部队里。

王晓燕此后再没犯过病，胡立很爱她，每天与她形影不离，把她照顾得脸色红润，有光泽。他们这一对恋人令全班同学都很羡慕，马浩老师也很羡慕，因为别人的恋爱基本都终结了，只有他们的爱情之花依然盛开。

为照顾考研的同学，学校开设了通宵教室。在最后冲刺阶段，伟乐经常去通宵教室学习，然后白天在寝室里睡上一个上午。这种黑白颠倒的日子，他竟然一点都不觉得苦，他在夜里的学习效率特别高。累了的时候，他喜欢读顾城的诗，读海子的诗，读戈麦的诗，只是想不明白，顾城为什么要杀妻，海子为什么要卧轨，戈麦为什么要投河。他希望读研究生的时候，能够找出他们这些行为背后的心理因素。他也常写小诗感怀人生，他最喜欢的是《路途》：

当你，走在一条长长的路上
那么，请你一定要把这条路走完
也许道路坑坑洼洼、模糊不清
也许你的近旁，只有你独行

如果你感到渺茫，如果你感到孤单
那么，请你一定要抬头望望、抬头望望
也许你并不能看清他是谁
但总会有人，在你的前方

这首诗激励着他不放弃，不妥协，勇往直前！

紧张的研究生入学考试结束后，伟乐紧绷的神经瞬间放松下来。为了这两天的考试，他耗费了四百多个日日夜夜的心血。不过，从考试的感觉来看，他认为自己应该能考上，应该能到复旦大学去继续学业。考研的过程，也让他更懂得生命的意义，更懂得学业的意义。

考研结束后，寒假早已经开始了。寒假里，伟乐见到了贾勤奋，这位曾被高中数学老师拆散过恋情的哥们儿，如今已是一家酒店的副总经理，他没有再与原先的那位女朋友旧情复燃。伟乐也再一次见到了贾松明。这位他曾经的同桌，如今脸上皮肤光滑了不少，看样子，他已经完全适应了北方的生活。松明说，他已经找到了女朋友，现实生活中没找着，所以网恋了一个。他觉得这位女网友挺好的，他们聊得很投缘，有共同的价值观、共同的生活追求和共同的人生理想。他还说，这位女网友也是东州大学的学生。松明说，寒假过后，他想专程去看望女网友。

都说网恋容易见光死，但是贾松明不信，他坚信自己的网恋能够梦想成真。过完寒假，他与伟乐一同来到东州大学。那一天是情人节，他特意与女网友约在这个日子。伟乐想起了自己说过的一句话："不是情人的人，过了情人节也许就成了情人。"

松明与女网友约在校门口见面，因为这是他第一次来东州大学，对学校不熟悉。从公交车上下车后，伟乐又想起了茹茹，因为这个车站与茹茹发生事故的地方很近，每次到这里，他都会想起她。他也想起了欣然，因为在那个台风肆虐的下午，他没有在车站看到她时，是那样恐惧和不安。

他与松明一起向校门口走去，他看到林晴站在门口东张西望，于是走过去说：

"林晴，新年好啊！你在这里干吗？"

伟乐说话的时候，松明拨出了一个电话，他想拨给女网友。

林晴刚想回话的时候，她的手机响了，她接通了电话：

“喂……”

那一瞬间，松明愣住了，林晴愣住了，伟乐也愣住了。原来，松明的女网友就是林晴！那一刻，伟乐开始相信缘分。他一个人先走了，留下松明和林晴两个人在风中凌乱。

回到寝室时，伟乐得知东升没有回学校，直接在家乡的一家大型通讯公司实习了，这个公司是建邦帮他联系的。海强也没有回学校，他在一家外资企业实习，同时在准备考雅思，他想毕业后去美国留学。建邦的通讯公司已经正式在工商局注册，他忙于公司的筹备工作，也没有回学校。寝室里只有维善在，他已经通过了交通警察的体能测试和笔试，接下来还要参加心理测试和体检。

机会总是留给有准备的人，如果维善不喜欢打篮球，他的身体素质可能就没这么好，也就很难通过体能测试了。为了确保体检的时候不出问题，他特地提前去医院里做了体检。他不敢去公立医院，怕检查结果会被公安局查到，所以选择了一家小型的民营医院。他做了血常规、尿常规、肝功能、心电图、B超等各项检查。检查结果显示，他患有心律不齐、高血压、脂肪肝、高血糖等各种疾病。他感觉自己像个废人，变得失魂落魄。

正式的体检通知下达后，维善怀着悲观的心态参加了各项检查。医生告诉他，他的各项指标正常。他不敢相信自己的耳朵，追着医生反复确认，医生不耐烦地说：“指标正常！指标正常！”

维善的心情从阴转晴，他很不解为何之前查出那么多问题。从医院回学校，路过那所民营医院的时候，他学着皮秋生老师，来了一句"Shit！Fuck you！"不过，这句话的意思不再是叹词，而是脏话。

不久之后，喜讯传来，伟乐的研究生初试通过了，分数还很高。四百多天的奋斗总算没有白费。全班共有十二位同学去考研，结果有十位同学上了线。另外两位同学由于举棋不定，一会儿准备公务员考试，一会儿又去企业面试，最终没有上线。

笔试通过后，还得准备面试。面试也是非常重要的，他不敢掉以轻心。不过，面试对他而言其实是很轻松的事情。三年的学生会工作经验，让伟乐的语言表达能力、文字写作能力、时间掌控能力等都有了很大的提升。他不仅成长了，也成熟了；不仅有智商了，也有智慧了。最终，伟乐如愿以偿，被复旦大学心理学专业录取了。得知他通过复试，林晴还专门打电话向他表示祝贺。

毕业论文答辩的时候，全班同学都陆续回校了。伟乐发现了一些明显的变化：女生们大多淡妆浓抹，一个个衣着光鲜、气质非凡；男生们大多刚毅挺拔，一个个举止儒雅、气宇轩昂。社会果然是个改变人的好地方！

自从与贾松明见面后，从不打扮的林晴也开始化淡妆了，显示出女性特有的魅力与温柔。伟乐突然觉得，其实林晴也挺有外在美的。他很感激她这一年来对自己的关心和鼓励。听松明说，林晴与他已经进入热恋阶段了，他们俩都觉得跟对方缘分不浅。

林芳的肚子微微隆起，伟乐起初以为她是发福了。后来听女生们纷纷议论，他总算听明白了，原来她肚子里已经有了另一条生命——她怀孕了。她的未婚夫就是那位兵哥哥，如今他已升任副连长。林芳成了一名真正的军嫂。

肚子变大的还有一位同学，就是吴雪。小强一直暗恋着她，并且准备毕业酒会的时候向她表白。他没料到吴雪还没领毕业证呢，先领了结婚证，真是“示爱时，退一步人去楼空！”小强故事多，充满血和泪。

一个月后，班里举行了毕业酒会。建邦不知从哪里拉了些赞助费，因此，酒会安排在一所相当高档的酒店——东州大酒店。许正英院长、张敏捷老师、皮秋生老师、吴启隆老师、高星老师、马浩老师等全部应邀出席。其中，张敏捷老师已升任学院分党委书记，高星老师已升任学院办公室主任。毕业酒会开始后，班主任马浩老师首先致辞，他说：

“亲爱的同学们，五年前，我们如隔岸观花，你在高中，我在大学，我们谁也不认识谁；四年前，我们如雾里看花，你在大学，我也在大学，我们谁也不了解谁；三年前，我们逐渐柳暗花明了，我们相知、相守，共同成长。如今，你们即将毕业，相信你们的未来一定能花开富贵！”

讲到这里，全场掌声雷动！马老师接着说：

“四年过得很快，这四年里，你们每天早上是被闹钟叫醒，还是被梦想叫醒？不管怎么说，你们都成长了。四年里，虽然我们留有遗憾，茹茹离开了我们，刘洋和郑谦成了我们的学弟，不过，他们俩现在过得很好。但是，更多的人都更加成熟了，这就是生命，这就是生活，我们需要面对花开花落、潮涨潮消！未来的路上，希望你们能走得更坚定、更执着，你们都要相信自己，每个人的花期不一样，但是，花开一定会有时，你们一定能开得绚丽多彩！

讲到这里，全场再次掌声雷动！马老师又接着说：

“今夜，我们把酒言欢，明天，我们开始新的旅途。希望你们为社会带去活力和智慧！只是，不要忘了常回来看看。二十年后，如果你们在东州大学的校园里看到我的时候，跟你的孩子说‘这个小老头我认识，他以前是我的班主任’，这样我就心满意足了。我就讲这么多，谢谢大家！”

马老师讲完后，全场师生报以经久不息的掌声。好多同学还流下了热泪，因为这四年里，大家相知、相守太不容易了，马老师也为班级倾注了无数的爱和心血。

伟乐更是思绪万千，他对茹茹已经淡忘了，但那份初恋时的战栗却偶尔还会窜出来。他把对茹茹的战栗和对欣然的爱，全都倾注在了欣然的身上。茹茹只是他生命中的一朵花，就算错过了，也只是一种风景。而欣然是他生命中的阳光，如果没有阳光，生命是黯淡的。她留给他的那封信《你是我生命中最美丽的相遇》，伟乐一直珍藏着，常常从字里行间去回忆过去的点点滴滴。他明白了为什么欣然去年毕业酒会时，喝了那么多酒，她那时一定很痛苦。如果命运给她一个考研的机会，她也一定能考上的。其实，她不用考，学校保研的名额也会给她，是她自己主动放弃了，因为她要回家照顾妈妈。想着这些，伟乐端起酒杯，倒满了酒，一饮而尽。

想当初，四十个人入学，如今也是四十个人离开学校——林芳和吴雪的肚子里还各有一条生命。也许，这也正是生命的交替吧。人生无常，但生命总是会延续的。伟乐以前从不敢多喝酒，但是今晚，他喝了很多，他几乎敬遍了所有的同学和老师。

同学们也都很敬重他，因为他是班级的支柱之一，他有太多优秀的地方值得全班骄傲。但是，只有伟乐自己知道，四年来，他付出了多少的汗水和辛劳，内心经历了多少次的挣扎和痛苦。没有人知道，他曾徘徊在寝室的阳台上，他想做一只断线的风筝，而不是被丝线套着的风筝，他想获得自由，获得解脱。他只需纵身一跃，什么都将结束，但是，他最终战胜了自己。

借着酒兴，林晴走到伟乐身边说：

“伟乐，你还惦记欣然吗?”

伟乐说：“我当然惦记她啦，她是我一生都不会忘记的女生，她已融入我的生命。”

“如果有机会，你还想见到她吗？你想继续跟她在一起吗?”

“我当然想啦，可是我没有机会了，她早已为人妻。她是我一生中最美丽的相遇，我不想去打扰她，我希望她过得幸福。”

林晴没说什么，沉默了。

东升不胜酒力，先挂了。他靠在椅子上，当着全班同学的面，现场直播他的呼噜声。小强则显得特别主动，他已经不是那个把自己封闭在图书馆里苦学英语的小强，经过半年的实习，他变得干练而大胆，他的英语水平突飞猛进。建邦则延续了他的一贯作风，他偷偷跟伟乐说，自己的资产已经超过两百万，他的目标是“当不了富二代，就当富二代他爹！”维善反而变得腼腆，经过警队的训练，他从豪放变得婉约，从粗犷变得细腻。

伟乐还算清醒，酒店的包厢里可以唱卡拉 OK，于是，他和建邦、维善、小强他们一起，唱起了《睡在我上铺的兄弟》：

“睡在我上铺的兄弟，无声无息的你，你曾经问我的那些问题，如今再没人问起……”

他们唱得声嘶力竭，声泪俱下。这四年，大家有过悲欢离合，有过肝胆相照。转眼间，大家都将各奔东西，再相见会是何时？谁也不知道。他们都相继发誓，不混出个人样，绝不再进东州大学！

伟乐生平第一次喝了那么多酒，他半醉半醒，走路踉踉跄跄。那一夜，他不知自己是怎么睡过去的，只知道第二天醒来的时候，头有点疼。

室友们已整理好行装，陆续启程了。伟乐是最后一个离开宿舍的，他花了半天的时间整理行李，把该扔的都扔了，把旧书、旧物都送给了楼下的宿管员。整理书柜的时候，他突然看见一张和欣然的合影，正是那张在上海黄浦江畔拍的照片。相片上，一艘游船刚好经过，照亮了江面。伟乐突然有点激动，泪水在心底里爬啊，爬啊，但是，没有爬到眼眶。他不恨欣然，因为他了解欣然，如果不是逼不得已……他在心中默默祈祷着、祝福着欣然。

收拾完行李后，他站在阳台上，满含留恋地望了一眼校园。四年来，河对岸的橘林红了四次，橘林红的时候，果然很美。操场上有很多学弟学妹在运动，依然熙熙攘攘，依然生生不息。

该是离开宿舍的时候了。背上行囊站在宿舍门口的那一刻，一股莫名的惆怅从他心底里升起。他想起了四年前在大学的第一个晚上，那时欣然就站在这里，看到他只穿了一条大裤衩时，羞得赶忙把脸转了过去。如今，所有的往事都已成为历史，成为记忆！大学注定只是人生的一个驿站，他还得快马加鞭，走更远的路。

合上宿舍大门的那一刻，伟乐又一次想到了茹茹，她将永远留在东州大学，但愿她不会孤单、寂寞。走到三楼楼梯口的时候，他想起了那个因为沉迷网络游戏而成为植物人的同学，但愿他能再次醒来。走到二楼楼梯口的时候，他想起了大一刚入校时，那位穿裤子猝死的同学，活着不容易，所以得好好活下去。他还想起了刮台风那天晚上做的那个梦，他不禁苦笑了一下。走到一楼，他与从来没有说过话的清洁工打了声招呼。走到学校南门口的时候，他与门卫挥手告别……

再回首，那楼、那树、那花、那路……一切都变得异常亲切，也许这只是再见，也许这会成为永别。东州大学的校门还是那么大，门口的绿化比四年前更好了，原先的小树如今都枝繁叶茂，它们都长大了。

在校门口，伟乐突然看到一辆奔驰轿车缓缓开过，这辆车很眼熟。他看到了那个熟悉的车牌"22222"，算起来，肇事司机应该出狱了。四年前，他曾不经意地把食物呕吐在了车背上，他觉得很对不起这辆车；三年前，他曾很恨这辆车，因为这辆车夺去了一个人如花的生命；如今，他变得很坦然。人生总是会充满意外，但，这就是人生！

第三十一章 / 梦圆归巢

四年前，伟乐去东州大学是在十月，可以说，那是迟到的大学。迟到的开端不是成功的一半！因此，大学里发生了这么多事。如今，去复旦大学读研究生，算是能准时了，但愿准时的开端是成功的三分之一。

他再次背起行囊，像四年前一样。只不过，那次是南下，这次是东去，那次是两个人，爸爸带着他，而这次是一个人，因为他已经长大了。不过，在妈妈眼里，他仍然没有长大，妈妈依旧唠叨不停。伟乐知道，这些唠叨都是爱。妹妹没有变成弟弟，妹妹还是妹妹，很健康。妹妹的大学离家不远，可以常常回家。有妹妹在父母身边照顾着，伟乐放心了不少。

上车前，林晴突然给他打了个电话，问他什么时候去学校报到。他说是早上八点二十的火车，下午五点半能到上海。他们寒暄了一会儿，没有多说。林晴祝福他能在研究生阶段学业有成。

火车奔跑了九个多小时后，终于停了下来。还是在三年前那个车站下的车，那时，他与欣然、敏华、李毅他们一起来过，如今，他与影子一起来到了上海，在夕阳的照耀下，影子叠在了别人的影子上。这一次，他要正式闯荡上海滩了。

出了火车站，伟乐径直往地铁站走去。突然，他的后背被人拍了一下，他习惯性地一回头，突然看到了欣然。他的背后居然站着欣然！那个人居然是欣然！伟乐本能地后退了一步，他惊讶得一句话也说不出来。

欣然很温柔地对着他笑，她的满眼都是泪。伟乐愣了有十秒钟，他的背后是人来人往、行色匆匆的人群。他不知道发生了什么，自己苦苦思念着的欣然怎么会突然出现在眼前。他甚至怀疑那是自己的幻觉，不过欣然真的就在自己面前！伟乐的眼角湿润了，像个孩子一样抽泣着说：

“你怎么知道我会在这里？”

欣然说：“我向林晴打听的，她告诉我你坐这趟火车。这一年来，我常常向她打听你的消息，我还让她代我去关心你。”

“哦，怪不得她这一年对我那么好。你现在过得好吗？”

“嗯，我挺好的。今天去我那里吧，你们明天才正式报到呢。”

伟乐不解地问：“去你那儿？你住哪儿？我不想打扰你们。”

“打扰我们？傻瓜，我一个人。”

“你不是结婚了吗？难道不是吗？”

“我还没有结婚，我一直在等你。”说着，欣然抿了下嘴，擦了一下眼泪，说：

“我毕业后才两个月，我妈就去世了。”

“啊，这样的啊，对不起！”

“本来，我遵照我妈的意愿相亲了一个，都准备要订婚了，可是，她突然疾病发作，去世了。不过，她没有带着遗憾离开，她走的时候很安详、很满足。”说着，欣然再次落泪了，她接着说：

“我跟那个所谓的男朋友平静地分手了。分手前，我跟他分享了我们这三年的故事，我说我的心里只有你，我容不下别人。他尊重我的决定，听了我们的故事后，他很感动。料理完妈妈的后事，我曾很多次想告诉你有关我的情况，可是我怕你考研分心，我怕你恨我，我没有勇气再面对你，所以一直没敢告诉你。但是，我一直在等你，除非你不想再跟我在一起。后来，我联系了林晴，把我们的事情跟她分享了。她答应帮我关心你，并一直替我保密。你这一年多的生活我非常清楚，我也很欣慰。你毕业酒会那晚，我特意让林晴去问你是否还惦记我。如果你说不再惦记，我会悄悄转身离去，我绝不会怪你。结果，你说还惦记我，还想跟我在一起……”欣然已是泪眼蒙眬，伟乐为她擦去了眼泪。她继续说：

“你毕业后，我就辞职到上海来了。我在这里找了一份工作，并特意在复旦大学边上租了一间房。这两个月里，我一直在这里等你。原谅我好吗，阿乐？我离不开你。”

伟乐被这突如其来的幸福弄晕了，他不知所措，他不敢相信此生还能有缘与欣然共度。他紧紧地抱着她，浑身颤抖着。

由于是下班高峰期，地铁依然拥挤。出了地铁站，欣然叫了辆的士，她和伟乐一起坐在后排，一路上十指相扣。最后，的士在一个漂亮的住宅区停了下来。欣然说：

“我租的房子就在这个小区，不远处就是复旦大学。”

打开房间的门，伟乐看到墙上挂着一张他和欣然的合影，正是那张在黄浦江畔的合影，相片上，一艘游船刚好经过，照亮了江面。房间特别温馨，饭桌上摆着伟乐喜欢吃的菜，还有一瓶红酒。

伟乐感动得再次流出了眼泪，这时的眼泪不苦，很甜！他紧紧地抱住了欣然，两个人的嘴唇贴在了一起……

结语

说到这里，我喝了一口咖啡，清了一下嗓子说：

“这就是杨伟乐在大学时代的故事，如果以后有机会，我再跟你聊他读研究生时的故事。”

柯记者说：“嗯，好的，伟乐的故事确实很感人，我刚才也几次落泪。谢谢您跟我分享了他的故事。他现在过得如何？”

“算起来，我已经有三年没见到他了。不过他经常会发电子邮件给我，跟我聊他的近况。从汶川回去后，他很快就毕业了。他本来有推荐读博的机会，但是他没有选择读博，因为那样欣然太辛苦了。他想等日子稍微稳定一些后再去读博。毕业后，他在上海一所高校的心理咨询中心工作。不久后，他就跟欣然领了结婚证。去年年底时，他跟我说欣然怀孕了，他想好了孩子的名字，生男孩就叫杨然，生女孩就叫杨欣。”

眼看夕阳西下，我突然想起还要赶回家去，因为答应孩子晚上要陪他去看电影《喜羊羊与灰太狼》。于是我说：

“柯记者，故事就讲到这里吧，抱歉，晚上我还有别的安排。今天喝了你三杯咖啡，让你破费了。”

“哪里，哪里。能听到您讲这些故事，我真是三生有幸！感谢您接受我的采访，也感谢您精彩的分享。”

走出星巴克，夕阳拉长了我的身影。街道上人来人往，回家的人们步履匆匆。人，总得要有个归宿的，因为有了归宿，才会有新的开始。这时，我的耳边传来了汪峰的歌《飞得更高》：

“生命就像一条大河，时而宁静，时而疯狂……我知道我要的那种幸福，就在那片更高的天空……”

后记

本书是我在读研究生的时候开始构思的，在此，我得感谢北京师范大学对我的培养和教育。我的硕士生导师乔志宏教授以及我的同学李妍、李艳玲、舒卫华、宋婧、师蕾、王亮等给了我很多帮助，我很感动，感谢他们！

感谢我高中时的班主任刘宋斌先生，他是我的文学启蒙老师。感谢我大学时代的老师丁金昌、许秀珍、周加峰、倪建发、张敏、郑彩莲、蔡联群、朱建平、胡来林、王佑镁、金庆良、高红星、朱秀微等，他们中的一些人正是故事的原型。本书的创作也离不开牟德刚、谢志远、潘玉驹、王定福、张焕镇、李方强、姜海燕、张海音、邱晓雅、张朝辉、雷霞、潘莉莉等领导和同事的鼓励。感谢我的学生徐双双、陈杨、郑璐，她们为本作品的修改提出了很多建议。

感谢浙江省教育厅丁晓老师！感谢浙江工商大学出版社的编辑们！